信息技术支持下的课堂教学

远新蕾　赵杰　陈敏　著

北京
冶金工业出版社
2017

内 容 提 要

本书共分6章，介绍了信息技术支持下的课堂教学的相关概念、作用、存在问题；详细阐述了当前应用于课堂教学的各种信息技术手段，包括演示文稿、交互式电子白板、电子书包、慕课、微课、可汗学院、Moodle平台、翻转课堂、虚拟现实和增强现实、弹幕和微弹幕、云班课等；论述了信息技术与课程深度融合的理论依据、发展现状以及不同教学模式下的整合层次及策略；结合具体案例分析了农村课堂教学中如何充分发挥信息技术资源优势，促进课堂教学改革。

本书可作为高校教育技术学、计算机教育及相关师范专业教材，也可供其他各类学校或培训机构的教师、学生、研究人员阅读参考。

图书在版编目(CIP)数据

信息技术支持下的课堂教学/远新蕾，赵杰，陈敏著．—北京：冶金工业出版社，2017．8

ISBN 978-7-5024-7653-3

Ⅰ．①信…　Ⅱ．①远…　②赵…　③陈…　Ⅲ．①计算机辅助教学—课堂教学—教学研究　Ⅳ．①G434

中国版本图书馆CIP数据核字（2017）第232401号

出 版 人　谭学余
地　　址　北京市东城区嵩祝院北巷39号　邮编　100009　电话　(010)64027926
网　　址　www.cnmip.com.cn　电子信箱　yjcbs@cnmip.com.cn
责任编辑　曾　媛　美术编辑　彭子赫　版式设计　孙跃红
责任校对　王永欣　责任印制　李玉山
ISBN 978-7-5024-7653-3
冶金工业出版社出版发行；各地新华书店经销；固安华明印业有限公司印刷
2017年8月第1版，2017年8月第1次印刷
169mm×239mm；11.25印张；221千字；172页
38.00元

冶金工业出版社　投稿电话　(010)64027932　投稿信箱　tougao@cnmip.com.cn
冶金工业出版社营销中心　电话　(010)64044283　传真　(010)64027893
冶金书店　地址　北京市东四西大街46号(100010)　电话　(010)65289081(兼传真)
冶金工业出版社天猫旗舰店　yjgycbs.tmall.com

前　言

21 世纪是信息的社会，随着高科技的飞速发展，以计算机和网络为核心的现代信息技术已越来越成为教育的重要组成部分。尤其是在素质教育的要求下，实现培养学生的创新精神和实践能力就必须依赖现代信息技术教育手段，这是时代提出的客观要求，也是未来教育发展的必然趋势。在我国，由于应试教育轻视教学过程，只注重学习结果，影响了学生身心发展，也阻碍了我国经济的进步和科技的腾飞，这种落后的教学方式随着经济和科技的发展弊端日显，时代呼唤一种全新的教学方式——信息技术支持下的课堂教学。《基础教育课程改革纲要》明确提出：“大力推进信息技术在教学过程中的普遍应用，促进信息技术与学科课程的整合，逐步实现教学内容的呈现方式、学生的学习方式、教师的教学方式和师生互动方式的变革，充分发挥信息技术的优势，为学生的学习和发展提供丰富多彩的教育环境和有力的学习工具”。因此，广泛应用现代技术，培养创新人才，推进素质教育，必将导致信息技术广泛而深入的渗透到课堂教学中。

本书介绍了信息技术支持下的课堂教学的相关概念、作用、存在问题；详细阐述了当前应用于课堂教学的各种信息技术手段，包括演示文稿、交互式电子白板、电子书包、慕课、微课、可汗学院、Moodle 平台、翻转课堂、虚拟现实和增强现实、弹幕和微弹幕、云班课等；论述了信息技术与课程深度融合的理论依据、发展现状、不同教学模式下的整合层次及策略；结合具体案例阐述了农村课堂教学中如何充分发挥信息技术资源优势，促进课堂教学改革。这些内容在一定程度上反映了当前信息技术与课堂教学相结合的基本思路和基本原则，理顺了推进教育信息化发展的思路，对课堂教学的有序实施有所帮助，对教学策略、教学方法的研究提出了新的方法和思路，并以分类细化、叙述详尽的案例来帮助读者理解，对实际应用有一定的指导作用。

本书由远新蕾、赵杰、陈敏共同撰写。其中，第 2 和 5 章由远新蕾撰写，第 3 和 4 章由赵杰撰写，第 1 和 6 章由陈敏撰写。于海英、李树平教授在本书撰写过程中给予了指导和帮助，在此表示感谢。

本书得到中国教育科学“十三五”规划 2016 年度课题“信息技术支持背景下乡村教师专业发展研究（BCA160055）”、全国教育信息技术研究课题“牡丹江地区教育信息化技术支持服务体系研究（146231583）”、教育科学“十二五”规划 2014 年度专项课题“信息技术与基础教育教学深度融合的研究（JJG1214002）”和黑龙江省教育科学研究基地（团队）决策咨询类专项课题“均衡发展、互联网+背景下乡村教师专业发展研究”的经费资助。在本书的编写过程中，教师吴同华、刘向林、王丽丽、许静、刘陶唐，硕士研究生刘兵、马悦、孟爽、王艳杰、王禹哲、唐玉彤、井雨宁、刘恩佳，以及李凯迪、孙美佳、张馨、王梓印、王鑫、初泽宇、孙源、徐洋、刘宇彤、刘一楠等同学对本书的排版与校对做了大量工作，在此表示衷心的感谢！

由于作者水平所限，书中错漏和不妥之处，恳请读者批评指正。

著 者

2017 年 7 月

目　录

1 概 述

1.1 研究背景

（1）科学技术持续进步，信息技术快速进入课堂。科学技术飞速发展，时刻影响着人们的生活行为及学习方式。今天，信息技术已对各个行业做出了巨大贡献，教育也受到极为深远的影响。随着信息设备持续改善，学校信息化水平继续提高，科学应用信息技术成为现代化学校的重要标志。信息技术条件下的教育方式变革，正在成为教育发展的主流。

事实上，信息技术是古往今来对教育活动最具有深刻影响的技术。人类历史上革命性的技术变革曾有过很多次，但从来没有像今天这样，技术进步直接为教育发展服务，甚至是有效地促进教育进步。信息技术给教育活动提供了巨大支持，对于教育改革发展创新来说，信息技术的帮助是千载难逢的好机遇。信息技术使知识更新速度更快，知识内容更丰富，打破时间空间帮助学生更快获取知识，还能增强学校与生活的联系从而提高学习思维能力，有效促进教育效率。信息技术拉近时空，改变了师生教与学的行为方式，是教育发展的好帮手。它可以有效缩小城乡差距，成为全民进步、国家富强发展的助推力。

（2）信息技术对教育发展产生根本性影响。党和政府高度重视教育发展工作，大力推进信息技术建设事业，指出信息技术对教育工作影响是“革命性”的，必须“高度重视”。随着各方面工作逐步落实，信息技术对教育改革和发展产生了根本性影响，表现为以下几个方面：1）信息技术改变了传播知识的载体和传播方式；2）信息技术改变了获取知识与运用知识的方式；3）信息技术改变了学习活动的时间地点与教学方式方法；4）信息技术改变了个人知识的自主组织模式，引发社会团体知识的组织模式转变；5）在信息社会能够运用信息技术是人们生产生活与学习中的基本要求；6）信息技术促进了人才培养模式改变，推动了教育活动中教学方式与学习方式创新；7）信息技术极大地影响了交流形式与师生关系。

（3）国家层面制定一系列教育信息化发展规划。20 世纪 80~90 年代开始，信息技术逐渐在教育的所有方面普遍应用及持续发展，世界各国特别是发达国家先后制定了法规和政策，加快信息技术在学校教育中的应用速度。这其中，美国最早推行信息技术教育，而且力度最大、效果最为明显；欧洲的英、德、法等国家推进教育信息化的方式也值得学习借鉴；亚洲的日本和新加坡在这方面也已后来赶上。在信息化大背景下，我国也从国家层面先后出台一系列政策措施，随着这些纲领性文件的贯彻落实，全国各地各类学校加强了信息技术建设，包括老、少、边、穷地区在内的各级各类学校信息技术教育条件得到了根本性改善。

（4）人类历史教育理论研究名家辈出、硕果累累。有了人类，教育及其研究活动就开始了。从先秦百家争鸣到清代戊戌变法，从古希腊哲学到现代科技进步。人类历史的大量探索活动中，对教育的研究取得了一系列的成果。特别到近现代，教育理论研究和教育方法创新名家辈出、观点林立。这些理论成果和经验总结是人类教育历史的精髓积淀，也是后来研究者继承和发展的有效依据。

（5）教育改革进一步深化，教育方式的研究亟待加强。现代教育发展必须借助信息技术的支持，必然走信息化道路，这已成为教育改革的共识，是现实教育发展所要求的客观趋势。教育与信息技术的高效结合是关乎新时代人才培养的大事，是一个影响整个教育改革和教育现代化的系统工程。现代信息技术的发展要求改变全新的国民教育方式，课堂教育就必须改变原有的教育目标任务、管理办法、活动方式、评价指标、资源利用、技术应用、教学科研、教师培训等方面。这些方面对现实的教育管理者及教育教学组织者来说是必须面对的全新课题，所以，面对信息技术飞速进步这一新形势，各个层面的教育管理机构和学校必须加快探索、及时总结，找出科学的应对方法。只有研究出适应时代要求、具有典型意义的方式方法，才能办出教育质量令人民满意的学校。

1.2 课题研究的现实必要性

1.2.1 贯彻落实教育方针、国家课程标准

教育方针是不同国家及其执政党在一定历史阶段对本国教育工作提出的总要求，是国家基本教育政策体系的总方向。它确定了各国教育事业的发展规划及实施步骤，是指导各国教育活动的行动纲领。

十八大对教育方针作了最新确定，强调了教育必须坚持的社会主义方向问题，为现代化建设服务、为人民服务问题，确立了教育立德、树人的根本任务，指出了全面实施素质教育的基本方法，确定人才的培养标准是德智体美全面发展，教育的终极目标是人民满意。

课程标准是教育方针的具体体现，是国家对学校教育教学课程作出的规范要求。课程标准是编写教材、组织教学、评估效果的依据。它对学生不同学段的品德养成状况、知识掌握程度、智力发展水平等方面作出了基本的要求，对不同课程的目标性质、内容结构作了规定，提出了对教学的评价和建议。新的课程标准阐述了新的课程理念，教学的功能从传统的单一强调知识传授，转变为既重视知识传授又重视能力培养，还强调学生学习过程的组织方法，重视学

生智力发展、价值观的培养，要求帮助学生获得知识技能、学会学习、建立正确价值观。

新课程改革突出了课程标准的基本要求，包括全面发展的价值观点、科学人文的文化要求、纯善自然的价值理念、高效本真的实施标准、民主进步的政策要求。它注重教育目标的整体性，强调全体学生的全面发展；注重学习基础知识，要求提高学生的基本知识素养；注重学生的个性发展；着眼学生未来，注重基本能力培养。强调道德品质和良好个性心理品质的培养。强调放眼世界，培养国际意识。

1.2.2 实施素质教育，落实人才强国战略

当今世界，科学技术突飞猛进。世界各领域的竞争，说到底还是人才的竞争，各国国民素质决定了该国的综合国力和发展能力，教育的基础地位和重要作用越来越突显出来。各国都在加强教育改革，努力提高各类人才的质量，扩大人才数量规模。中华民族正走在实现伟大复兴的路上，教育的作用何其重要、任务多么艰巨。要培养和造就适应现代化发展需要的一代新人，必须要大力改变教育观念、改革教育体制、调整教育结构，要改变人才培养方式、改进教育内容和教学方法。要“深化教育改革”“全面推进素质教育”。

人的素质包括两个方面：一是与生俱来的健康身体和聪慧的大脑等物质基础；二是通过后天教育的学习与训练所获得的知识技能、智力水平、人格心理等基本要件。推进素质教育要以促进学生全面提高为根本目标，要面向全体学生，注重全面提升学生知识水平和能力水平，开发学生的智力和挖掘潜能，促进学生德智体美各方面科学发展。素质教育的标准就是注重教育的全体性、全面性、科学性、发展性。

1.2.3 转变教育方式，深化教育改革

深化教育改革必须转变教育方式，信息化条件下的教育活动有了更为灵活的方式选择。对教育质量的认识要科学准确，衡量标准要与时俱进，时刻判断教育是否能够促进学生全面发展，是否适应社会发展需要。要紧紧抓住提高质量这个核心任务不松手，让教育改革始终走在正确前进、科学发展的路上。要注重对先进典型经验的学习、科学方法的掌握，也要加强自身内涵的研究发展。各个学校要因地制宜发挥自身优势提高教育水平，有特色、出名师、育英才。改变学校管理制度，强化教育资源配置，以教育方式改变为依托抓实课堂教学。要发挥好国家教育质量标准及保障体系的作用。新课程改革的终极目标是提高教育质量，培养高素质的新型人才，主要措施是充分运用现代信息技术手段，彻底改变教育方式。

1.2.4 整合教育资源，提高教育效率

社会在发展，技术在进步。许多旧有的方式方法已不能解决或者解决不好现实中的众多教育问题，这就要求教育工作者寻求新的路径才能实现新的目标。有一点我们应该明确，能够促进全体学生全面、科学发展的教育才是真正的素质教育，最大限度真正提升学生素质的教育方式是教育方式优化的标准。

大数据时代的信息技术给广大教师提供了解决问题的坚实平台。在这里，过去找不到的可以找到，过去交流不了的容易交流，甚至许多过去想不到的东西都能够轻易实现。那么多的资源可以使用，那么多的方法可以借鉴，一切教学活动变得有趣而简单。

信息技术云计算使我们完全可以整合所有可用资源为我所用，实施教育方式的优化变革。帮助学生更容易地学习知识、解决问题、形成能力，帮助学生更全面地养成健全的人格和良好的思维品质，从而更有效地提高教育质量。有了信息技术这个基础条件，教学活动就可以形式生动活泼，老师学生不管身在何时何地，都可以开展教学活动，时时可以指导，处处可以学习。把握了教育、把握了信息技术、把握了人才培养，就等于把握了前途，把握了明天。

1.3 研究问题的提出

21 世纪是信息化时代。以多媒体与互联网为代表的信息技术发展迅速，对我们的生产生活乃至学习思维方式等产生了巨大影响，同时也为教育教学改革和创新发展注入了新活力。在我国，推进教育信息化工作是国家战略，认为信息技术能够对教育产生革命性影响，要用教育信息化带动教育现代化，提出没有信息化就没有现代化等观点。要求把信息技术与教育教学活动融合为一个整体，促进教育与信息技术的内涵建设和发展。在国际信息技术发展经验的影响和国家相关政策的要求下，各级政府和教育机构加强了对教育信息化工作的投入，各种新的信息技术教育装备迅速涌入学校，推动着日常教学工作。我国信息技术教育目前已取得了巨大的成绩，信息技术也已全面进入学校。现阶段，必须加强信息技术应用方式研究，进一步提高教育效率。

我们认识到信息技术对教育教学的重要作用，也充分肯定取得的巨大工作成绩，但是也要看到存在的问题，直到今天著名的“乔布斯之问”依然让我们警醒。当前计算机已经基本上改变了其他所有的行业，但对学校教育教学的改变则还无法让人满意。当前，信息技术与学校的教育教学有没有真正融合，信息技术有没有对教育教学真正发生革命性的影响，信息技术与教育教学还存在各吹各打的现象。这些问题一直提醒着我们，要求我们有针对性开展信息技术在教育教学中应用的研究，特别是信息技术如何在课堂教学中发挥作用、如何和课程整合等

方面需要加强研究。只有因使用信息技术使教学变得更优化，教育的方式更有效，影响巨大的“梅耶怪圈”（即20世纪信息技术发展曾经寄希望对教育有革命性巨大影响，且学校也大规模使用先进的信息技术，可几十年后来看目标没有实现）这样的事将来才不会出现。

教育必须深化改革，教育方式必须优化变革，这是信息时代摆在每一位教育工作者面前的迫切任务。

2 相关概念的界定

2.1 教学模式、教学方法、教学策略和教学结构

教学模式、教学方法、教学策略是传统教学论领域中使用频率很高、同属解决“如何教”这类问题的概念，它们相互之间的联系比较密切，却也很容易混淆。另外，教学结构、教学模式与教学策略，则是近年来随着教育信息化带动教育现代化、促进教育的深化改革而常被提及且分属不同层级范畴的概念，也是容易彼此混淆的概念。故本节将分别对教学模式、教学方法、教学策略、教学结构等几个概念的含义以及它们之间的联系与区别作一个明确的划分。

2.1.1 教学模式

虽然教学模式的概念很早就已存在，但教学模式真正成为教育研究中的一个独立范畴通常认为是从乔伊斯和威尔等人的研究开始的。目前有关教学模式（也有个别学者称之为“教育模式”）的定义比较多，如：

乔伊斯和威尔等人在其专著《教学模式》（Models of Teaching）中给出的定义是：“教学模式是构成课程（长时的学习课程）、选择教材、指导在教室和其他环境中教学活动的一种计划或范型。”

华东师范大学叶澜教授给出的定义是：“教学模式俗称大方法。它不仅是一种教学手段，而且是从教学原理、教学内容、教学的目标和任务、教学过程直至教学组织形式的整体、系统的操作样式，这种操作样式是加以理论化的。”

中央教科所朱小蔓教授给出的定义是：“教育模式是在一定的教育理念支配下，对在教育实践中逐步形成的、相对稳定的、较系统而具有典型意义的教育体验，加以一定的抽象化、结构化的把握所形成的特殊理论模式。”

上述各种关于教学模式的定义不尽相同，它们分别从不同角度揭示了教学模式这一术语的含义。在此基础上，张武升教授归纳出教学模式至少具备如下一些特点：（1）有一定的理论指导；（2）需要完成规定的教学目标和内容；（3）表现一定的教学活动序列及其方法策略。总之，一个完整的教学模式应该包含主题（理论依据）、目标、条件（或称手段）、程序和评价等五个要素。这些要素各占有不同的地位，起着不同的作用，具有不同的功能，它们之间既有区别，又彼此联系，相互蕴含、相互制约，共同构成了一个完整的教学模式。

综合以上各种看法，结合我们多年来在教学改革实践中对教学模式所做的深入研究，这里提出我们关于教学模式定义（或内涵）的全新观点——教学模式属于教学方法、教学策略的范畴，但又不等同于教学方法或教学策略；教学方法或教学策略一般是指教学过程中采用的单一的方法或策略，而教学模式则是指教学过程中两种或两种以上方法或策略的稳定组合与运用。在教学过程中，为了实现某种预期的效果或目标（例如创建新型教学结构）往往要综合运用多种不同的方法与策略，当这些教学方法与策略的联合运用总能达到预期的效果或目标时，就成为一种有效的教学模式。

能实现新型教学结构的教学模式很多，而且因不同的学科和不同的教学单元而异。每位教师都应结合各自学科的特点，并通过信息技术与课程的深层次整合去创建既能发挥教师主导作用又能充分体现学生主体地位的“主导—主体相结合”的新型教学结构（也称“主导—主体型教学结构”）。

2.1.2 教学方法

关于教学方法的概念，有广义和狭义之分。广义的教学方法是指为达到预定的教学目标和完成相关的教学任务，而采取的一切手段、工具、途径和办法的总称（既包括各种教学手段、工具、方法，也包括各种教学原则的运用）。这一概念比较宽泛，甚至把教学原则也包括在内。狭义的理解则认为教学原则是教学方法的指导思想，而教学方法是指为达到预定的教学目标，完成预定的教学内容，在教学原则指导下所采用的师生互动方式和有关措施——既包括教师教的方法，也包括学生学的方法，是教法和学法的统一。本文所涉及的教学方法即是指这种狭义的理解，如讲授法、演示法、实验法、练习法、讨论法、角色扮演法等等。需要指出的是，我们这里所说的教学方法，在一般情况下和教学工具或教学手段是有区别的——教学方法也包括对工具和手段的选择与运用的方法。

2.1.3 教学策略

《辞海》对“策略”一词的解释是“计策谋略”，而在较为普遍的意义上，策略涉及的是为达到某一目的而采取的手段和方法。国内外学者对教学策略有很多界定，这些界定既有共性，又有明显的分歧，归纳起来有以下三种观点：

（1）教学策略是指教师在课堂上为达到课程目标而采取的一套特定的方式或方法。教学策略要根据教学情境的要求和学生的需要随时发生变化。无论在国内还是在国外的教学理论与教学实践中，绝大多数教学策略都涉及如何提炼或转化课程内容的问题。

（2）教学策略，是在教学目标确定以后，根据已定的教学任务和学生的特征，有针对性地选择与组合相关的教学内容、教学组织形式、教学方法和技术，形成的具有效率意义的特定教学方案。教学策略具有综合性、可操作性和灵活性等基本特征。

（3）教学策略是为了达成教学目的，完成教学任务，而在对教学活动清晰认识的基础上对教学活动进行调节和控制的一系列执行过程。一个成熟的有效的教学策略一般应包含以下几个要素：指导思想、教学目标、实施程序、操作技术。

美国学者瑞奇鲁斯把教学策略分为三种：教学组织策略、教学传递策略和教学资源管理策略。其中教学组织策略是指有关教学内容应按何种方式组织、次序应如何排列以及具体教学活动应如何安排（即如何做出教学处方）的策略；教学传递策略是指为实现教学内容由教师向学生的有效传递，应如何选择、运用教学媒体和教学交互方式的策略，也就是有关教学媒体的选择、运用以及学生应如何分组的策略（教学交互方式可以是双人小组、多人小组、班级授课或是个别化学习等多种不同方式）；教学资源管理策略是指在上面两种策略已经确定的前提下，如何对教学资源进行计划与分配的策略。

综合上述对教学策略内涵的几种不同认识，我们可以将教学策略理解为：教学策略是指在不同的教学条件下，为达到预期的教学目标而采取的计策谋略（包括各种手段、方法）。教学策略与教学方法本来属于同一范畴，只是教学方法要比教学策略更具体一些，可操作性更强一些；在许多应用场合，对教学策略与教学方法往往不加区别。例如，对于教学内容的组织和传递来说，人们对“策略”和“方法”这两个概念就经常不作区分（即认为教学内容的组织、传递策略和教学内容的组织、传递方法二者的含义相同），因为这二者都要在教师与学生的互动过程（即相互作用过程）当中才能具体体现出来，所以实际上没有什么分别。

2.1.4　教学结构

教学结构是指在一定的教育思想、教学理论与学习理论指导下的、在某种环境中展开的教学活动进程的稳定结构形式，它将直接反映出教师按照什么样的教育思想、教学理论来组织自己的教学活动进程，是教育思想、教学理论、学习理论的集中反映，也是教学系统四个要素（教师、学生、教学媒体、教学内容）相互联系相互作用的具体体现。

多年来统治我们各级各类学校的传统教学结构，是“以教师为中心”的教学结构。这种教学结构的优点是有利于教师主导作用的发挥，有利于教师对课堂教学的组织、管理与监控；但是它存在一个很大的缺陷，就是忽视学生的主动性与积极性的发挥，不能把学生在学习过程中的主体地位体现出来，因而难以培养出富有创造性的创新型人才。这正是传统的以教师为中心教学结构的最大弊病；

也是忽视教学结构改革的严重后果。因此，创建新型的，既能发挥教师主导作用，又能充分体现学生主体地位的“主导—主体相结合”教学结构，能更好地激发学生的主动性、积极性与创造性，从而使创新人才培养的目标真正落到实处。

2.2　信息技术

1946 年人类造出了第一台电子计算机，信息技术从此起步。1971 年第一个微处理芯片发明后，引发了世界性信息技术研究的热情，信息技术进一步发展和深化，信息革命推进的结果促使人类进入信息社会。到 20 世纪 90 年代，信息技术研究和推广形成高潮，互联网在全世界普及应用，以美国为首的新经济震撼了全球，信息技术彻底改变了而且继续改变着人们的思想观念及一切活动。

信息技术是所有对信息管理和数据处理技术的总称。它包括了传感、计算与智能、通信和控制等技术要素。它运用计算机知识和通信技术，来为其他社会行业相关活动提供服务。就课堂教学来说，主要是帮助收集资源、处理内容、课堂建设、目标实现。目前，教育信息化既包括计算机和互联网技术，也还具有云计算、大数据、移动互联、物联网、虚拟仿真、3D 打印等新兴技术。

对于信息技术，目前的研究者已经形成了很多的共识。现代的信息技术主要是多媒体技术和网络技术为核心的技术，在教育领域中信息技术包涵更多的内容，既可是单个的多媒体计算机，也可以是教师网络、校园网和因特网。这些技术具有以下几个方面特点：首先信息技术具有综合性多元化的特征，包含了图、文、声、像等多元介质，并使它们能够相互关联；其次，信息技术具有各种共享性的特征，能够使得计算机、终端和网络通信设备连接起来，实现资源共享，使人们更容易获取知识；最后，非线性多媒体网络系统中可以进行多种形式的沟通和交流，实现信息的快速流动，满足不同使用者的需要。信息技术从根本上改变了人类的生活方式，改变知识数量观念的同时，又改变了知识的质量观念，也从根本上影响到我们的教育形式和教学方式。

信息技术发展中的“四大定律”，深刻地影响了教育的方式和手段，具体介绍如下：

“摩尔定律”创始人是英特尔公司创始人之一戈登 · 摩尔，定律告诉我们信息技术的发展有极快的速度，约每隔 18 ~ 24 个月，计算机集成电路上可以容纳的元器件数目便可增加一倍，其工作性能也就能提升一倍。这可以为我们教育活动持续存储、查找、运用相关知识数据提供极大的方便。

“贝尔定律”规定了信息传播的速度，信息化所使用的各种信号必须是瞬间传播。这可以使我们运用信息技术查找、处理知识数据极为便捷。

“吉尔德定律”是确定资源使用情况，最有效的商业运作方式就是价格最低廉的相关资源会被尽可能多地使用，价格最昂贵的资源则得以留存。这可以帮助我们在甄选信息内容时获得最好的效果。

“梅特卡夫定律”对网上资源使用价值做出说明，资源使用效率由科技推广速度决定，联在网络上的计算机越多，每台电脑的使用价值就越大。学校教育工作依托信息技术支持促进方式改变、质量提升成为必须及可能。

互联网技术的进一步发展和应用必将带来教育方式的优化变革。原来只有书本这一知识传播载体，自从有了计算机运用了互联网技术，这个状况就被打破了，教育迈入了一个全新的时代。理论上说，全世界所有的学校、研究机构、图书馆和其他所有信息资源都能够在互联网上联结起来，网络信息资源是取之不尽、用之不竭的。全球所有的教师或其他教育工作者都能够从不同的角度和侧面提供同一知识点的学习素材和教学指导，任何有学习知识需要的人都能在不同区域、不同时段使用网络开展学习，可以一对多或多对多学习交流。

互联网的作用十分巨大，它既可以为人类创造无穷无尽的创业发展机会，而且更深刻地改进人类教育活动和社会发展状况，甚至成为决定国家、民族、集团和个人未来成功的前提。如今什么能够决定我们的未来？答案是互联网和教育。在日新月异的世界新经济浪潮中，谁控制了互联网，谁就能够控制未来。哪个国家建立了面向未来的新教育体系，这个国家就获得持续发展的新动力。

将信息技术应用到实际的教学课程中具有十分重要的指导价值，尤其是在“信息爆炸”的情况下，学生掌握信息技术就是掌握了学习的工具和方法，脑和网络 W 及其他多媒体设备成为教育的中介，帮助学生如何发现信息，判断相关信息的准确性，判断信息是否与手头的任务有关等。传统的教育制度和课本教学为主的教学模式下并没有将这种工具的作用凸现出来，自己查找信息的能力，学生掌握信息的宽度有限。同时信息技术帮助学生重建的是自主性和主动性，不再迷信教科书上的内容是正确的和重要的，而是赋予学生主动质疑的能力。

教育改革发展的希望和依托是以快速发展的信息技术为基础的教育技术。要提高教育现代化水平，要促进教育大踏步发展，加强信息技术支持是一个主要着力点。运用好这个着力点，就可以切实提高教育现代化的水平。教育信息化是信息技术在教育领域的普及运用，教育活动借助信息技术支持进行着革命性的变革，基于信息技术的发展而发展，教学的方式方法将持续创新优化。

2.3 课堂教学

孙传远认为课堂教学作为班级授课制的有别于现场教学的一种形式，强调的是“课堂”这个进行学习的场所。课堂教学作为主要的教学手段，也是开展教学活动的有效方法之一。它需要教师从旁指导，从而有目的有计划地完成既定任务而由师生共同参加的教学活动。它作为一种较为复杂的教学活动，主要是由教师、学生、实际的教学内容和教学环境共同组成的教学四大因素。在王宏霞看来，课堂教学是教师借助于教学手段和教学资源等与学生之间的双向面的活动过程。根据上述学者的阐述，课堂教学可归纳出以下内涵：第一，课堂教学是教师引导学生按照一定的教学目的，以掌握人类已有知识，并将掌握的知识转化为创新能力、品德等方面内在素质，推动学生全方面发展的过程。第二，课堂中教师的教和学生的学是不可分的相互联系的两个方面；课堂教学需要建立在实际的班级教学活动中；课堂教学还包括教师、学生、教学目的、教学内容、教学手段等要素。

当前课堂教学采用班级授课形式，很少开展个别教学。首先学校按年龄学段把学生编成班级集体作为教学单元，再按国家学科大纲规定的教学内容选取教材设备、配备教师，运用固定的作息时间表，向班级学生开展教育活动的教学组织样式。换句话说，课堂教学是一种目标性、计划组织性强的有步骤的活动，是教师学生教与学相结合的双边活动过程。

2.4 教育信息化

2.4.1 教育信息化的含义

在信息技术视野下课堂教学方式的研究中，教育信息化的概念最不容易回避。作为信息技术与教学方式的结合体，教育信息化已经频繁地出现在政府公文、教育研讨中，对于目前教育信息化的概念理解也有很多不同的见解，形成这些差异的主要原因在于适用对象上的差异。如何克抗等认为教育信息化是指“在教育领域全面深入地运用以多媒体计算机和网络通信技术为基础的现代化信息技术，促进教育改革和教育现代化，使之适应信息化对教育发展的新要求。”李克东认为“教育信息化是指在教育与教学领域的各个方面，在先进的教育思想指导下，积极应用信息技术，深入开发、广泛利用信息资源，培养适应信息社会要求的创新人才，加速实现教育现代化的系统工程。”以上是侧重于宏观上的理解，还有从微观上的理解，如范坤认为“教育信息化，是指在教育领域全面、深入地运用现代信息技术来促进教育改革与发展的过程，其技术特点是数字化、网络化、智能化和多媒体化，基本特征是开放、共享、交互和协作。”张建伟则指出：“教育信息化，是指将信息通信技术（ICT）充分整合应用在教育系统之中，在一定程度上实现教育教学、组织管理、校园生活服务等活动的数字化、网络化、虚拟化，从而提高教育质量和效率，最终形成适应信息社会要求的新教育模式。”这些说法虽然存在着很大的差异，但是教育信息化的基本内涵是没有多大的偏差的。这些研究者的概念中也传达出了这些内涵：首先教育的信息化是一个复杂的过程，是一个从低级到高级演变整合的过程，是一个持续、动态的过程，它的实现不可能一蹴而就；其次，教育信息化的本质是借助于科技手段来优化教育，将信息技术融入到实际的教学课程中；再次，认识到信息化教育的主体是人，促进教育着眼于每个学生个人的需求和潜力，但信息技术只能改变教师的角色，永远取代不了教师；最后，教育信息化的目的是教育现代化，从教育理念、教育资源共享、教育方法手段、教育环境和条件都会受到影响。

综上所述，可以概括出教育信息化的定义：教育信息化是指学校努力提高信息化水平，在开展课堂教学活动时，科学地使用计算机多媒体、教育资源数据库和网络通讯等技术，全面推进课堂教学方式变革，促进教育发展，适应新时期人民群众对教育日益提高的要求。

2.4.2　教育信息化的要求

1993年美国政府正式发布了“国家信息基础设施行动动议”，也就是“信息高速公路”建设计划，主要是为了推动信息技术在社会各行业的广泛应用同时建设以互联网为核心的集成化信息服务体系。在这一建设计划的带动下，其他许多国家纷纷出台了一系列关于国家信息基础设施建设的规划，因此掀起了全球信息化建设的浪潮。在近二十年全球信息化浪潮的推动下，世界各国教育改革与发展的重点已经转变成了教育信息化，而且教育信息化的发展给教育带来了巨大的发展机遇。在我国2010年7月颁布的《国家中长期教育改革和发展规划纲要（2010~2020年）》中把“加快教育信息化进程”进行了详细的解读和论述，这是以前从来没有发生过的举动，也充分体现了国家对我国教育信息化的关注。教育部在2012年3月颁布了《教育信息化十年发展规划（2011~2020年）》，该《规划》中明确提出：2020年全面完成《纲要》提出的教育信息化建设目标任务，形成与国家现代化教育发展目标相匹配的教育信息化体系。教育信息化的总体目标是培养新经济时代的具有创新能力和创新精神的人才，以此来突破教育实现跨越式的发展。教育信息化应以新的教育思想、教育理念指导信息技术在教育教学的方方面面广泛应用；教育信息化应根据创新人才的培养要求，有效的结合信息技术，同时探寻与发展要求相适应的信息化教学新模式，设计和开发标准化的信息化教学资源，促进教育现代化和实现教育的跨越式发展。

教育信息化通过实现远程教育，使受教育者根据需要随时开展自主学习，从而不再使学习受到时间和空间的限制，改变了以学校教育为中心的教育体系。教育信息化为受教育者提供了更多的学习、交流的机会，有利于促进公平教育的发展。

3 课堂教学中的信息技术

当今社会已经进入信息化时代，信息已经成为人类社会最重要的资源。以计算机和网络为核心的现代技术的不断发展，正在越来越深刻地改变着我们的生产方式、生活方式、工作方式和学习方式。以多媒体技术、网络技术、通信技术、微电子技术、视听技术等为主要形式的现代信息技术的出现，为教学方式与教学模式的变革提供了新的发展动力。下面就演示文稿、电子白板（交互式白板）、电子书包、慕课、微课、可汗学院、Moodle 平台、翻转课堂、虚拟现实（增强现实）、弹幕（微弹幕）、云班课等信息技术在课堂教学中的应用做详细介绍。

3.1 演示文稿

随着多媒体技术的快速发展，课堂上的教学模式也随之发生了变化。多媒体教学手段的应用已经日常化、普及化。在当前的教学实践中，广大教育工作者已经把演示文稿作为了辅助教学不可缺少的工具，这种辅助教学的手段不但可以满足课堂的不同形式需求，实现了大容量课堂的理想化教学，同时，画面通过多媒体呈现出来，其独特的视角和视听效果，为学生带来了与众不同的感觉。

演示文稿（Microsoft Office PowerPoint，简称 PPT）是美国微软公司出品的办公软件系列重要组件之一（图 3-1）。用户不仅在投影仪或者计算机上进行演示，也可以将 PPT 打印出来，制作成胶片，以便应用到更广泛的领域中。PPT 是一种图形程序，是功能强大的制作软件。可协助用户独自或联机创建永恒的视觉效果。它增强了多媒体支持功能，利用 PPT 制作的文稿，可以通过不同的方式播放，也可将 PPT 打印成一页一页的幻灯片，使用幻灯片机或投影仪播放，可以将 PPT 保存到光盘中以进行分发，并可在幻灯片放映过程中播放音频流或视频流。

3.1.1 PPT 在课堂教学中的优势

PPT 能够把静态的图片和音乐结合起来，通过立体的、具象的活动影像将课堂所学知识表达出来，是最理想的教学环境。其独特的功能决定了其在课堂教学中所占的优势，主要体现在以下几点：

（1）具有丰富的图像音乐结合功能和模拟示范功能。PPT 可以把教学中生硬、死板的内容用图像和音乐结合的方式表现出来，这种化抽象为具体的教学方

图 3-1 打开演示文稿界面

法可以帮助学生建立起直观的思维空间，从而对书本中的抽象知识进行模拟示范。例如，学生在学习宏观和微观的领域时，很难在常规环境下观察到书本上所描述的知识，比如观测天体运行规律、多角度下原子结构的不同、流体的流线情况等。这些微观的内容，无法在现实中建立起演示模型，但是通过 PPT 就可以直观地描述出来，让学生一目了然，这样对于抽象的问题，学生也可以轻松理解。

（2）人机交互能力帮助学生发挥其主体作用。PPT 课件把视听功能结合在一起，从而产生出一种新型的、图文并茂的教学模式。把人的具体思维输入在电脑中，人机交互的方法可以激发学生的主观能动性，让学生在与课件进行互动的过程中，把教材中原有知识的抽象观在脑海中形象化，激发学习欲望，活跃课堂气氛。真正让学生在课堂上发挥了主体作用。

（3）对多种感官的同时刺激可以加深学习记忆。心理学研究发现，人的记忆力会随着时间的推移将学过的知识逐渐淡忘。但对于同样的知识内容，若单纯采用听觉方法，那么三个小时可以记忆 70%，三天后降为 10%；采用视觉方法学习，三个小时可以记忆 72%，三天后降为 65%。PPT 课件将听觉和视觉相结合，那么可以有效地帮助学生加深对知识的记忆。

（4）扩展知识面，解决科学难题。PPT 可以将材料中有限的知识内容进行扩展，实现高容量的知识储备，既可以应用于理论教学，也可以应用于试验教学，甚至可以作为管理或自学的一种手段。课堂教学中一些学科难题还可以通过 PPT 更加形象的进行解决。

3.1.2 PPT 在课堂教学中的误区

随着 PPT 广泛应用于课堂教学中，其弊端也逐渐显露出来：

（1）过分依赖于计算机教学。教师过分强调以计算机为中心，就会使传统的教学模式失去意义。多媒体技术的广泛应用能从更多的角度来调动学生的积极性，提高学生的学习效率，因此，部分教师就对多媒体技术教学“情有独钟”，从而经常使用PPT进行教学。但这样的画面模式却让学生失去了自主学习的过程。

（2）对PPT的认识不足。很多老师认为，熟练使用PPT进行教学只是一个技术问题，却忽略了对教育的问题。这样使得多媒体的教学又进入了传统教学的模式，而PPT只是传统教学模式中的一个辅助工具，这样就使多媒体教学在课堂教学中失去了原有的实际意义。

（3）PPT的制作。很多老师认为PPT的制作只是一个简单的复制过程。在制作课件时，只是单纯地把网上的知识点复制粘贴到PPT课件上。这样不负责的行为无法使学生们找到学习重点，所展示的教学内容也不具备参考性。PPT上只有满满的文字，这样的课件与教材没有区别，无法达到PPT教学的目的。

3.2 交互式电子白板

电子白板通过应用电磁感应原理，结合了计算机和投影机功能，实现了无纸化办公和教学。电子白板包括复印式电子白板和交互式电子白板两种，绝大多数用于课堂教学的是交互式电子白板。交互式电子白板可以与电脑进行信息通讯，将电子白板连接到计算机，并利用投影机将计算机上的内容投影到电子白板屏幕上，在专门的应用程序的支持下，可以构造一个大屏幕、交互式的协作会议或教学环境。利用特定的定位笔代替鼠标在白板上进行操作，可以运行任何应用程序，可以对文件进行编辑、注释、保存等在计算机上利用键盘及鼠标可以实现的任何操作。

交互式电子白板有正常黑板的尺寸大小，在计算机的软硬件支持下工作，具有普通的白板和联网的多媒体计算机的所有功能，可以实现多种功能和各种资源的整合，实现了人机多重交互（图3-2）。

交互式电子白板于2004年开始进入我国的中小学课堂，在经历了数年的逐步试验阶段之后，从2009年开始在全国各地全面普及。一个交互式电子白板的主要功能包括以下几个方面：

（1）技术集成功能。将数字电子技术、计算机技术、网络技术、多媒体技术和视音频技术等集成在一起，还可以安装在各类学习环境中，以增强教学功能。

（2）资源整合功能。交互式电子白板不仅有自己内置的各类资源库，还可以在教学过程中现场制作或加工各种资源，同时可以实现丰富多样的教育资源的灵活整合。

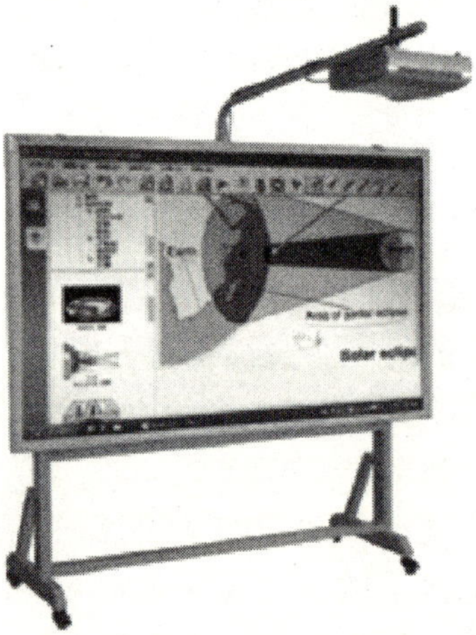

图 3-2　交互式电子白板

（3）工具箱功能。交互式电子白板有自己附带的各个学科的工具，同时提供屏幕操作功能。通过电子感应笔或手指来实现对屏幕中对象的各种操作（如缩放、旋转、聚焦、拉幕等）。

（4）互动功能。利用配套电子笔代替鼠标，通过白板对电脑进行操作与控制（如随时在任何计算机界面、网页上进行标注、画图和讨论等），并在计算机上同步显示和存储，从而实现人与机、人与人以及人与学习内容之间的交互。

3.2.1　交互式电子白板的课堂教学优势

交互式电子白板在课堂教学中的优势突出表现在以下几个方面：

（1）创设情境，建构知识。在基于交互电子白板的教学过程中，教师通过预设的资源进行教学情境创设。因为在学习的过程中，学生接触到什么样的环境，就会激发相应的学习兴趣。所以在课堂导入环节，教师通过教学资源的精心设计，创设能激发学生兴趣和探索欲望的活动情景，就能使学生处于一种良好、积极的心理状态。这样，在形象的强烈刺激下，唤起学生对长时记忆中有关知识的经验和表象，学生借助已有的知识结构对新知识进行同化和顺应，通过师生之间的协作和会话，实现知识的意义建构。

（2）创新设计教学活动，整合课堂教学资源。利用交互白板可以巧妙构思，创新设计教学活动。利用电子白板可以方便地解决 PPT 或 Flash 课件中难以实现的交互等问题；教师在课堂上可适时地使用遮罩功能来集中学生的注意力；使用文字拉幕、页面快照等功能来突出教学中的重难点；利用电子白板中前置、后置、对象移动、翻转、透明度等功能来诠释教学中的难点。

虽然交互白板系统内置了大量的学科素材，但不是现成的、固定的课件，教师必须根据自己特定的教学设计和教学目标，对资源库中的素材进行整合，形成自己的教案或课件。当然也可调用计算机及网络中的各类资源（包括多媒体课件和各种类型的素材等），也可以根据课堂教学的需要自行绘制。

（3）电子备课与教学过程相结合，提高课堂教学的生成性。基于交互白板的教学不是常见的课件展示讲解的教学过程。在课堂教学中，大多数教学设计都是由教师根据教学目标进行备课时预设的，而实际的教学过程却是学生和老师不断修改课堂预设内容的过程。在高度的课堂交互中，通过师生的讨论与交流，能产生很多教师在备课时想不到的问题。利用交互白板自带的工具与资源库，就可对教学过程中的生成性问题进行及时的解决，从而产生了比常规教学更多的生成性资源和不同教师个性化的教学资源，使课堂教学更加精彩而且富有成效。

（4）及时反馈评价，促进教学相长。反馈与评价是教学过程中的一个重要环节，及时的反馈有助于教师在教学过程中动态地调整教学方法与教学策略，优化教学效果。对于学生而言，通过交互白板，将有更多参与协作学习的机会，有利于提高其个人技能和人际交往能力，把处理复杂的概念和问题的结果更加清晰、高效、动态化；对教师来说，有利于因材施教和教师的专业化发展。

3.2.2 交互式电子白板在教学应用中的问题

交互式电子白板在教学中改变了传统的“黑板+粉笔”的教学模式，不少学校淘汰了正在使用的投影仪和幕布，配置了新的交互式电子白板。但其在使用过程中，仍然存在一些问题：

（1）交互性发挥不充分。不少教师依旧习惯用 PPT 授课，交互式电子白板似乎变成了一块更小的播放 PPT 的“电子幕布”，其功用还不如原来的投影幕布，也就约等于一块白墙了。交互式电子白板的功用并没有得到很好的发挥。

此外，交互式电子白板可以用多种媒体形式，如文字、图片、动画、声音和视频等生动形象地演示教学内容，更为重要的是电子白板具有高度的交互性，可以实现师生之间，生生之间互动。这种互动可以让学生参与到学习过程中，大大激发了学生的学习兴趣。但是，目前教师大多将交互式电子白板作为一种演示教学内容的工具，利用其进行教学互动几乎为零。交互式电子白板的交互性发挥不充分，学生课堂参与度低，学习积极性自然也就不高。

（2）资源利用率不高。交互式电子白板提供了多种学科资源，对于数学、物理、化学、语文和英语等学科，都有相应的工具栏和课件资源库供教师和学生上课使用。比如，数学工具栏提供了数学公式功能、平面图形功能、量角器功能和直尺功能等。课件资源库中有很多直观形象、寓教于乐的小课件，对于学生深入理解和掌握抽象难懂的数学知识具有积极的促进作用。但是在调查中发现，电子白板的资源利用率并不高，究其原因，首先，教师对电子白板了解不够透彻，不知道电子白板中蕴藏着方便教学的学科资源；其次，教师对电子白板使用不够娴熟，无法将提供的资源有效整合于教学中。

（3）教学模式比较单一，缺乏创新。调研显示，大部分教师在课堂中应用交互式电子白板主要以展示性为主，教学模式还是以传统的讲授型为主，比较单一。部分教师认为电子白板只是计算机、投影及幕布的组合，所以直接将其当做展示课件的工具，整节课都是不断地演示 PPT，只发挥了电子白板的投影加幕布的功能，使得电子白板的强大功能没有被充分发挥，没有有效融合于教学实践中。

3.3 电子书包

电子书包提出的初衷是为了减轻广大中小学生的课业负担，可以使学生不再背着沉重的书包上学，而是把所有的课本、笔记本、作业、资料等存储在电子书包里。

目前，关于电子书包尚未形成统一的概念。香港教育统筹局将电子书包定义为一个存储学习资源的电子工具。台湾国立中央大学陈德怀教授认为电子书包是一种个人可以随身携带，具有电脑运算、储存和传送数位资料、无线通讯等功能，并支援使用者在不同场地进行各种有效学习的工具。祝智庭教授指出，从硬件设备角度上讲，电子书包就是一种个人便携式学习终端；从电子书包教育教学的系统功能架构视角看，电子书包是学生的个人学习环境。

综上所述，可以这样概括电子书包的定义：电子书包是一种可以随身携带，承载着丰富的数字化教育资源，具有网络支持与服务功能，支持学校、家庭、社会教育系统中各要素之间的协同互动，并满足学习者个性化学习的移动学习媒体（图 3-3）。

图 3-3　电子书包

3.3.1 电子书包的优势

理想的电子书包应该具有轻便、人性化、环保和可拓展等特点。它除了需要具备容量大、运行速度快、可手写、阅读不伤眼睛和电池续航时间长等特征外，还需具有方便快速的联网、丰富的应用软件支持等特点。因此，相对于传统的书包，电子书包具有如下优势：

（1）轻便环保，易于携带。电子书包的重量可以控制在1公斤以内，极大地减轻了学生书包的重量，非常便于携带。另外，使用电子书包后，可以极大地降低纸张的使用，有效减少树木的砍伐和环境的污染。

（2）内容丰富，灵活生动。电子书包中的电子书不只是纸质教材的数字化，除阅读、批注、加着重等功能外，还可以用声音、视频、动画等多媒体形式创设生动、形象的教学情境，表现形式比传统书籍更加丰富。电子书包是若干电子书按照科学的结构整合而成的教学资源包，包含学生学习需要的教材、教辅、工具书等，有针对性、能及时反馈指导、可自主生成海量练习、能进行问题积累、错题收集、资源及时更新的学习工具。

（3）丰富教学的模式和内容。电子书包的最大意义，不是取代传统教学工具，而是改变既有的教学和学习生态。改用电子书包，教师则可以透过电子书包进行私下交谈，了解学习情况，进行个别指导；学生把当日课堂教学过程下载到电子书包，回家反复练习，隔天上课时就能赶上教学进度。

（4）出版成本低。电子书的“出版”“发行”在时间、物质的消耗上降到了最低点，并且书的更正、发行修订版都很容易。

（5）可以直接查词典。可以进行关键词查找。传统书籍内容的查询是十分耗时、叫人头疼的事情，电子书以数字形式存储，检索起来十分方便快捷，加速了知识的利用、加工和再生产。

（6）电子书包还具有轻便，可以存放课本信息以及习题，而且价格适中，进而还保护环境，节省纸张。在没有灯光或光线很暗的环境，也能进行阅读。

3.3.2 电子书包应用中存在的问题

我国对电子书包的应用还处于起步阶段，在现实开发和应用中面临着许多内在和外在的问题亟待解决：关于电子书包还没有形成统一的标准，体系框架不完善；电子书包价格偏高，普通家庭可能负担不起；长期使用会使学生的视力下降，辐射严重，影响身心健康；可能影响学生的书写能力，导致对网络、电子产品产生依赖性，在其他方面产生负面效应；大量使用电子书包会产生新的电子污染，对未来环境将是一个严峻考验；数字化课程资源十分有限且部分内容设计不合理，不能满足大部分课程需求，有待更新和开发；应用电子书包所需要的信息化环境尚未搭建完善，电子书包用于课堂教学还需要很长一段时间。

3.4 慕课

慕课是一种新兴的大型开放式在线课程模式，是一种新型的在线开放教育形式，实际上就是一种“大规模在线开放课程”（Massive Open Online Course），是一个免费的在线教育模式，任何人都可以免费注册并使用。它本质上是网络在线教育的一个新的发展，与传统意义上的在线教育相比，它有一个显著的特点是更加关注学生的学习，学生可以通过 MOOC 在很大程度上实现自主个性化学习。

慕课实质上是低成本、高质量、可广泛应用的在线微型课程。一般都是著名教师主讲的短小片断视频，人们可以在不同国家和地区随时查看、互动，有的还提供学分认证以及就业推荐等服务。其基本思想是把世界上最好的教育资源传播到地球上的每一个角落。

3.4.1 慕课的发展历程

MOOC 在 2008 年起源于加拿大，这个名字最初是由加拿大学者 Dave Cormier 和 Bryan Alexander 提出的。2012 年由美国 Coursera、Udacity 和 MITX 三家企业推广，很快吸引了全世界的关注，成为近年来世界教育领域最热门的话题之一。

在中国，慕课也得到了相关部门及院校的高度重视，据报道，2016 年 10 月，中国教育部在线教育研究中心发布 2016 中国慕课行业白皮书。2014 年前后，国内学堂在线、中国大学 MOOC 等核心慕课平台相继上线后，中国慕课用户规模开始飞速增长。2014 年，国内慕课用户仅 150 人，2015 年增长至 575 万人，增长速度高达 283%；至 2016 年 10 月，国内慕课网站用户规模已突破 1000 万人。

3.4.2 慕课的特点

慕课的特点有以下四个方面：

（1）开放。开放是慕课的首要特征，开放意味着公开、民主和自由的科学精神，所有的人都具有利用慕课学习的权利。即使学习者在人口、地域、经济和文化等方面存在着差异，知识仍然应该由人类共同创造和免费共享。因此，不管是任何人，只要有上网条件就可以免费选择所需课程进行学习，不附加任何条件。只有当你需要学分或课程结业证书时，才需要交纳一定的费用。

（2）大规模。大规模是慕课开放性的具体体现。慕课与传统授课不同，不限制注册人数，来自世界各地的学习者都可以自由参与到自己喜爱的课程学习之中。2011 年斯坦福大学塞巴斯蒂安·史朗的《人工智能入门》课，学习者有来自 160 多个国家的 16 万余人，其中有 2 万人完成了课程学习。到 2013 年，全球最大的慕课平台 Coursera 的注册用户已超过 500 万人，在线课程 450 门，加盟院校有 90 多所。

（3）在线。在线是指学习是在网上完成的。学习者可根据自己的情况，自行安排学习时间。根据学习者学习过程中最佳注意力时长一般在 10 分钟左右的特点，研究者把慕课的课程视频切割成 10 分钟甚至时间更短的“微课程”。“微课程”分为三类：其一是PPT式“微课程”，这种微课程是按照PPT自动播放功能制作成的课程视频；其二是讲课式“微课程”，它是把讲课教师讲授的教学模块制作成课程视频，形成“微课程”；其三是情景剧式“微课程”，它是用情景剧的模式设计教学内容，并制作成课程视频。学习时，学习者在遇到难以解决的问题时，可以进行在线交流，从而找到解决问题的办法。

（4）透明。慕课的设计要以市场的需求作为依据，学习者可以通过投票的方式对慕课的教学质量进行评估，这就使得高校的课程与教学质量突破了校园的范围，而成了全国甚至全世界的事情。慕课在很大程度上体现了以学习者为中心的教育服务理念，重在强调学习者的学习。这一做法对以教师的课堂讲授为中心的教学模式提出了挑战。现行的课堂教学模式多以教师的讲授为重点，教师对课堂教学活动具有绝对的控制权，学生只能被动地接受教师的指令和讲授的内容。而慕课的革命性在于强调学习者自主学习的权利，这种变化是与慕课的本质特征相互关联的。

3.4.3 国内外的慕课平台建设

3.4.3.1 国外慕课平台建设

2012年是慕课建设上取得迅速发展的一年。这一年被《纽约时报》刊文称为“慕课元年”。美国知名学府联手网络技术公司，促使其他“常青藤”院校竞相贡献各自的在线课程。由斯坦福等名校在2012年组成的Coursera（课程时代）成了排头兵；由哈佛大学、麻省理工学院和加州大学伯克利分校等在2012年建成的Edx（在线教育平台）也毫不逊色；由大卫·史蒂芬斯和另外两个创业伙伴塞巴斯蒂安·史朗和迈克尔·索科尔斯基在2011年共同创办的Udaeity（在线大学）紧随其后。三大慕课平台推出了大量的课程，也使得为数众多的大学加入其中。美国的正规教育管理机构对一些慕课课程进行了评估，标志着慕课正式进入了正规的高等教育体系。

三大慕课平台在运行模式上既有相同点，也有不同点。在学费方面，三大平台都允许学习者免费学习，但如果想要获得结业证书则需要付费。在合作方式上，Coursera与高校合作，为高校提供慕课课程开发的技术，而课程开发的具体工作则由学校来完成。Edx也是与高校合作，在帮助高校建设慕课课程时，如果提供相关的技术，需要向学校收费。Udaeity与部分高校合作，但更主要的是与高校里的一些教师直接合作开发慕课课程。在学习的方式上，Coursera和Edx都是在4~6周的时间内学习完一门课程，并且都具有完备的师生互动机制和考试机制。而Udaeity更注重一些核心大学课程的绩点和学位，学习的进度则由学习者自己把握。在教学方式上，Coursera通过教学视频、软件、参考资料以及师生互动的方式完成教学，教师在线为学习者答疑并互相批改作业。Edx则以课程内容为纲，以教学视频和课件作为辅助手段进行授课。课程提供讨论区、课程百科等帮助学习者进行课程的学习。而 Udaeity 不仅有教学视频，还有自身的学习管理系统，设置了编程接口和论坛等，与翻转课堂相似。

在课程评估方面，Coursera 依据教学软件中提供的作业、测验和习题集进行评价，并且要求学生之间互相批改作业。Edx 目前依据教学软件提供的作业和测验进行评价，以后还会利用在线论坛、基于百科的协作式学习、在线实验室等交互学习工具进行评价。Udaeity 依据教学软件提供的测试、习题集以及基于编程的作业进行评价。此外，每个教学单元的每个知识模块都有相应的练习题和答案。在对学生诚信的要求方面，Coursera 要求得比较宽松，学习者只要点击文本框同意遵守荣誉准则即可。Edx 要求学习者参加有监考老师的期末考试，这些考试由学习者支付不同费用在各大 Pearson 考试中心完成。Udaeity 要求学习者支付 98 美元在各大 Pearson 考试中心完成有监考老师的期末考试。在线下互动方面，Coursera 通过 Meetup 组织线下活动。Edx 目前还很少有线下互动。Udaeity 则组织了线下学习小组，并且已经有学生组织了线下见面会。

3.4.3.2　国内慕课平台建设

上述三大平台，前两个已进入中国。2013 年，许多中国知名大学开始加入国际慕课平台。4 月 1 日，复旦大学上线《大数据与信息传播》课程。5 月 21 日，北京大学和清华大学加入 Edx 的在线课程项目。7 月 8 日，上海交通大学作为中国内地第一所高校加入 Coursera。10 月 27 日，“中国式慕课长三角论坛”在上海召开，本次会议实现了国内众多高校的优质教育资源共享。目前，已有 300 万人以上的国内在校大学生进行慕课课程的学习。

清华大学从 2013 年 6 月开始进行慕课平台的研发，并于同年 10 月正式建立“学堂在线”这个平台，同时开放了 5 门慕课课程。2014 年 4 月，经过教育部授权，清华大学成立了在线教育研究中心。时至今日，“学堂在线”已开放了 400 余门慕课课程，绝大多数课程来自国内外的顶尖高校。

中国大学 MOOC（图 3-4）是由网易公司和高等教育出版社联合建立起来的慕课平台，于 2014 年 2 月成立。这个平台涵盖了国内 985 高校的重要课程，是国内慕课平台中课程数量最多的一个，学习者可以在这个平台上获取国内最优质的教学资源，因此学习者的数量持续增加。此外，中国大学 MOOC 这个平台已经得到了官方的认证，学习者如果达到了平台上相关的要求，可以获得相应的学业证书。

“好大学在线”是由上海交通大学和百度公司合作开发建设的一个慕课平台。这个平台所提供的慕课课程已经覆盖了全国的主要高校，其中一半左右是中西部地区的高校。这在促进我国高校教学资源的优势互补以及推动西部高校建设等方面起到了重要的推动作用。百度公司为这个慕课平台提供技术，实现了“好大学在线”和各高校教学管理平台的对接，使慕课课程真正走进了校园。

图 3-4 中国大学 MOOC 界面

3.5 微课

随着科学技术的进一步发展，人类的交往活动将进入微观时代。2009 年出现的微博拉开了我国“微”时代的序幕。微时代是以数字信息技术为基础，综合运用音频、视频、文字、图像等多种表现方式，通过全新便捷的移动终端，以实时、互动、高效的新时代为主要特征的通信活动。在教育领域，微课也应运而生。高校微课大赛官方文件中提到：微课是指以视频为主要载体记录教师围绕某个知识点或教学环节开展的简短、完整的教学活动。

作为一种新型的教育信息资源形式，微课的一般表现形式是短小而精悍的教学视频，其目标是阐述某一知识点，目的是帮助学生学习或帮助教师在教学中应用以辅助教学。这种短小精悍的视频知识表现为“碎片”化的知识。“互联网+”课堂容许学生在课堂上自由上网，颠覆了传统的教学模式，线性知识结构被以网页为单位的“碎片”知识所取代，而许多的“碎片”知识是通过微视频或微课获得的，再经过分解、重构形成新的知识体系。微课本身就是碎片化的一种体现，其特征是教学内容少，教学时间短，资源容量小，以知识点为单位，主题突出，成果简化。

3.5.1 微课的类型

3.5.1.1 按照课堂教学方法

根据李秉德教授对我国中小学教学活动中常用的教学方法的分类总结，同时也为便于一线教师对微课分类的理解和实践开发的可操作性，将微课划分为 11 类，分别为讲授类、问答类、启发类、讨论类、演示类、练习类、实验类、表演类、自主学习类、合作学习类、探究学习类，见表 3-1。

表 3-1　微课类型及适用范围

分类依据	常用教学方法	微课类型	适用范围
以语言传递信息为主的方法	讲授法	讲授类	适用于教师运用口头语言向学生传授知识（如描绘情境、叙述事实、解释概念、论证原理和阐明规律）。这是中小学最常见、最主要的一种微课类型
	谈话法（问答法）	问答类	适用于教师按一定的教学要求向学生提出问题，要求学生回答，并通过问答的形式来引导学生获取或巩固检查知识
	启发法	启发类	适用于教师在教学过程中根据教学任务和学习的客观规律，从学生的实际出发，采用多种方式，以启发学生的思维为核心，调动学生的学习主动性和积极性，促使他们生动活泼地学习
	讨论法	讨论类	适用于在教师指导下，由全班或小组围绕某一种中心问题通过发表各自意见和看法，共同研讨，相互启发，集思广益地进行学习
以直接感知为主的方法	演示法	演示类	适用于教师在课堂教学时，把实物或直观教具展示给学生看，或者作示范性的实验，或通过现代教学手段，通过实际观察获得感性知识以说明和印证所传授知识
以实际训练为主的方法	练习法	练习类	适用于学生在教师的指导下，依靠自觉的控制和校正，反复地完成一定动作或活动方式，借以形成技能、技巧或行为习惯。尤其适合工具性学科（如语文、外语、数学等）和技能性学科（如体育、音乐、美术等）
	实验法	实验类	适用于学生在教师的指导下，使用一定的设备和材料，通过控制条件的操作过程，引起实验对象的某些变化，从观察这些现象的变化中获取新知识或验证知识。在物理、化学、生物、地理和自然常识等学科的教学中，实验类微课较为常见
以欣赏活动为主的教学方法	表演法	表演类	适用于在教师的引导下，组织学生对教学内容进行戏剧化的模仿表演和再现，以达到学习交流和娱乐的目的，促进审美感受和提高学习兴趣。一般分为教师的示范表演和学生的自我表演两种
以引导探究为主的方法	自主学习法	自主学习类	适用于以学生作为学习的主体，通过学生独立的分析、探索、实践、质疑、创造等方法来实现学习目标
	合作学习法	合作学习类	合作学习（Collaborative Learning）是一种通过小组或团队的形式组织学生进行学习的策略
	探究学习法	探究学习类	适用于学生在主动参与的前提下，根据自己的猜想或假设，运用科学的方法对问题进行研究，在研究过程中获得创新实践能力、获得思维发展，自主构建知识体系的一种学习方式

值得注意的是，一节微课作品一般只对应于某一种微课类型，但也可以同时属于两种或两种以上的微课类型的组合（如提问讲授类、合作探究类等），其分类不是唯一的，应该保留一定的开放性。同时，由于现代教育教学理论的不断发展，教学方法和手段的不断创新，微课类型也不是一成不变的，需要教师在教学实践中不断发展和完善。

3.5.1.2　按课堂教学主要环节

按课堂教学主要环节来分类，微课可分为课前复习类、新课导入类、知识理解类、练习巩固类、小结拓展类。其他与教育教学相关的微课类型有：说课类、班会课类、实践课类、活动类等。

3.5.2　微课的特点

微课的类型丰富多样，其主要特点如下：

（1）教学时间较短。教学视频是微课的核心组成内容。根据学生的认知特点和学习规律，微课的时长一般为5~8分钟左右，最长不宜超过10分钟。因此，相对于传统的40分钟或45分钟的一节课的教学课例来说，微课可以称为“课例片段”或“微课例”。

（2）教学内容较少。相对于较宽泛的传统课堂，微课的问题聚集，主题突出，更适合教师的需要。微课主要是为了突出课堂教学中某个学科知识点（如教学中重点、难点、疑点内容）的教学，或是反映课堂中某个教学环节、教学主题的教与学活动，相对于传统一节课要完成的复杂众多的教学内容，微课的内容更加精简，因此又可以称为“微课堂”。

（3）资源容量较小。从大小上来说，微课视频及配套辅助资源的总容量一般在几十兆左右，视频格式须是支持网络在线播放的流媒体格式（如rm、wmv、flv等），师生可流畅地在线观摩课例，查看教案、课件等辅助资源；也可灵活方便地将其下载保存到终端设备（如笔记本电脑、手机、MP4等）上实现移动学习、泛在学习，非常适合于教师的观摩、评课、反思和研究。

（4）资源组成/结构/构成“情景化”。资源使用方便。微课选取的教学内容一般要求主题突出、指向明确、相对完整。它以教学视频片段为主线“统整”教学设计（包括教案或学案）、课堂教学时使用到的多媒体素材和课件、教师课后的教学反思、学生的反馈意见及学科专家的文字点评等相关教学资源，构成了一个主题鲜明、类型多样、结构紧凑的“主题单元资源包”，营造了一个真实的“微教学资源环境”。这使得微课资源具有视频教学案例的特征。广大教师和学生在这种真实的、具体的、典型案例化的教与学情景中易于实现“隐性知识”“默会知识”等高阶思维能力的学习并实现教学观念、技能、风格的模仿、迁移和提升，从而迅速提升教师的课堂教学水平、促进教师的专业成长，提高学生学业水平。就学校教育而言，微课不仅成为教师和学生的重要教育资源，而且也构成了学校教育教学模式改革的基础。

（5）主题突出、内容具体。一个课程就一个主题，或者说一个课程一个事；研究的问题来源于教育教学具体实践中的具体问题：或是生活思考、或是教学反思、或是难点突破、或是重点强调、或是学习策略、教学方法、教育教学观点等具体的、真实的、自己或与同伴可以解决的问题。

（6）草根研究、趣味创作。正因为课程内容的微小，所以，人人都可以成为课程的研发者；正因为课程的使用对象是教师和学生，课程研发的目的是将教学内容、教学目标、教学手段紧密地联系起来，是“为了教学、在教学中、通过教学”，而不是去验证理论、推演理论，所以，决定了研发内容一定是教师自己熟悉的、感兴趣的、有能力解决的问题。

（7）成果简化、多样传播。因为内容具体、主题突出，所以，研究内容容易表达、研究成果容易转化；因为课程容量微小、用时简短，所以，传播形式多样（网上视频、手机传播、微博讨论）。

（8）反馈及时、针对性强。由于在较短的时间内集中开展“无生上课”活动，参加者能及时听到他人对自己教学行为的评价，获得反馈信息。较之常态的听课、评课活动，“现炒现卖”，具有即时性。由于是课前的组内“预演”，人人参与，互相学习，互相帮助，共同提高，在一定程度上减轻了教师的心理压力，不会担心教学的“失败”，不会顾虑评价的“得罪人”，较之常态的评课就会更加客观。

3.6 可汗学院

Khan Academy（可汗学院）是一个非盈利教育组织，以在线视频课程的方式面向全球提供免费的高品质教育。创办人萨尔曼·可汗（图3-5）拥有麻省理

图3-5 萨尔曼·可汗

工学院的硕士学位，以及哈佛大学的 MBA 学位，曾从事金融业。为了帮助住在远处的亲人，可汗录制视频给亲戚的孩子讲授习题，他试着把自己的教学影片放上网络，主要是在 YouTube 网站。由于受到广泛好评，相关影片观看次数急速成长，受到鼓励的萨尔曼于 2009 年辞去工作，全职从事相关课程的录制，目前已有自己的独立网站。该机构曾获得 2009 年微软教育奖和 2010 年谷歌十的一百次方计划教育项目的两百万美元资助。目前可汗学院已上线了三千多个教学视频，被新闻媒体和学术界认为正打开“未来教育”的曙光。由此可见，可汗学院实际上是一种典型的慕课。

3.6.1 可汗学院课程的基本组成

在学院课程的首页上，可以看到社区最主要的 5 个功能：视频区（Watch）、练习区（Practice）、指导区（Coach）和志愿服务区（Volunteer）以及个人主页。

（1）观看视频（Watch）。可汗学院的教学手段主要是教学视频。每一段教学视频大约在 10 分钟以内，主要讲解一个知识点。视频主要在电子黑板上完成，并配以可汗教师讲解。学习者只能听到可汗老师的声音，而看不到其形象，避免了学生分散注意力，从而更加关注学习内容。在教学内容的设计上，有关的图片、公式等素材都是围绕着教学过程进行筛选和组织的。

（2）做练习（Practice）。在看完教学视频后，会有专门针对该视频创建的练习区——Practice 星空。Practice 星空是根据视频中的知识点建立的知识网状图，每个节点都代表着知识点，每个连线都代表着知识点间的联系。知识点的颜色来区分学习者对于此知识点的进度：浅蓝色——未学习、绿色——建议学习、蓝色——学会、橙色——复习。当点击具体知识点进入时，主要有五块区域：问题区、作答区、成绩区、帮助区、提示区。问题区，主要是可汗老师设置的与该视频知识点相关的一系列问题；作答区，指学习者书写答案的区域；成绩区，当作答完毕时，显示学习者的成绩；帮助区，当学习者遇到不懂的问题时，可点击帮助，来获得对于知识点的深入理解；提示区，可汗老师在该区域按照问题分步解答，给出了针对性的提示。

（3）提供指导（Coach）。在界面上，指导者可以根据不同颜色的标识来判断每一位学生的学习情况：浅蓝色——正在学习、绿色——已精通、红色——遇到困难。当学生处于红色状态时，指导者就需要重点关注这个学生在对应模块的学习，那表示该名学习者在此处遇到了困难。相对应的，当学生处于绿色状态时，指导者可以省略或者没有必要再对学生进行指导。指导者由此提供有针对性、个性化的辅导。

（4）志愿服务（Volunteer）。可汗学院的教育目标是让更多的学习者通过可汗课程学习，不仅包括自己国家的学习者，还包括更多的国外学习者。这就需要志愿者把教学视频或者为教学视频录音翻译成多种语言，这是很大的工作量，需要很多志愿者来服务。

（5）个人主页。点击个人用户名称，即进入可汗学院的个人主页。主页包括3个部分：左侧是导航区，列出了学习者的完成情况、数据分析、讨论和指导社区；右侧是成就区，列出了学习者在该阶段学习知识点获得的成就，使学习者能立即感受到学习效果；学习管理区，列出了学习者近期观看的视频、做过的练习，以及下一步活动的建议。

3.6.2 可汗学院课程特点

可汗学院利用了网络传送的便捷与录影重复利用成本低的特性，从最基础的内容开始，以由易到难的进阶方式互相衔接。教学者使用电子黑板系统。练习系统记录了学习者对每一个问题的完整练习记录，教学者参考该记录，可以很容易得知学习者哪些观念还不懂。

传统的学校课程中，为了配合全班的进度，教师只要求学生跨过一定的门槛（例如及格）就继续往下教；但若利用类似于可汗学院的系统，则可以试图让学生搞懂每一个未来还要用到的基础观念之后，再继续往下教学，进度类似的学生可以重编在一班。在传统的考试中，即使是拿到了95分的学生，也很可能不知道自己5分的缺漏到底在哪儿就被迫进入下一章节，而可汗学院的教学理念是，拿满了十分，才继续前进，即“满十分前进”。在美国某些学校已经采用回家不做功课、看可汗学院影片代替上课，上学时则是做练习，再由老师或已经懂得的同学去教导其他同学不懂的地方这样的教学模式。

与可汗学院相比，传统教学有许多弊端，例如让学生容易产生厌烦情绪、学生的学习很大程度上受到时间地点等因素限制、不同基础与接受能力的学生接受相同进度的教学等。可汗学院的成功与传统教学的枯燥低效形成巨大反差。

3.7 Moodle平台

Moodle一词是Modular Object-Oriented Dynamic Learning Environment，即“面向对象的模块化动态学习环境”的首字母缩写，它是一个用来建设基于网络的课程和网站的软件包。

Moodle是由澳大利亚教师Martin Dougiamas博士主持开发设计而成的。在工作中他发现市面上的网络教育平台无论在安装、或是使用上均有较高的技术门槛，而且建设与使用的成本非常昂贵，因此便开始着手开发一套免费的软件，希望能够提供一个建设成本低却同样高度可用的网络教育平台，使得教师能够方便使用。

2002年8月20日，Moodle 1.0版本问世了。之后，Moodle借着GUN的授权方式和网络社会群体的力量，共同来开发设计新的功能与需求，适应网络学习未来发展的需要，并且让使用者可以通过低廉的价格，甚至是免费的方式来获得原始套件，让程序设计人员、教师、学习者共同参与软件的开发与改进，以使整个系统更加完善。Moodle 平台课程主页如图 3-6 所示。

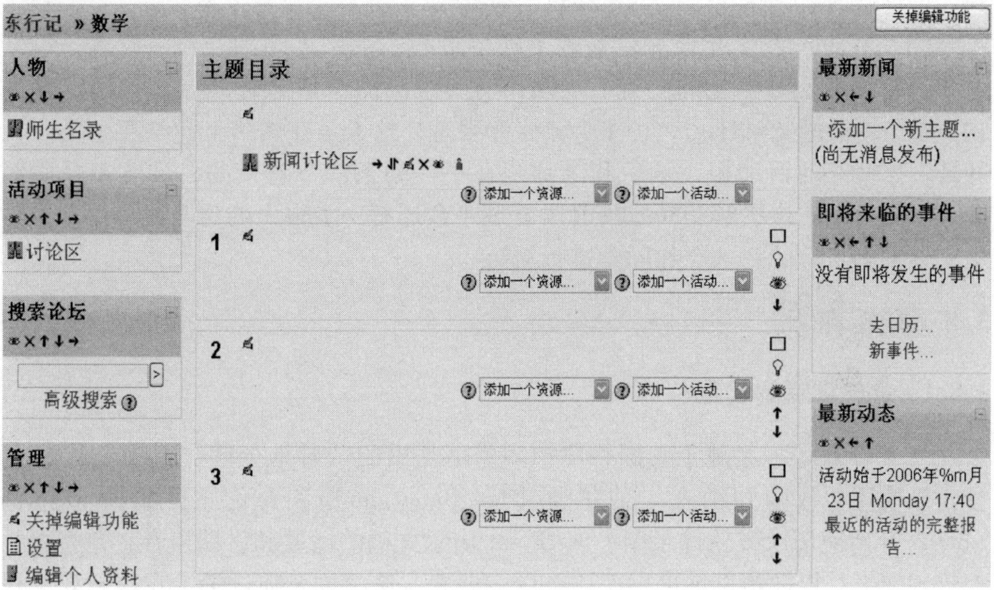

图 3-6 Moodle 平台课程主页

3.7.1 Moodle 的主要特点

Moodle 是一款开源免费的网络课程管理系统（CMS），也是学习管理系统（LMS），简单轻便，相容性高，技术门槛低；其在线教学模块采用可自由组合的动态模块化设计，教师搭建在线课程时就像搭积木一样简单有趣；支持多种教学模式，可以帮助教师、学生在一个积极协作的在线环境中进行交流；在线活动记录能够详细呈现与评价；课程可以被压缩成 SCORM 包作为备份或者供其他学习内容管理平台安装使用；提供嵌入式的所见即所得的网页编辑器，教师能够很方便地编辑课程内容。

3.7.2 Moodle 的优势

（1）通过 Moodle 教学平台能够实现了师生之间点对点的指导，了解学生自主学习的情况，在网络环境下，教师可以面向全体学生讲授，也可以单独辅导，尽可能地实现因材施教，师生之间讨论、答疑以及生生之间学习交流都是通过计算机来实现的，减少了老师讲的过程，给学生更多交互学习的空间。教师也可以就学生所反馈问题及时调整教学，也可以对个别学生进行单独辅导。

（2）Moodle 教学平台一个很大的优势就是学生完成作品之后可以及时把作品上传，教师能够随时看到同学的作业，在平台上进行评定，写出修改建议，了解教学效果，随时把评判结果及时反馈给学生，学生刷新页面之后就能及时看到，进行修改。

（3）Moodle 教学管理平台促进了师生之间、生生之间的交流。投票、讨论区和问卷调查是对学生的心得、成绩、学习情况的反馈最好的形式，用这些方式，学生不会感觉到压力，也不会紧张和害羞，这也是在网络上教学互动的一大好处。这些互动活动中，学生和老师是在平等的条件下对话的，虽然不是面对面，但更可以增进了解。Moodle 教学管理平台还有一个很大的功能就是让每个学生充分发表自己的想法，和同学进行交流。

3.8　翻转课堂

3.8.1　翻转课堂的起源

“翻转课堂”起源于美国科罗拉多州落基山的“林地公园”高中。2007 年春，该校化学教师乔纳森 · 伯尔曼（Jon Bergmann）和亚伦 · 萨姆斯（Aaron Sams）开始使用录屏软件录制 PowerPoint 演示文稿的播放和讲课声音，并将视频上传到网络，以此帮助缺席的学生补课。后来，这两位老师让学生在家看教学视频，在课堂上完成作业，并对学习中遇到困难的学生进行讲解。这种教学模式受到了学生的广泛欢迎（图 3-7）。

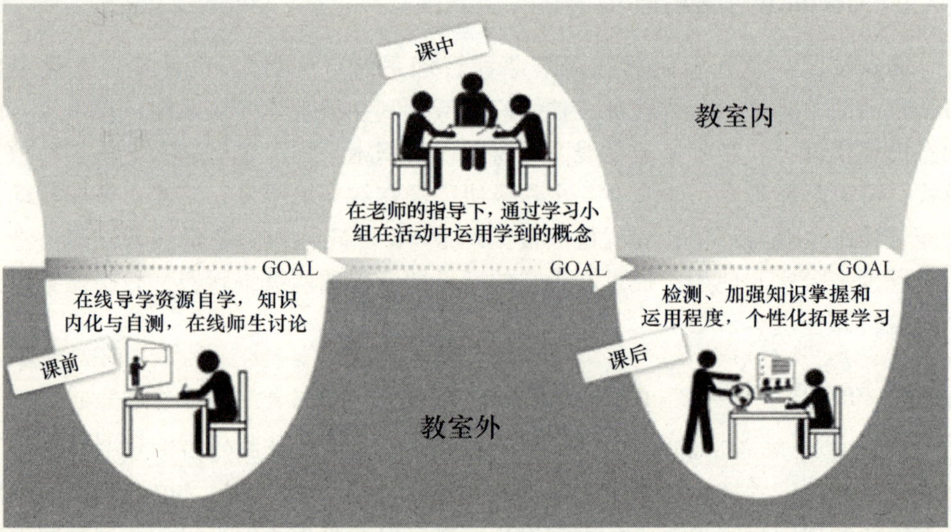

图 3-7　翻转课堂示意图

2011 年，萨尔曼·可汗（Salman Khan）在 TED（Technology Entertainment Design，美国一家私有非营利机构）大会上的演讲报告《用视频重新创造教育》中提到：很多中学生晚上在家观看可汗学院的数学教学视频，第二天回到教室做作业，遇到问题时则向老师和同学请教。这与传统的“老师白天在教室上课、学生晚上回家做作业”的方式正好相反的课堂模式，称为“翻转课堂”（The Flipped Classroom，国内也有其他学者译为“颠倒课堂”）。自此，“翻转课堂”成为教育者关注的热点，并被加拿大的《环球邮报》评为 2011 年影响课堂教学的重大技术变革。

为了帮助更多的教师理解和接受翻转课堂的理念和方法，“林地公园”高中于 2012 年 1 月 30 日举办了翻转课堂“开放日”（Open House），让更多的教育工作者来观看翻转课堂的运作情况和学生的学习状态。这种做法促进了翻转课堂教学模式的推广。此外，翻转课堂的推动还要得益于开放教育资源（OER）运动。自麻省理工学院（MIT）的开放课件运动（OCW）开始，耶鲁公开课、可汗学院微视频、TED ED（TED 的教育频道）视频等大量优质教学资源的涌现，为翻转课堂的开展提供了资源支持，促进了翻转式教学的发展。

3.8.2 翻转课堂的特征

传统教学过程通常包括知识传授和知识内化两个阶段：知识传授是通过教师在课堂中的讲授来完成；知识内化则需要学生在课后通过作业、操作或者实践来完成。在翻转课堂上，这种形式受到了颠覆——知识传授通过信息技术的辅助在课后完成，知识内化则在课堂中经老师的帮助与同学的协助而完成，从而形成了翻转课堂。随着教学过程的颠倒，课堂学习过程中的各个环节也随之发生了变化。

3.8.2.1 教师角色的转变

翻转课堂使得教师从传统课堂中的知识传授者变成了学习的促进者和指导者。这意味着教师不再是知识交互和应用的中心，但他们仍然是学生进行学习的主要推动者。当学生需要指导的时候，教师便会向他们提供必要的支持。自此，教师成了学生便捷地获取资源、利用资源、处理信息、应用知识到真实情境中的脚手架。

伴随着教师身份的转变，教师迎来了发展新的教学技能的挑战。在翻转课堂中，学生成为了学习过程的中心。他们需要在实际的参与活动中通过完成真实的任务来建构知识。这就需要教师运用新的教学策略达成这一目的。新的教学策略需要促进学生的学习，但不能干预学生的选择。教师通过对教学活动的设计来促进学生的成长和发展。在完成一个单元的学习后，教师要检查学生的知识掌握情况，给予及时的反馈，使学生清楚自己的学习情况。及时的评测还便于教师对课堂活动的设计做出及时调整，更好地促进学生的学习。

3.8.2.2　课堂时间重新分配

翻转课堂的第二个核心特点是在课堂中减少教师的讲授时间，留给学生更多的学习活动时间。这些学习活动应该基于现实生活中的真实情境，并且能够让学生在交互协作中完成学习任务。将原先课堂讲授的内容转移到课下，在不减少基本知识展示量的基础上，增强课堂中学生的交互性。最终，该转变将提高学生对于知识的理解程度。此外，当教师进行基于绩效的评价时，课堂中的交互性就会变得更加有效。根据教师的评价反馈，学生将更加客观地了解自己的学习情况，更好地控制自己的学习。

学习是人类最有价值的活动之一，时间是所有学习活动最基本的要素。充足的时间与高效率的学习是提高学习成绩的关键因素。翻转课堂通过将“预习时间”最大化来完成对教与学时间的延长。其关键之处在于教师需要认真考虑如何利用课堂中的时间，来完成“课堂时间”的高效化。

3.8.2.3　学生角色的转变

随着技术的发展，教育进入到一个新的时代，一个学生可以进行自我知识延伸的时代。教育者可以利用 wikis、blogs 等技术工具高效地为学生提供丰富的学习资源，学生也可以在网络资源中获取自己所需的知识。在技术支持下的个性化学习中，学生成为自定步调的学习者，他们可以控制对学习时间、学习地点的选择，可以控制学习内容、学习量。然而，在翻转课堂中，学生并非完全独立地进行学习。翻转课堂是有活力的并且是需要学生高度参与的课堂。在技术支持下的协作学习环境中，学生需要根据学习内容反复地与同学、教师进行交互，以扩展和创造深度的知识。因此，翻转课堂是一个构建深度知识的课堂，学生便是这个课堂的主角。

综上所述，传统课堂和翻转课堂各要素的对比的主要情况见表 3-2。

表 3-2　传统课堂与翻转课堂中各要素的对比表

比较要素	传统课堂	翻转课堂
教师	知识传授者、课堂管理者	学习指导者、促进者
学生	被动接受者	主动研究者
教学形式	课堂讲解+课后作业	课前学习+课堂探究
课堂内容	知识讲解传授	问题探究
技术应用	内容展示	自主学习、交流反思、协作讨论工具
评价方式	传统纸质	测试多角度、多方式

微课、慕课、翻转课堂等作为全新的教育舶来品，在现今的中国正是方兴未艾。但我们也应该清楚地意识到，这种全新的教育模式，是国外教师自发性的创新和创造出来的，针对外国学生的个性特点，更符合他们的教育现状。对于我国来说，要学习的不仅仅是它的操作方法、技术特征或课件形式，而是对开放式教学内涵的真正理解。

3.9 虚拟现实和增强现实

虚拟现实（Virtual Reality，以下简称“VR”）是一种基于多媒体计算机技术、传感技术、仿真技术的沉浸式交互环境。具体地说，就是采用计算机技术生成逼真的视觉、听觉、触觉一体化的特定范围的虚拟环境，用户借助必要的设备以自然的方式与虚拟环境中的对象进行交互作用、相互影响，从而产生亲临等同真实环境的感受和体验。VR 具有 3I 特性，即沉浸性（Immersion）、交互性（Interaction）、构想性（Imagination），是一个学科高度综合交叉的科学技术领域。VR 与人工智能（AI）技术及其他相关领域技术结合，将会使其还具有智能（Intelligent）和自我演进演化（Evolution）特征。VR 涉及门类众多的学科，整合了很多相关技术。VR 是未来科技发展的方向之一，它可以从人的感觉系统上改变现有的空间感。VR 现有的产业链大致可分为硬件设计开发、软件设计开发、资源设计开发和资源运营平台等几种类别。通过 VR 关键技术的突破以及“虚拟现实+”的带动，会产生大量行业和领域的 VR 应用系统，为网络与移动终端应用带来全新发展，将会推动许多行业实现升级换代式的发展。

VR 作为近年来极为火热的科技话题，给人们带来焕然一新的感官享受，激发了许多关于“虚拟现实+”行业的发展想象与前景构想。同时，增强现实的出现，也让人们获得了极佳的体验感。增强现实（Augmented Reality，以下简称“AR”）是在 VR 的基础上发展起来的一种新兴技术。AR 技术基于计算机的显示与交互、网络的跟踪与定位等技术，将计算机形成的虚拟信息叠加到现实中的真实场景，以对现实世界进行补充，使人们在视觉、听觉、触觉等方面增强对现实世界的体验。AR 具有三大特点，即虚实结合、实时交互和三维配准。AR 具有三种呈现显示方式，按距离眼睛由近到远划分分别为头戴式（head-attached）、手持式（hand-held）、空间展示（spatial）。

VR 和 AR 技术在教学中的应用潜力巨大、前景广阔，主要体现在运用 VR 和 AR 技术具有激发学习动机、创设学习情境、增强学习体验、感受心理沉浸、跨越时空界限、动感交互穿越和跨界知识融合等多方面的优势。VR 和 AR 技术的应用，能够为教育工作者提供全新的教学工具，同时能激发学生学习新知识的兴趣，让学生在动手体验中迸发出创新的火花。因此，VR 和 AR 技术应用于教育行业是教育技术发展的一个新的飞跃（图 3-8），它营造了自主学习的环境，由传统的“以教促学”的学习方式演变为学生通过新型信息化环境和工具来获取知识和技能的新型学习方式，符合新一轮教学改革的教育理念，有助于学生核心素养的培养。VR 和 AR 设备有多种，这里分别介绍各种设备在教学中的具体应用。

图 3-8　虚拟现实课堂

3.9.1　VR 与 AR 技术应用于教学的优势

（1）VR 与 AR 技术为学生自主学习提供了有利条件。VR 和 AR 教学资源存在形式多种多样，根据采用的设备不同，可以将教学资源保存在网络运营平台、桌面式设备、移动设备和纸质图书里，学生可以在不同的地方采用不同的设备调用 VR 和 AR 教学资源进行随时随地的自主学习。如果学生在课堂上有些知识点未能掌握，可以重新学习一遍，增加对知识的巩固和理解，有时学生因为特殊原因未能在课堂上学习，也可以课后弥补，同时可以将 VR 和 AR 设备作为载体采用“翻转课堂”或“微课导学”教学模式组织教学，为学生提供自主学习条件，教师也可以从繁重的重复性讲解中解脱出来，有针对性地为学生答疑解惑，有助于传统教学方式的变革。

（2）VR 与 AR 技术为学生提供更加真实的情景。在传统的教学课堂上，知识的传输主要通过文字、图片、声音、动画和视频的形式呈现。遇到比较复杂的情况，例如数学课的立体几何、地理课的天体运动、物理课的磁力线和电力线、化学课的微观粒子结构、生物课的细胞结构等，教师用语言很难把这些知识点表达得非常清晰，同时由于每个学生的理解力不同，教学效果也会因人而异，甚至初次学习这些知识的学生会得到“盲人摸象”般的感受。而采用 VR 和 AR 技术组织教学，三维立体效果的呈现可以弥补这样的缺憾，能够把知识立体化，把难以想象的东西直接以三维形式呈现出来，让学生直观感受到文字所表达不出来的知识，真实的情景可以帮助学生对知识的理解和记忆，使学生的想象变得更加丰富。

（3）VR 和 AR 技术能提高学生的学习兴趣。由于 VR 和 AR 技术具有视觉、听觉和触觉一体化的感知效果，学生具有真实情境体验、跨越时空界限、动感交互穿越的感受，能身临其境般在书海里遨游，让书本中的内容可触摸、可互动、可感知。身临其境的感受和自然丰富的交互体验不仅极大地激发了学习者的学习动机，更给学习者提供了大量亲身观察、操作以及与他人合作学习的机会，促进了学生的认知加工过程及知识建构过程，有利于实现深层次理解。传统的学习方式让很多学生觉得枯燥乏味，为了应付考试不得不去死记硬背，但很多知识学生考完之后很快会忘得一干二净，而采用 VR 和 AR 技术组织教学，新颖的学习方式和丰富多彩的学习内容能够极大地提升课堂教学的趣味性，生动形象的场景会加强学生的记忆，激发学生的学习兴趣。“兴趣是最好的老师”，兴趣也是学生学习新知识的不竭动力。

（4）VR 和 AR 技术应用能促进优质资源均衡化。我国幅员辽阔，地区之间贫富差距较大，存在教学资源分配不均的情况。经济发达地区无论是软硬件配置，教学师资和教学资源都非常丰富，而经济落后、地域偏远的山村学校学生连接受最基本的教育都难以实现。各级政府和教育主管部门都在大力推进教育均衡发展，加大教育投资力度，而 VR 和 AR 技术应用将是解决城乡教育资源不均衡问题的一把金钥匙，有利于缓解教育资源两极分化，扩大优质资源的分享范围，能让教育资源不再受限于地区和学校，让教育发达地区的名教师通过 VR 和 AR 课堂走进山村学校，能通过整体优化教育资源配置，来缩小城乡差距，实现教育公平，同时这也是教育扶贫的较佳途径。

3.9.2 VR 和 AR 技术在教学应用中存在的问题

虽然 VR 和 AR 技术在教学中的应用可以改变传统的教学方式、提高学习兴趣、实现教育均衡发展，但 VR 和 AR 技术发展还处在初级应用阶段，在技术瓶颈、资源开发、教学内容和推广普及等方面还存在很多问题：

（1）VR 设备应用中的眩晕问题。人们在使用 VR 设备时会出现眩晕感，从硬件结构来看，由于现在的科技还无法做到高度还原真实场景，许多用户使用配置达不到要求的 VR 产品时会产生眩晕感；VR 界面中的视觉反差较大，实际运动与大脑运动不能够正常匹配，影响大脑对所呈现影像的分析和判断，从而产生眩晕感；VR 设备的内容有相当一部分资源是从 PC 电脑版上移植过来的，UI 界面不能很好地匹配 VR 设备，不同的系统处理上也无法达到协调统一，画面感光线太强或太弱都不能让用户接受；VR 设备帧间延迟跟不上人的运动，会有微小的延迟感，当感官与帧率不同步时也会让使用者产生眩晕感。

（2）VR 和 AR 技术在教学中资源短缺。目前 VR 和 AR 产业刚起步，软硬件设施不完备，开发人员技术力量不足，很多学校未配备 VR 和 AR 设备；很多教师还没有接触过 VR 和 AR，不知道如何在教学中应用，更谈不上如何去开发 VR 和 AR 教学资源。因此，针对课堂教学所开发的 VR 资源很少，课程资源短缺是 VR 和 AR 在学校推广的最大瓶颈。但随着 VR 和 AR 技术的迅猛发展，将 VR 和 AR 技术应用于教学势在必行，未来 VR 和 AR 技术在教学中的应用势必带来课堂教学方式的颠覆性改变。

（3）VR 和 AR 教学平台和资源的设计重形式轻内容。当前很多 VR 教育平台都只是在一个 3D 视频或 VR 软件游戏的基础上构成 VR 教学。虽然学生在虚拟世界玩得津津有味，课堂气氛很活跃，学生互动、交流和讨论很热烈，表面上看学生得到了沉浸式的体验感，但是有些 VR 教育平台所提供的知识点讲解还停留在现实世界中，课本内容的单调、枯燥并没有因软件的存在而得到缓解，知识要点的讲解没有变得更加生动、有趣和有针对性，这种只重视形式而不重视内容、教与学完全脱节的 VR 课堂只能称为“伪虚拟现实课堂”。

（4）VR 和 AR 设备价格较高和技术条件限制导致普及困难。企业的前期研发成本较高、设备销售量较少，导致多数 VR 和 AR 设备销售价格居高不下，很多学校因资金问题望而却步，无力购买售价高昂的 VR 和 AR 设备，进而导致 VR 和 AR 技术在学校的推广普及步履艰难。如 zSpace Z300 刚引入我国时每台售价 20 多万元，微软的 HoloLens 开发者版本上市价格在每台 2 万元以上，普通头戴式 VR 设备的价格也在 2000~5000 元。

大多数 VR 软件普遍存在语言专业性较强、通用性较差和易用性差等问题。受硬件局限性的影响，VR 软件开发花费巨大且效果有限。另外在新型传感应用、物理建模方法、高速图形图像处理、人工智能等领域，都有很多问题亟待解决。三维建模技术也需进一步完善，大数据与人工智能技术的融合处理等都有待进一步提升。以上诸多原因的存在制约了 VR 和 AR 技术在课堂教学中的推广和普及。

随着 VR 和 AR 软硬件设备的性能提升和价格降低，会有更多的教育投资公司开发出更加丰富多彩的教学资源，让 VR 和 AR 技术快速走进课堂，在教学中大面积应用普及。依托其具有的沉浸性、交互性、构想性、虚实结合、实时交互和三维配准等超级体验感的优势，教师的教学方式和学生的学习方式都将会发生改变。VR 和 AR 技术在教学中的应用普及将会颠覆传统的教育方法和教学形式，具有巨大的应用潜力与应用前景。

3.10　弹幕和微弹幕

“弹幕”一词最早出现于军事领域，是指炮火射击过于密集以至于像一张幕布一样的炮兵战术。它也用于游戏之中，后来被媒体借用，指人们在观影过程中同步发表的评论，这些评论会同步到荧幕之上，从荧幕上飘过，视觉效果和发射的密集子弹类似，因此被形象地称为“弹幕”。

“微弹幕”是华中科技大学刘宏阳等同学研发的一款微信与弹幕结合的软件，学生一边上课，一边通过微信发送文字，在大屏幕上讨论问题。

3.10.1 微弹幕技术应用于教学的意义

（1）引起学生主动学习的兴趣。微弹幕技术作为新型的教学模式出现在课堂中，对于“低头族”来说是眼前一亮的。学生已经习惯了你说我听的教学模式，上课未免感到枯燥乏味，加之人手一部智能手机，低头玩微信、刷微博就不足为怪了。将微弹幕技术引进课堂，学生只需在课前扫二维码进入专设聊天房间，课堂上将不解的问题或者想法通过发微信进行评论，内容就能显示在大屏幕上。师生互动、生生讨论，既活跃了课堂气氛，又集中了学生的注意力，使学生的思维回归到课堂内容中，在这样新型的教学模式之下，手机不单是娱乐消遣的工具，也是运用到学习的独特方式。玩的同时进行学习，贴近了当代学生的特点，寓教于乐，极大地引起了学生的兴趣，促进了学生学习积极性、主动性。

（2）及时传递师生信息交流。新课改以来，教师角色定位由传授者变为促进者和引导者，但在当前的课堂教学中，教师仍普遍以讲授为主，与学生互动少之又少。将微弹幕技术引进课堂，学生将听课过程中的疑问发送至大屏幕，教师根据这些问题，明确了学生哪些地方听不懂，知道学生在想什么，再对此问题进行针对性教育、及时点评、回答。也可以组织学生进行实时讨论，给有想法但不善于口头表达的同学机会，增强其自信心。也可以根据这些问题及时调整本节课的进度、重难点等。师生和生生之间及时传递信息、增进彼此感情、加深学生对知识的理解、加强教师对知识点的把握以及对学生更加精准的定位等，继而提高教学效果。

（3）实时调控学生的学习状态。教师尤其是高校教师普遍学历高、学科专业知识积累丰富、科研项目繁多等，认为学生的形象思维、逻辑思维以及抽象思维已经形成。在上课时注重讲授 PPT 内容，深入深出，与学生互动极少，学生亦不配合，或听课或低头玩手机，不懂也不问，课后基本无作业，导致教师无法实时掌握学生学习状态。微弹幕技术具有相对独立性，与多媒体内容相对分离，不影响多媒体的情景或者画面。学生发布的评论文本可以在弹幕列表中导出来，教师可以对其整理分析。从文本内容能得出学习者个体对学习内容的掌握程度、其注意力情况、对重难点的把握、对老师授课方式的满意度以及学生感兴趣的内容等动态信息。也可以得出整体学生的学习状态，这样有利于教师对学生实时判断并进行指导、建议，也可以预先判断学生在学习中可能会遇到的问题，以便教师及时改变教学策略，用学生最容易接受的方式进行教学，因材施教，从而提高教学质量。

3.10.2 需注意的问题

（1）树立微弹幕技术意识。近年来，新型教学模式不断被运用到课堂教学中，教师对于现代信息教学模式的意识方面出现分歧：部分年轻教师乐于尝试，而老教师则以崇洋媚外为由拒绝尝试。而当代的学生们，接受新知识、技术、信息的能力很强，教师作为引导者，要想将微弹幕技术引进课堂，只有从自身不断树立学习微弹幕技术的意识做起，加强培训、进修、钻研，才能跟上信息技术时代发展，取其精华去其糟粕，提高自己才能更好地教书育人。

（2）设置微弹幕技术规则。微弹幕技术对活跃课堂气氛确实有一定作用，但如果大家都专注于发弹幕讨论，那肯定不会注意听讲，弹幕太多也会遮挡课件内容。所以，教师在注重提高课堂气氛之余，也要对引进弹幕技术设置一定的规则，使其既能集中学生注意力又不至于偏离教学。其一，控制弹幕文本内容。学生跟随老师讲课的节奏实时发布弹幕内容，文本要与知识点相关，限制字数，简明扼要。其二，限制弹幕发表时间段。不是随时都可以发弹幕，同学可以记住想问的问题，在规定的时间发布，师生集中讨论解决。其三，调节弹幕与大屏幕的区分度。调节弹幕文本的颜色、字号、字体以及出现在大屏幕的位置等，使其易与大屏幕的内容区分，解决不必要的麻烦。

3.11 云班课

“云班课”主要是指“蓝墨云班课”，即蓝墨科技推出的一款移动教学助手app，以移动网络环境和云服务平台以依托，利用移动智能设备来组织课堂教学，实现课堂内外的即时反馈与互动。教师在教学中可以借助云端创建班课空间，为学生提供一系列服务，如资料、视频、作业、消息推动和课程订阅等。通常蓝墨云班课包括以下几大模块：（1）通知模块：及时发布相关课程信息；（2）班课资源：上传班课的视频、课件、教案等各种学习素材；（3）班课详情：该模块涉及班课的邀请码、考试安排、学习进度及学习要求等；（4）班课活动：涵盖投票/问卷、头脑风暴、答疑/讨论、测试等内容；（5）班课成员信息：该模块能够了解成员获取的经验值和学习班课资源进度，实现课堂签到等。

蓝墨云班课利用手机终端采取多种形式的教学模式，打破时空限制，让学生利用碎片时间来随时随地进行复习、学习或预习，保证学习的生动性与趣味性，提高学生学习的积极性与主动性，初步实现翻转课堂。云班课在教学过程中的应用具体如下：

第一，课前准备。在上课之前，师生可以在手机上下载蓝墨云班课app，创建并加入班课，在资源库中上传课程中的相关教学资源，如与课程相关的网络链接、视频、图片以及教师录制的微课、PPT、授课计划、教案等，以便学生进行课前预习，并借助“通知”功能来为学生提前布置学习任务。

第二，课堂应用：（1）课程点名。云班课改变了传统利用花名册点名的形式，而是采用签到功能，学生通过手势签到或一键签到的方式来激发学习兴趣，提高课堂趣味性。（2）课堂提问。利用“摇一摇”功能进行随机点名，可以吸引学生的注意力，增加课堂的神秘感与趣味性，当学生回答完问题后能增加相应的经验值，调动学生的积极性，增强学习自信心。（3）知识点检测。学习完每一章节内容后，教师可以从上传的题库中随机抽题进行测试，并统计做题所用时间与测试成绩，减少教师的工作量，实现资源库的重复高效使用，达到良好的教学效果。

第三，课后复习和评教评学。教师在课后可以利用云班课软件来发布作业，让学生查看与使用手机提交作业，根据教师要求上传视频、音频、图片或文字等，同时教师对学生进行分组，利用空闲时间批改作业，给予学生一定的经验值，学生可以通过分组评价或互相评价的方式来进行多元评价。学生可以通过答疑讨论区与教师或其他同学进一步交流尚未完全掌握的知识，或者是利用头脑风暴的功能来提问，让学生重点记忆与复习重要的知识点。此外，教师能够通过投票问卷功能来组织调研活动，详细了解学生对所学知识的实际掌握程度，以便恰当改进今后的教学，并且教师可自行设计调查问卷，开展课题调研，直接获得调研结果，不需再用统计软件加以统计，实用方便。

3.11.1 云班课的优势

在教学过程中应用云班课，具有良好的应用效果：

（1）可以调动学生学习积极性。以往学生在实际学习过程中，缺乏课前预习的意识与习惯，而云班课的应用可以让学生做好课前预习，学习上传的班课课程资源，调动学生学习的主动性和积极性。

（2）能够激发学生好奇心。传统的课堂教学中学生不允许看手机，而云班课教学中，手机是上课的重要学习工具，这种方式对学生而言具有一定的新鲜感，能够激发学生的好奇心与增强趣味性。再次，便于师生和生生的交流互动。传统课堂由于授课时间的限制，或者是部分学生不愿意主动提问，导致师生之间缺乏交流互动，而云班课能够克服传统课堂教学的不足，便于师生与生生之间的互动交流。例如云班课中有答疑讨论区，学生可以通过截图或文字等多种形式提出问题，由教师或其他同学进行解答，然后教师针对复杂的问题利用传统课堂模式进行讲解，解答学生的疑虑。

（3）有助于提高教学质量。教师在应用云班课模式时，要求学生在有限时间内完成当堂发布的测试题，然后查看测试统计分析来了解学生的知识掌握程度，并以答题情况为依据来详细讲解重难点知识。这样能够保证评价的及时性与考核的便捷性，在第一时间反映学生的实际学习状况，更好地掌握教学情况，促进教学质量的提升。

3.11.2　需注意的问题

在教学过程中，应用云班课时应注意以下事项：

（1）云班课倡导学生在课堂上使用手机，这样会导致部分自控力差的学生在课堂学习中利用手机干与学习无关的事情。有些学生过于重视经验值的多少，对学习内容不够重视，没有认真学习教师上传的课程资源，仅仅只为了获得更多的经验值，这些问题都是教学中需要重点解决的问题。

（2）云班课拥有强大的功能，但是在一些方面仍需加以改进和完善，如创建云班课之后，只有创建者拥有操作权限，应像 QQ 群一样来设置其他的管理员，加强管理；学生参与活动或签到时应显示参与时间，有效了解学生的参与程度，提高学生的参与积极性等。

（3）云班课的应用对任课教师的要求越来越高，不仅需要教师做好备课准备，还需要教师搜集大量的资源与信息，精心设计课程各环节，充分利用课余时间进行师生互动，争取在育人的同时提高自身教学水平。

（4）云班课是在网络条件下使用，这对校园网的硬件配套设施有较高的要求，必须要保证网络通畅，这样方可保证云班课的顺利开展。

4 信息技术在课堂教学中的作用及存在问题

4.1 信息技术对课堂教学产生的变化

信息技术作为一种媒体，是人体器官的延伸，应用于教学，能够弥补人类口耳相传的某些缺陷与不足，表现出其特有的优势与不足，例如，改变教学的时空、改变教学信息的传播方式。在教学中运用信息技术有利于优化教育教学，使教育教学力求做到高效能、低消耗、以最小的代价，得到最大的收获，进而达到提高教学效率、教学质量提升、人才质量提高的目的。

4.1.1 教学时空的变化

现代意义上的学校教育产生于17世纪后期，与印刷技术的广泛应用有密切关系，其满足并适应了工业化发展的需要，并在20世纪发展到顶峰，形成了标准化、制度化的教育体系。在这种教育体系下，教学活动的开展选择在一个特定的场所——学校，由特定教师向特定的人群（学生）传授特定教学内容的活动，这种教学活动是在一种封闭状态下进行。之后，随着信息技术的发展，对教学时空产生很大的变化。

4.1.1.1 拓展了教学的空间

传统教育由于受特定时空的限制，面临社会对人才的需求与它所能提供的学习机会之间的矛盾。信息技术的发展，延伸和拓展了教学的时空，人们可以利用互联网络技术、远程通信传输技术等将处于不同地区的学校、学生联结起来，改变学校教育生存的内外环境，甚至将教学迁移至太空，例如，2013年6月23日中国“神十”航天员利用太空进行实时授课、学生观看太空实验，并允许学生与航天员对话等。因此，在现代信息技术环境下，校园的围墙界限被突破，将不再受地域空间和对象的限制，能将学校的教学资源有效地向社会各个地方延伸，学习地点可以是教室，可以是工作场所，也可以是家庭。从未来发展趋势来看，现代信息技术促使课堂教学资源具有独特的跨时空共享特征，将会出现许多虚拟学校、大规模开放性在线教育等新的教学形态。现阶段，将与传统教育形成有益的共存与互补。

4.1.1.2 改变了时间上的限制

时间与空间总是密切相连的。现代信息技术改变了信息的传播方式，在打破教学空间限制的同时，也打破了教学时间的限制。学生的学习时间将不再是固定和规定，会更加灵活、多样和随机。正如比尔·盖茨在《未来之路》中所指出的："教育的最终目标会改变，不是为了一纸文凭，而是为了终身受到教育"。正是由于这种时间上的变化，信息技术也就改变了学生的构成，学习者可以随时随地地接受在线教育和个别化教育，接受方便、高效的教育。

4.1.2 教学方式的变化

4.1.2.1 信息技术改变了教学信息存在的基础

信息技术作为一种新的教学手段引入教学，将会改变原有教学信息存在的基础。传统的教学手段，例如口头语言、书面语言，其教学信息存在的方式是以"原子"（atom）为基础，有一定的质量；而以信息技术为代表的现代教学手段，其教学信息存在的基础是"比特"（bite）。比特是没有颜色、尺寸或重量的，能以光速传播，是信息的最小单位。又由于原子具有一定重量与质量，因此，用传统的教学手段传播教学信息具有"静态"特征，缺乏教学直观生动性，而且这种信息往往不能让学习者随意"操作"，成为一种"死"的信息，由此制约了使用这种教学手段对学生学习的吸引力。而比特是一种没有重量与质量的二进制符号，因而赋予了基于该技术手段下教学信息具有"动态"特征。也就是说，操作者可对教学信息进行技术性处理与操作，如进行信息的移动、放大、旋转等处理，甚至可根据学习需要而使教学信息呈现出大小、远近、虚实活动的变化，从而能更加生动、灵活、多样地表现事物，呈现教学信息，是一种"活"的教学信息。

4.1.2.2 教学信息存在方式的变化引起新的教学系统的产生

基于比特存在的教学信息，与时间、空间的相关性较低，不存在使用场域，既可在同时空中进行教学，也可在异时空中进行教学。特别是在教育规模较大、场地间隔较远等情况下，以信息技术为基础的现代教学手段的时空适应性的优点就会更加凸显。教学信息对时空要求的突破，使得利用现代信息技术为中介实施教学成为可能，由此导致"教师—网络—学生"的"人—机"教学系统的出现，导致了师生教与学方式的革命。在这种新的教学系统中，教师由传统课堂教学中处于"在场"支配、主讲的角色转变为"缺场"，在幕后设计开发数字化教学资源、指导学生学习、提供学习咨询。学生由"台下"的静听者、接受者，转变为主动者、自动者和操作者，能够自主地根据自己的学习情况，选择学习内容、采用合适的学习方法，有计划地安排学习进度与难度，真正成为学习的主人。因此，信息技术作为一种新的教学手段进入教学，改变了千百年来教学中一直传承的“同时空”教师“教”、学生“学”的“传授—接受”式教学，使师生“异时空”的“指导—自主”式教学成为可能。

4.1.3 教学主体的变化

4.1.3.1 教学信息传播方式的变革呼唤学生作为教学主体

信息技术进入原有的教学系统，改写了原有教学手段的内涵，产生了新的教学方式、新的教学系统，这就引发人们的思考：教师与学生到底谁是教学的主体？在教师“教”、学生“学”的教学活动中，回答这个问题确属难题。经过几年的论争，主要形成了教师主体说、学生主体说、双主体说、教师主导学生主体说等。

在传统的教学系统和基于信息技术的教学系统中，教学信息的传播方式具有很大差异。在使用传统教学手段开展教学，需要教学在同一时空，教学信息的传播是：播者——教师主动“推给”受者——学生。这种教学信息的传播模式是由教师把持着，决定信息的传播内容、传播容量、传播方式、传播对象、传播节奏与难易度等，具有绝对的“主导权”甚至是“霸权”。因此，不存在学生对教学信息的选择权，也就无所谓学生的主体性可言。但在使用现代信息技术教学手段时，教学信息的传播是：受者——学生主动“提取”，供者——教师提供教学信息资源库。在这种教学信息的传播模式中，开放性的网络教学信息是师生共有，由此破除了教师对教学信息的“霸权”地位，实现教学信息的师生共享。而且，对教学信息的内容选择及其容量、教学信息的呈现方式与速度、节奏与难易度等，可由学生自主选择决定。因此，对于运用教学信息而言，学生必须保持学习的主体性并呼唤学生主体性的发挥。

4.1.3.2 学生的主体性在运用现代教学手段中得以发展

学生使用现代信息技术进行学习，对教学信息的应用必须保持一定的主动性，同时需要有一定的自律和主动精神。例如，利用网络教学信息进行学习，不像传统的学校课堂教学，总是有人在督促你学习。学生一旦学会利用网络进行学习，就不再是被动的学习者。因此，将需要学生比历史上任何时候更具有主体性；而且也在这种主体性运用中发展着学生的主体性。

总之，信息技术手段运用于教学，将会出现无中心与多中心、无主体与多主体的特点，解决了以教师为中心、学生边缘化的情况，形成了师生间权利对等分配，师生都是教学的中心，或者都是“去中心”后的主体，教师的地位、作用将发生变化，由“教”向“导”转换，学生由“生徒”变为主体的人，教学不再是向“容器”灌输而是学生的主动学习，从“要我学”转向了“我要学”。

4.1.4　教学形式的变化

信息技术发展改变了人类的生存状态，将我们生活世界分为现实世界和虚拟世界，人类可以在这两种世界上生产生活。体现在教育上，学校的课堂也就分为现实课堂和虚拟课堂两种，人类可以利用虚拟课堂开展教学实践活动。我们将虚拟课堂引入传统教学，是将网络作为传统教学的工具和手段，在尽可能保持传统教学固有优势的前提下，把传统教学的优势（现实课堂）和数字化教学（虚拟课堂）的优势得到充分发挥，实现两者的优势互补，获得更佳的教学效果，这就是混合式教学。当然，信息技术作为一种媒体，利用它进行教学也有一定的适用范围，不是什么内容都可采用，应当选择一些具有开放性的，适合于信息化教学的教学内容来进行。

4.1.5　教学内容的变化

随着信息技术的快速发展，同时，信息技术中的网络技术、虚拟技术能有效地解决知识信息的有限时效与快速更新之间的矛盾，使学校的教育内容不仅仅局限于书本、教材上的知识，并逐步扩大到虚拟无限的互联网络空间。面对纷繁复杂、瞬息万变的世界，社会的发展对人才提出更多新的需求，学校封闭的教育体系将被打破，与社会联系更加紧密，走向开放，既包括对学生“现实世界”的开放，也包括向学生“可能世界”的开放。在课堂教学中，完全可以运用现代信息技术手段，把丰富多彩的社会资源引入课堂教学。例如，让学生可以看到万里长城、南极冰川、海底世界等壮丽景色，也可将周期性长的事件短时间内呈现给学生。这些信息化手段的利用不仅能扩大教学的信息资源，而且能丰富教学内容，具有传统教学手段无法比拟的优势。其次，突破教科书的局限。信息技术的发展，使教材的形式发生了根本性的变化。教材的形态可以是文字、音像以外，还可以是以信息技术为载体的各种各样的教学软件，例如专题学习网站、网络辅助教学课程等。

4.2　信息技术对教学所起作用

信息技术作用下的教学，更相比传统的教学，教学四要素的地位发生了很大的变化：学生是主体，也是中心，是知识意义的主动建构者；而教师是教学过程的组织者、指导者、帮助者和促进者；教材是学生主动建构意义的对象；媒体则是认知工具。这种模式是与现代社会对人才的培养目标相适应的，因而也被认为是最有前途的教学模式之一。

4.2.1 对学生的作用

与传统的教学相比，信息技术作用下的教学对学生有着诸多好处：

（1）有利于创造性思维能力的培养。以往的教学中往往大量的灌输知识性的内容，而忽略了对学生创造性思维的培养。创造性思维最显著的特点是能够提供新颖独创而又有价值的思维成果，由于信息技术教学摒弃了传统学科中所形成的常规思维模式，对学生来说具有非常的新鲜感，学生的创造欲望能得到极大激发，培养学生的创造性思维。信息技术教育允许学生别出心裁，鼓励学生多提新问题、多独立钻研、主动探索、以获得新的知识和技术，培养创造性思维。

（2）利于提高学生的抽象思维能力。信息技术教学中的操作过程是以抽象思维为基础的，要解决反抽象的东西转变成形象的东西，必须通过对问题的归纳、分析从而研究出一般性的规律。

（3）培养学生勇于进取、独立探索的能力。信息技术是一门操作性很强的学科，其学习过程是一个培养坚韧意志、深刻思考、坚强毅力的自我修养的过程。在学习过程中，学生通过上机体会各种功能、分析操作方式，都容易使学生产生一种成就感，更大地激发学生的求知欲望，因而培养出学生勇于进取、独立探索的能力。

4.2.2 对学生和教师的影响

信息技术作用下的教学更加的关注师生之间的互动、交流，学生之间的协助大大加强之外，还对学生、教师产生的深远的影响。

4.2.2.1 对学生的影响

（1）拓宽知识面，促进各方面的能力培养。多媒体教室网络具备大量储存信息的优势，为学生提供了大量丰富的学习材料，并能使资源共享，拓宽了学生知识面，同时也有助于培养学生通过信息获取、信息处理、信息表达及发现问题、利用资源探究，提高探究和解决问题的能力等各方面的能力培养。

（2）激发学习兴趣。教学时 CAI 课件为主要信息传输源，其中集文字、图形、图像、音频、视频等多种媒体于一体，动静结合、图文并茂，创设了逼真的教学情境，渲染了活泼的教学气氛，令学生耳目一新，更具吸引力，也极大地激发了学生的学习兴趣，使整个教学过程变得生动活泼，生动高效，是其他教学手段所无法比拟的。多媒体教学有利于调动学生的学习积极性，刺激并训练学生形象思维，使学生能举一反三，创造学生发散性思维。

如果条件允许的话，制作课件时可以直接和因特网进行链接，下载大量学生感兴趣的视音频，使学生的学习积极性，参与率提高，课堂气氛也随之热烈起来，极大刺激学生形象思维，激发他们的学习兴趣；使学生感受到语言和音像冲击，从而使大脑皮层产生较强的反射，留下较深的印象。创设最佳情景，提供多样化的学习方式，增大课堂容量，加快课堂教学节奏，提高课堂效率，极大的激发学生的学习兴趣。

（3）引导学生的积极思维。教学中采用各种媒体信息，以形象的、有趣的、可视的、可听的动感内容，刺激学生的多种感官，使学生大脑处于兴奋状态，调动了他们的学习兴趣。教学的目标是促进学生全面、持续、和谐的发展，它不仅要考虑自身课程的特点，更应遵循学生学习课程的心理规律，最好从学生已有的生活经验出发，让学生亲身经历将实际问题抽象成模型并进行解释与应用的过程，进而使学生获得对课程理解的同时，在思维能力、情感态度与价值观等多方面得到进步和发展。在课程学习中，不少学生感觉教学内容过于严肃、枯燥，学习起来平淡无味，如果在展示问题时，适度运用多媒体，或把重点、难点的内容设置成醒目的颜色等方式，提供了丰富的感知信息，可以刺激学生的视觉和听觉，促使他们积极思考。

4.2.2.2　对教师的影响

（1）丰富课堂教学手段，优化课堂教学结构，提高课堂教学效率。在教学过程中，教师可以运用多媒体教学与口头讲解等方式结合进行教学，使教学方式更加多样化，教学内容的可视性也大大加强，例如，在物理的电流产生过程中，应用多媒体进行教学，在教学的应用 CAI 课件中插入模拟电流的产生过程的 flash，使教学内容一目了然，更好地理解此次的教学内容，了解并掌握。如果放在传统的教学模式下进行教学，那么学生会很难理解这一种微观的无肉眼无法观察到的物理变化，从而很难理解，那么相比之下教学效果可想而知。

（2）便于创设最佳情景，以便提供给学生多样化的学习方式。在传统的模式下，学生很难融入教师的教学，例如有时教学内容枯燥、乏味，使得学生对此次教学内容不感兴趣，也会因此对此次的教学内容不听或反感，这是教学中的大忌，所以激发学生的兴趣，对学生的教学引导、教学情景就尤为重要，毕竟兴趣是学生的重要动力之一。在信息技术应用下的教学，会引导学生进入话题，激发学生的兴趣，使学生融入到教学内容中来，从而到达最好的教学效果。

（3）减少了教师讲课量，优化教师教学质量。多媒体教学时可以做到抽象的教学内容具体化，实际化等，在课堂中融入信息技术，如多媒体教学等，可大大减少了教师的讲课量，让多媒体部分代替教师，学生反而更加容易明白理解，这也是信息技术教学的一大优势之一。

（4）应用多媒体对学生进行个别辅导或批改作业，减轻教师负担。应用多媒体等教学手段，可以给学生布置作业，以网络、邮箱等方式进行交收作业，教师及时进行批改，更可对学生进行个别辅导，这与传统的辅导过程不同，这种辅导并非要面对面的辅导，可以是远距离的，这也是远程教育的一种初级的应用。

（5）促进师生间的交流。应用多媒体，可以教师可以和学生进行交流，教师可以进行指导外，还能促进教师对学生的了解，了解学生的想法，收集学生对教师教学各个方面的建议，了解学生的生活，融入学生的生活等，建立起了师生间的友谊，教师在课时可更好的掌控学生。

4.3 信息技术在教学中的应用层次

随着信息技术在教学中得到了广泛应用，但是还有很多的不足和可以改进之处，要想使信息技术在教学中的应用得到最好的效果，那就要求我们对信息技术的教育应用层次十分地熟悉，认识到信息技术在教学应用中的不足和缺点，从而改进优化，下面我们就来对信息技术在教学中的应用层次进行探讨。信息技术在教学中的应用可以划分为以下几个层次。

4.3.1 信息技术的基本应用

信息技术在教学中可以起到展示信息、充当学习交流工具、充当教学辅导工具等基本作用，见表 4-1。

表 4-1 信息技术在教学中的基本应用

信息技术作用	展示信息	学习交流	教学辅导
教学方式	说教式讲授	说教式讲授；个别辅导	个别辅导
学生任务	集体听课	个体作业方式	个体作业
教师角色	知识实施者	知识实施者；活动组织者	辅导者
学生角色	知识灌输的对象（被动）	知识灌输的对象（有主动参与）	主动学习者；接受多媒体讲授（被动者）

4.3.1.1 展示信息作用

在这一教学应用中，其过程一般是：教师把教学内容通过 PPT、Word 等文档展示在学生面前，教师对 PPT、Word 文档进行讲解，学生集体听讲，教师讲的还是书本上的知识，只不过“课本”新颖点而已，跟传统的教学方式没有什么本质的变化。

信息技术仅仅作为展示的工具被应用于教学中，而教学的本质与传统教学相比，仅仅是多了一个工具而已，所以与传统教学相比没有什么本质的变化，还是没有摆脱传统的教师教学生学的说教式的讲授方式，学生还是被动的学习。例如大多语文课件都以文字、图片、语音朗读为主，仅仅是制作了一个展示作品而已。

4.3.1.2 充当学习交流工具

在这一教学应用中，其过程一般是：教师通过一个教学平台，对学生进行知识的讲解，学生通过平台与教师进行知识等的交流，教师可以对学生进行个别的辅导，还可以进行一些教学的活动，让学生进行交流。这在远程教育中是最基本的教学模式。其中教师作为知识的讲授者，活动的组织者，学生接受知识，有主动参与到教学活动中来的过程。

人与人之间的交流是教学中的重要环节，也是教学成败的重要因素。如果能将信息技术引入教学当中，在课上或课下为学生与教师、学生与学生之间创设一定的交流机会，即使不直接改变教学策略和教学方法，也必然能够促进师生间感情的培养，提高学生的学习兴趣和积极性。

4.3.1.3 充当教学辅导工具

在这一教学应用中，其过程一般是：教师通过软件对学生进行知识讲解，并对学生的知识掌握进行评估，如：最近，我正在考取驾驶执照，主要的过程是通过网络“驾校一点通”这个平台。通过百度搜索引擎，查找到驾校一点通网址，其中主要有顺序练习、随机练习、章节练习、错题练习、模拟考试这五个模块，每个模块就是一种学习模式，通过这些学习模式，来完成知识的学习，虽然没有教师的指导，但还是可以注意到一些自己简单的看书所没注意的问题，这就是信息技术的辅导作业简单应用。

随着计算机软件技术的高速发展，出现了大量操练练习型软件和计算机辅助测验软件，其产生的目的是使学生在练习和测验中巩固、熟练所学的知识，决定下一步学习的方向，还可以实现个别辅导。在这一应用中计算机软件部分代替教师的职能，例如出题、评定等，因此，教学的过程对技术有较强的依赖性，此外，还能教师还能在一定程度上注意学生的个别差异，提高学生学习的投入性。主要应用技术有个别辅导软件以及教师跟学生之间的交流工具。每个软件的交流应用方式不一，体现了不同的教学（或学习）方法；有时在同一软件中也可应用不同的方式进行教学，如操练和练习、对话、游戏、模拟、测试、问题解答等。

4.3.2 信息技术的中级应用

信息技术在教学中可以起到扮演学习资源环境、充当信息处理工具、充当协作工具、作为开发工具等中级作用，见表4-2。

表 4-2 信息技术在教学中的中级应用

信息技术作用	学习资源环境	信息处理	协作工具	开 发
教学方式	探索式教学	个别化讲解；协作式教学	问题解决式；任务驱动式教学	问题解决式；任务驱动式教学
学生任务	个体作业；协作学习	个体作业为主；少量协作作业	协作作业	协作作业；个体作业
教师角色	引导者；帮助者	知识实施者；学习指导者；活动组织者	知识实施者；学习指导者；活动组织者	知识实施者；学习指导者；活动组织者
学生角色	主动参与学习者	主动参与学习者	主动参与学习者	主动探索者，主动发现者，主动建构者

4.3.2.1 扮演学习资源环境

在这一教学应用中，其过程一般是：教师在上课之前把有关的各种资源搜集整理成文件夹，通过电子邮箱、指定文件夹或者内部网站等共享给学生，教师还可以给一些问题引导学生去探索学习。在这种教学过程中，教师只是教学的引导者，而学生才是主动参与者。

用信息技术提供学习资源环境就是要突破书本是知识主要来源的限制，为学生提供各种信息，用各种相关资源来丰富课堂教学，扩充教学知识量，扩充学生的知识面，而是能开阔思路，增加学生的自主学习兴趣。

在此应用中，主要培养的是学生信息能力中获取信息、分析信息的能力，让学生在对大量信息进行筛选的过程中，从多层面了解事物。

4.3.2.2 信息技术在教学中充当信息处理工具

在这一教学应用中，其过程一般是：可采用任务式教学策略，例如，让学生写一篇“你最向往的地方”的作文，学生可以在网上自由遨游，选择祖国山河的壮丽一景，然后制作集文本、图形、声音、视频等于一身的 Word 文档，写出一篇精美、感人的作文。

信息技术作为信息的处理器，目的是培养学生的信息加工能力和思维的流畅表达能力，加大对大量知识的内化。

4.3.2.3 信息技术在教学中的充当协作工具

在这一教学应用中，其过程一般是：教师给学生分组，通过任务驱动的教学方式，每组完成自己组的任务，其中每组成员各自完成自己组认为的子任务，最后通过协作完成任务。

信息技术的作用主要是充当学生之间的一个协作平台，或引导多个学习者共同完成某个学习任务，在这一过程中，学习者发挥各自的认知特点，相互辩论、相互帮助、相互提示或者是进行分工合作。学习者对学习内容的深刻理解和领悟就在这种和同伴紧密沟通与协调合作的过程中逐渐形成。协同需要多种网络技术的支持，例如，视频会议系统、聊天室、留言板等。

4.3.2.4　信息技术在教学中作为开发工具

例如在远程教育课程学习过程中，老师给学生分好了小组，并要求学生以小组方式完成关于远程教育的一个设计任务，并提出了若干的要求，学生们组内探讨，完成了初级的设计，并给每个组员安排了任务，分工查找材料，最后通过协作的方式完成了该次设计任务，通过教学平台传递给了老师，老师进行了点评，分析了设计的不足和缺点，并进行了远程教育知识的扩充。由此看来，学生学会了对信息的加工、处理，以及协作能力的培养，培养探索能力、自己发现问题和解决问题的能力，以及创造性思维能力。

4.3.3　信息技术的高级应用

信息技术在教学中作为与教学内容合理化结合的教学工具，这即是信息技术的高级应用，见表4-3。

表4-3　信息技术在教学中的高级应用

信息技术作用	合理结构化教学工具
教学方式	各种教学模式相结合出的最优教学模式
学生任务	多种任务协作学习方式
教师角色	知识实施者；学习指导者；活动组织者
学生角色	主动探索；主动发现；主动建构

信息技术的应用不能生搬硬套，要灵活应用，多种教学模式与教学内容的优化组合，结合课堂实际级学生状况，考虑各个方面的因素，只有综合的考虑，教学效果才能更上一层楼。

提高课堂整体教学效率是信息时代所面临的一个迫切而又艰巨的任务。而实现这个目标的最关键的一个环节是信息技术的合理应用。这需要大批具有优秀信息素养的教师，他们懂得先进的教学理念，知道在不同的地方，不同的时间该应用何种教学模式，也能清楚地定位自己的角色。引导学生自主的探索、发现、建构一些问题，培养出具有独立自主、协作意识的人才。这是信息技术在教学中的应用层次的最终端，是所有教师追求的最高目标。

4.4 信息技术在课堂教学的应用原则

张建琼从优化课堂教学行为的角度出发，通过对基础教育教学课堂的现状调查分析，提出了信息技术课堂应用的三个原则："高效原则、稳态原则、规范原则"。通过运用信息技术提高课堂教学效果，以低付出获得教学活动的高效益。用信息技术促使课堂教学行为充满生机，使各教学要素保持平衡稳定、互助和谐。要有效启发师生对课堂教学价值的共同追求，在信息技术提供的自由环境中做到有限制的自由自在，在规范的舞台跳舞。

谭兆亮开展了信息技术与小学数学整合的研究工作，提出了"实效性原则"和"经验性与应用性结合原则"。要求教师把教学实效性作为组织教学的目的，结合不同的教学内容所具有的特点，来选择恰当的教学方法，实现技术与课程相整合的必要性和实效性得到高度一致。同时教师要熟悉学生，特别对学生的知识基础和技能水平准确把握，才能科学有效整合教育资源，选择恰当合适的教学方法开展优化教学，教师设计教学要顾及科学性和适用性。

刘晨旭的"全面优化""协调发展""反馈及时""时间保证"原则，是从现实课堂的教学要素结构的优化这一角度提出来的。

根据专家学者的研究观点，可以大致归纳出信息技术应用于课堂教学的几个原则：

（1）目标性原则——课堂教学运用信息技术要坚持帮助和优化"学生的学习"这一目标。乔纳森曾经一直非常担心，教育技术领域会不会变成一个只有信息技术驱动而没有学生学习驱动的领域，所以他要求教学要以分析学习为出发点，这是重中之重的问题，而完全"不必对新技术趋之若骛"。

（2）效率性原则——课堂教学应用信息技术要充分考虑目标达成的效率问题。一些老师认为，使用信息技术就会多增加几个教育目标，就会影响主要目标的实现，这其实是不正确的。我们不能讳疾忌医，正确的做法应该是根据目标确定所要使用的信息技术，而不能因为应用信息技术去改变教育目标。

（3）适用性原则——要根据教育的需要找准解决问题的切入点。这就是说并不是所有的课堂教学内容都适用信息技术支持，使用信息技术就一定要是能够帮助我们解决某些课堂教学问题才使用，不用信息技术就无法实现教学效果才使用。因此不能千篇一律，必须解决好信息技术的适用问题。

（4）成本性原则——使用信息技术要考虑成本和效益。

4.5 当前信息化课堂教学存在的问题

当前，信息技术在教学中的运用仍然存在许许多多的问题。

任友群等通过调查发现，即便在我国发达地区，优质学校教学工作与信息技术的融合情况也并不紧密，普遍存在信息技术运用偏差：教师在教学中使用的热情不高，学生并不认为信息技术对其学习具有重要作用，所使用技术手段、现有教育资源的建设还非常单一。

李睿则就教师使用的信息工具和功用方面研究，发现网络是教师运用的主要技术对象，而其他迅速发展技术（包括移动技术、娱教技术、智能技术等），教师接受度并不高，而且教师对信息技术的相关理解还很滞后。虽然在日常教育教学中教师已经习惯使用网络、多媒体，但使用的目的还是停留于寻找教学资源、辅助教学活动的阶段。而怎样“正确运用信息技术”进行课内外作业讨论交流、教学过程及课程评估、多学科知识沟通联系教学、跨时空及时互动合作的“观念还未形成”，技能更显落后。

陈迪非常系统地统计了课堂教学使用信息技术的问题，认为就实际运用来看，现阶段我国的信息技术课堂教学存在许多困惑和问题亟待解决，最明显的问题是课堂信息化“教学观念、认识上的误区和滞后”，现在学校信息技术应用于课堂教学表现出了“缺陷与疲态”。观念和认识上误区和滞后主要表现为：一方面，对新出现技术显得无关痛痒或过分热情，出现技术无用与技术无所不能两种的误区；另一方面，在课堂教学运用信息技术过程中，也存在对技术运用的形式与方法认识滞后的问题。多媒体教学技术的介入与应用“显露出缺陷与疲态”的情况是，课堂使用多媒体教学减少了师生间的交流互动，与传统课堂相比，课件播放展示代替了教师讲授。许多教育实践与研究发现，计算机进入课堂教学减少了师生之间的关联，学生的有效注意和思维兴趣分散到教学机器上。由于机器进入课堂，教师的活动被控要素增加，束缚了教师对教学活动安排的自主灵活，视频音频代替板书演练，观看代替互动。信息技术作用没有发挥，仅仅是教师的帮手，没有真正成为学生学习的有效支撑。

综合分析，当前信息化课堂还存在以下问题：

（1）教师滥用课件教学，过分依赖信息技术，盲目使用，脱离学生实际，忽略了其他教学手段。在教学过程中有部分教师认为，每一节课如果没有用到多媒体网络，或者只用了几分钟的计算机，那肯定不是一堂好课，甚至形成“无多媒体不成好课”的趋势。而其所谓的多媒体课件，只是简简单单文字加图片。事实上，多媒体网络也是信息技术一部分，是一种辅助手段，而不是目的，推进信息技术的应用是为了通过信息化达到更好的教学和学习效果，技术应用得好坏主要看其是否用得恰当，在于质而不在于量。

部分教师对信息技术持着依赖的状态，在教学中不管什么环节都用信息技术来解决。原本在课堂教学中可以人面对面实现的交流和讨论，非要利用网络论坛、发帖子或视频系统来实现。结果不但没有收到良好的教学效果，反而造成人力物力和时间浪费，更可悲的是淡化了师生的感情，缺少了师生间的直接互动。

（2）教师把大部分精力花在了课件上，忽视了教学过程的设计，学生被动观看和接受教师讲授的内容。很多教师认为要把信息技术应用到自己的学科教学中，首先就要有非常完美的课件，所以花大量的时间在课件制作上，却把自己的教学内容和教学过程以课件的形式固化起来，以至在教学过程中形成了“教师—课件—学生”的教学方式，因而割裂了教师与学生之间的直接联系。教师在课堂上，注意力和教学过程全部局限在课件上，鼠标、键盘不断按动，眼睛瞪着屏幕，口中念着课件上的内容。而学生则盯着不断变化的屏幕，把它当成传授知识的老师。学生学习情况难以及时汇总反馈，学生在学习活动中获取有效学习信息的来源受到诸多限制。教学过程以课件为中心，教师成了多媒体的放映者，无法发挥主导作用，也无法突出学生的主体地位，师生都被禁锢于课件、多媒体、设备操作中，这种做法未免本末倒置。教师应该摆脱以课件为中心的这种思路，从关注课件设计到更关注教学过程的设计。

（3）选择的信息技术手段华而不实，忽略了教学的本质。使用多媒体技术、网络技术等为教学注入了许多活力，使长期困扰教师的某些过于抽象、死板单调的知识点和教学难点迎刃而解，教师在感到惊喜之余，往往对各种各样的多媒体效果，比如动画、声音、特效等爱不释手，将它们统统都用到教学中去，使自己的电子教案或多媒体课件每次点击鼠标都会发出声音，产生动画，有的动画和声音跟自己的教学内容没有丝毫的关系，学生看得眼花缭乱，听的心里厌烦，这样不但没有起到呈现知识点的作用，反而将学生的注意力吸引到无关的声音和动画上去。事实上，只有能在日常教学中运用实用性强的课件才是真正的好课件。对于这种课件要求不必特别美观，也不必有很高的技术含量，信息也不必特别丰富，涵盖的知识点也不必很多，只要能够成为学生的认知工具或情感激励工具，教学中发挥到实用、管用、好用的作用即可。

（4）选择的教学课件信息量过于庞大，与课堂容量不符。很多教师在制作课件时无原则地增大教学密度，令学生应接不暇。虽然多媒体在教学中可将声音、图像、动画集成一体，能充分调动学生的多种感官来获取相关信息，并在设计者的优化组织设计下，增大信息传播速度，调动学生的积极性，提高课堂效率，但从学生的认知规律来看，一堂课如果内容太多，进度太快，学生就很难集中注意力，呈现的信息切换过于频繁，学生的注意力很难及时地转移。忽视学生的认知规律，而一味加大教学密度，即使图文声情并茂，学生也经常会手忙脚乱，顾此失彼。所以，教师一定要科学地处理技术的使用与学生认知规律的关系，重视启发性原则，给学生留出时间去思考，安排适量的活动去发现。

4.6 对策与建议

事实证明，信息技术作用下的课堂教学效率明显优于传统课堂教学，但在信息技术运用与课堂方面还存在着很大的问题，针对信息技术在教学应用中出现的问题，提出以下解决措施：

（1）要树立科学的理念。树立科学的信息化理念是信息化建设的首要任务，其实质是信息化的价值取向问题，影响和决定着学校对信息化建设的认识深度、重视程度和投入力度。学校在加快信息化建设的进程中，必须树立要战略理念，服务理念，科学管理理念，应用理念，共享理念，以人为本理念等信息化理念。

（2）信息时代下的教师相应的要具有现代教学理念。要克服信息技术应用于教学中的盲目性，首先就要明确信息技术应用于教学的目的，不是将技术与教学简单的叠加起来，取代传统的教学形式，而应是利用信息技术的优势，弥补传统教学的不足，使二者相辅相成，共同促进教学质量的提高。在教学实践中，要从教学内容和学生的实际情况出发，利用信息技术作为辅助手段，以现代教育技术理论为指导，深化教育教学改革。

（3）教师要坚持终身学习，使自己的信息素养与时俱进。面对教育改革和信息技术发展的新形势，教师必须加强学习，不断丰富和完善自己，树立正确的价值观和人生观，及时掌握现代教学手段的应用，积极主动地接受信息技术的知识及技能的培训。当前，不同地区和学校之间信息技术基础设施条件不一，教育部门和学校要依据教师的技术水平，开展行之有效的培训工作。教师应将信息技术与教育理论及学科课程有机地整合在一起，并结合自己的教学实践，在教学中不断创新，达到优化教学的目的。

（4）信息时代发展迅速，要适时科学的对资源进行整合。信息化软硬件投资不但数额巨大，而且见效缓慢，由于信息技术发展快速，设备淘汰周期比较短，如果由于缺乏计划性，购买的设备被束之高阁，或很少使用，就会造成巨大的浪费，也会给学校带来沉重的经济负担。软件资源受制于硬件资源，软件资源建设应注重与信息技术的真正整合，而不是将文本教材、教案、试题的简单电子化，应调动多方面的积极性，统筹规划，统一规范，避免重复建设。学校对于信息化的投资，应该考虑到自身的经济实力，综合分析，科学进行定位。

信息技术应用的日益普及，信息技术迅猛的发展把人类社会带入了一个崭新的信息时代。如何将信息技术更好地应用于教学，最大地提高课堂教学效率是信息时代所面临得一个迫切而又艰巨的任务。解决这些问题需要政府大量的投资，也需要教师掌握现代教学理念和基本的信息技术知识，更重要的是从观念上进行革新，从而使信息技术不再和教学孤立，最终达到深度融合。

5 信息技术与课程的深度融合

信息技术与学科教学融合是当前教育信息化发展过程中的关键问题之一。虽然如何把信息技术与学科融合至今没有明确的定义，但是教育技术界的学者们也都有不同的认识和理解。

李克东教授指出：信息技术与学科的融合是指在学科教学中，通过把信息、人力资源、技术、方法和学科内容相互结合，来共同完成一种新型的教学模式。其主要包括三个方面：基于多媒体网络信息化环境的教学活动实施创新；面向学习者的数字化学科学习资源；利用信息加工工具的认知支持作用实现学生的个性化学科知识重构。

何克抗教授认为：在中小学学习信息技术，其根本目的是学生有得到信息并分析、对其加工和利用的知识与能力，全面提升小学生的综合实力。要实现这一目标，有两种模式：一是开设独立的信息技术课，二是进行信息技术与学科整合。而深化学科教学改革任务的根本途径是信息技术与学科教学融合可为新型结构的教学环境。

还有学者指出，信息技术与学科教学融合不再是基于新媒体技术工具地传授知识，而如何使学生掌握信息化学习方法、培养自主学习能力和信息素养。实质上，要求教师对学生进行学科知识教学的同时注重能力的培养，通过融合信息技术创建出能够促进学生探索合作和交互共享的良好学习环境，从而达到培养学生自主思考和学习能力提升的根本目标。信息技术与学科教学融合就是让信息技术能够为学科投入，并深入学科教学活动的核心，使课程教学走向师生互动发展高级阶段。

《基础教育课程改革纲要》中指出，要实施在学科教学的过程中应用信息技术的优势，基于信息技术与学科课程的有效融合，实现教学知识、教师教学、学生学习和师生互动等方式的重大创新与改变。因此，许多学校为了使新一轮基础教育课改能深入地开展下去，把现代教育技术作为改革的突破口。课改下要求的信息技术与学科教学融合，其本质与内涵是要求在创新的教育理论的指导下，利用信息技术工具，促进学生自主学习的认知，并将这些工具完全应用到各学科教学环境中，使每种教学资源和每个教学环节，经过梳理、融合，促进以教师为中心的传统教学方式和教学结构发生根本改变，从而达到培养学生创新精神和实践能力的根本目标。一方面，积极推动信息技术与学科教学融合创新发展；另一方面，通过推进教育信息化，努力实现信息化开拓高品质教学资源覆盖面。总之，融合就是要将信息技术与学科的教与学融为整体，完善教学过程中理论与实践相脱离的问题，并要求融合在各个学科的学习中，来提高教与学的效率、改善教与学的效果。

5.1　理论依据

5.1.1　认知主义理论

在皮亚杰看来，学习从属于发展，从属于主体的一般认知水平，所以任何知识的获得都必须通过学生的主动的同化才有可能实现。也就是说学习过程就是使系统的概念不断概括深化，使之成为更完整、更概括的系统。学生学习的过程就是在已有的认知结构的基础上重建新的认知结构的过程，强调了学生学习过程的主动性和积极性。因此，强调教师所提供的材料要注意前后联系、要有“意义”和“完整性”。

认知主义理论的学习观带给我们的启示是在设计探究教学时，教师要合理地组织知识结构，向学生呈现合乎逻辑的、结构好的教学内容，要注意调动学生已有的知识，提出的有关材料应与学生现有的认知结构相联系。这样，学生就容易理解和记忆，在遇到新情景时，易于提取、应用此知识，达到知识的应用和迁移。

因此，信息技术环境下的教学课堂上，教师要根据教学内容选择合适的媒体，再现的学科情景，模拟的知识现象和实验要与学生的认知结构相适应，这样才能调动学生的已有的知识储备，以及学习的积极性，新知识的学习才会更有意思，更容易理解和接受。

5.1.2　人本主义理论

人本主义理论是二战之后工业文明不断拓展兴起的背景下诞生的，其主要代表人物为马斯洛（Maslow A H）、罗杰斯（Rogers C R）等。当时人们不断反思技术发展带给人类的畸形的理性精神，在法兰克福学派的研究中普遍认为时代的发展成就了技术的异化，人类越来越被技术所控制。在教育领域中，随着教育技术发展也带来诸多的问题，如时间和空间的分离导致多边互动等传统的教学模式的化解，教学从集中性转向分散性，从确定性转向不确定性，教师开始在教学中处于从属地位，教育情感开始走向缺乏和教育信息变得日益泛化，教师的那种言传身教的感染力，心灵的共鸣和震荡随之消失。这同时也使得学习者形成信息癖和信息强迫症，与先前的人作为学习的主体是矛盾的。

人本主义理论明确指出，学习是人们实现情感与认知相结合的最佳路径，学习是学习者个人自有价值的体现，人本主义理论十分推崇意义学习，认为人的学习是一种享受，学习的主体是学生，是活生生的人。人本主义强调学习过程中人的因素。所以学习论的基本原则是必须尊重学习者；必须把学习者视为学习活动的主体，必须重视学习者的意愿、情感、需要和价值观。必须相信任何正常的学习者都有自己教育自己、发展自己的潜能，并最终达到“自我实现”，必须在师生之间建立良好的交往关系，形成感情融洽、气氛适宜的学习环境。

人本主义理论反映到学科教学上，那就是在教学中，要尊重学生，把学生作为主体，置于中心地位，让每位学生都能根据自己的意愿，自主学习，“实现自我”。在教学活动中建立良好的师生关系，实现学生个性化和社会化的统一。

在信息环境下的教学，是学生的自主探究，充分体现了自主性，尊重了学生的个性。同时，这种教学模式，也有助于教师转变角色，成为学生学习的指导者、组织者和帮助者，实现课堂上师生在人格上的平等地位，融洽师生关系。而通过交流、合作，也使学生改变了学习态度，满足情感需要。

人本主文理论对信息技术下的课堂重构具有重要的启示：一方面，信息技术是课堂重构的教学工具，但是绝对不是教育的核心和灵魂，课堂教学是以人的认知、情感和行为参与的高级的心理活动，信息技术在课堂运用必须优化学习，服从于学习者的心理、生理发展要求；另一方面，信息技术终究是人来使用，人要利用好信息技术来服务于课堂，注重传统教学模式与信息资源的合作共建，这也是人本主义理论的内在要求。

5.1.3 建构主义理论

建构主义理论是皮亚杰、科恩伯格等研究者所提倡的一种教学理论，建构主义强调知识学习中学习者的主体地位，学习过程的最终目的是完成意义建构。教师和他人、书本、器材等更多的是构成社会文化背景存在，教学只有通过实际的构建途径来能实现。建构主义认为：学生是认知主体和意义的主动建构者，强调以学生为中心；学习总是与一定的社会文化背景即“情境”相联系的，在实际情境下进行学习，可以激发学生的联想思维，使学习者能利用自己原有认知结构中的有关经验，去同化当前所学的新知识，从而在新旧知识之间建立起联系，并赋予新知识以某种意义；学习环境是学习者可以在其中进行自由探索和自主学习的场所；协作学习环境以及学习者与周围环境的交互作用，对于学习内容的理解起着关键性的作用。建构主义理论注重情境教学、合作交流与沟通对话相结合，这其中最重要的是塑造一种学习情境，这个过程中的方式可以是多样化的，尤其是使用探索法、发现法，借助图表、声音、影像等多媒体方式来建设模拟的情景，设计出多样化的画面形象，让学生获得真实的体验，激发学习兴趣爱好以及其心理特征创设的特定的情境，帮助教师实现课堂的重组，形成一种充满质疑和讨论的课堂，能够对意义的不确定性中实践建构，在动态中激发学生主动参与到接受活动中。这样学习者借助学习情境，实现自身对审美的主动建构，同时运用言语描绘或其他各种形象化手段挖掘出课堂中独特价值和意义，引发学生情感的共鸣，获得审美体验。

在这个过程中，信息技术不仅仅作为学生学习工具出现，而是以一种帮助学生掌握学习方法的工具存在。学生充分利用各种学习资源包括文字教材、音像资料、多媒体课件、软件工具以及从 Internet 上获取的各种教学信息等，通过意义建构而获得。提倡在教师指导下的、以学习者为中心的学习，教师是意义建构的帮助者、促进者，学生是信息加工的主体、是意义的主动建构者。建构主义强调学生自主学习、自主发现、自主探索，在老师帮助下，主动建构知识的意义因而基于建构主义的新型教学模式最有利于培养发散思维、求异思维、逆向思维。这时，信息技术就作为教师的教学辅助工具、学生学习的情感激励工具与学生学习的认知工具，改变传统教学中教师、教材、教学媒体的作用以及教师、教材、教学媒体和学生之间的关系，促进传统教育思想、教学结构、教学模式甚至于教育的组织形式发生全面变革，实现一种全新的学习与教学方式，大幅度提高教育教学效率，培养具备创新精神和实践能力、适应信息时代知识经济要求的高素质人才。建构主义充分的考虑了信息技术在课堂教学中的多功能工具作用，是课堂意义生成和重构的重要方式。

5.1.4 系统论理论

系统论是研究系统的一般模式、结构和规律的学问，它研究各种系统的共同特征，用数学方法定量地描述其功能，寻求并确立适用于一切系统的原理、原则和数学模型，是具有逻辑和数学性质的一门的科学。系统论认为，整体性、关联性、等级结构性、动态平衡性、时序性等是所有系统共同的基本特征。系统论的核心思想是整体观念，贝塔朗菲强调，任何系统都是一个有机的整体，它不是各个部分的机械组合或简单相加，系统的整体功能是各要素在孤立状态下所没有的新质（整体大于部分之和）。其基本思想方法，就是把所研究和处理的对象，当作一个系统，分析系统的结构和功能，研究系统、要素、环境三者的相互关系和变动的规律性，并优化系统的整体功能。

根据系统论的原理，信息技术在课堂教学中的应用最理想的状态应该是把信息技术与课堂教学当做一个系统。信息技术是指人类对数据、语言、文字、声音、图像和影像等各种信息进行采集、处理、存储、传输和检索的经验、知识及其手段、工具的总和。课堂教学的本质是通过有价值的文化信息的传递为学生个体发展和社会进步服务。从文化传递的角度讲，信息技术具有高效率和高效能，使信息技术与学科课程有机地结合起来，成为学科课程和教学中不可或缺的“要素”。用系统论的原理研究信息技术在课堂教学中的应用，不仅是为了发挥信息技术的工具功能，更是为了变革教学观念、教学模式，实现教育思想、教学内容、教学方式全方位的现代化。

5.2 国内外发展历程及现状

5.2.1 国外发展历程及现状

5.2.1.1 国外教学模式发展历程及现状

A 单一教学模式占主导地位时期

国外的教学模式起步比较早，如早在17世纪的时候捷克著名教育家夸美纽斯就提出了“感知—记忆—理解—判断”教学模式。后来学校班级授课制的出现，促使教学模式发生了变化。赫尔巴特从心理学的统觉论出发，提出了教学过程的四个程序，即明了（清楚、明确地感知新教材）—联合（把分析新教材所得的新知识观念与旧知识观念发生联系）—系统（在新旧知识观念产生联合的基础上得出结论与规律）—方法（通过练习将所学知识运用于新场景）的教学模式。赫尔巴特的弟子莱因后来对四个程序进行改造，提出了“预备—提示—联合—总结—应用”的教学程序，这一程序就是有名的“五段教学法”，成为教师课堂教学的一种经典教学程序，也被教育界称为“传统教学模式”。这种模式的使用能使教师主导作用得到充分发挥，能很好地使教师组织和管理课堂，但是忽视了学生的认知主体性。

B 两大主要教学模式对峙时期

20世纪初，实用进步教育派代表杜威的实用主义教学模式从思维培养上弥补了赫氏教学模式的不足。杜威实用主义教学模式以“学生为中心”和“做学校”为基础，他的思维五步法（暗示、问题、假设、推理、验证）类推出“疑难情境—确定疑难—提出假设—推理—检验”的教学模式。这种教学模式受到了教育界和心理学界的极大肯定。现代心理学研究的关于思维过程的逻辑顺序，是一种科学的思维模式。它的主要程序是提出问题、探明问题、提出假设、检验假设，这个程序与杜威的“思维五步法”一拍即合。同时，杜威在教学理论发展史上第一次对学生如何学习提出了要求，这为现代教学理论的研究由“教”转向“学”奠定了一定的基础；他所提倡的发现式教学，后经布鲁纳等人的发挥，已作为探究教学理论风靡全世界。从这之后，一直到20世纪50年代，教学模式的发展进入了传统教学模式和现代教学模式的对峙时期。杜威的实用主义教学模式重视科学探究思维，重视解决实际问题的行动能力，但过于注重活动，忽视了系统知识的传授，在实践中也存在很多影响教育质量的问题。

C 教学模式多样化发展时期

20世纪50年代以后，新的教学思想层出不穷，新的技术革命风起云涌。相应地，以丰富的教育理论衍生出了多种多样的教学模式，教学模式的类型呈现出空前繁荣的状态。比如美国教育学专家布卢姆倡导的“掌握学习模式”；美国认知心理学家布鲁纳提出的“发现学习模式”；美国行为主义心理学家斯金纳提出的“程序教学模式”；德国教育家瓦·根舍因和克拉夫基等人创立的“范例教学模式”；前苏联教育家巴班斯基倡导的“最优化教学模式”。其中对我国影响最大的是前苏联教育家凯洛夫提出的“五环节”教学过程理论及综合教学模式。凯洛夫认为教学过程是学生在教师指导下的特殊认知过程，用“直观—思维—实践”规定了教学过程的三个基本步骤，这就是凯洛夫教学模式。其教学程序主要有五步，即组织教学—复习旧课—讲授新课—巩固新课—布置作业，故而被教育界称为“五环节”教学模式，这一教学模式直到现在仍然在地理课堂教学实践中发挥着比较重要的作用。

5.2.1.2 信息技术与课程融合的国外发展历程及现状

A 美国

美国在20世纪50年代就开展了有关计算机辅助教育的研究，从1996年开始推进基础教育信息化，并且取得了一定的成果。2000年美国教育技术行业CEO论坛年度报告中指出：“数字化学习的重点是逐次增加信息整合的范围，并且把全课程系统性的整合起来，还要运用到课堂教学中。为了构建生动形象的数字化学习环境，学校必须把数字化的教学内容和各科课程有效地整合起来”。

丁杰等人通过分析2002~2003年美国主流教育技术学刊的文献后认为美国当时的教育信息化的情况是：第一，重视基础理论的研究；第二，为了充分适应市场的需求，开发和应用新技术，网络教育和远程教育是研究的重点；第三，理论与技术的融合，采用扎实的理论基础来指导新技术的开发和应用。在最近的16年里，美国教育部颁布了四个国家教育技术发展规划，用来指导国家的教育信息化的发展状况。2010年11月发布了最新的计划，美国教育技术办公室发布了《变革美国教育：技术推动学习》的国家教育技术计划，提出研究学习模式，应该围绕学习、评价、教学、基础设施建设、生产力等五个方面，提出了发展目标和建议。

美国的教育信息化起步最早，发展也较快，不但重视理论基础的研究，也重视理论与技术的融合，特别关注网络教育与远程教育，这为受教育者提供了良好的接受教育的机会，有利于促进教育公平。

B 日本

1990年，日本文部省颁布了九年行动计划，提出计划为所有学校提供多媒体教学设施，并且培训教师使用多媒体的教学能力，以此促进信息技术在教育中的发展。

1994年，文部省建立了多媒体规划政策室，研究讨论了关于制定多媒体文教的政策。而且，日本还成立了专门从事教学软件开发的研究机构，为学校提供多种多样的教学软件。

日本最早实施国家教育信息化战略是在2001年，颁布了“数字化日本战略”，也就是“e-Japan”战略。实施这个战略的作用是希望2005年完成建设信息化基础设施，争取成为世界上最发达的信息技术国家。

2004年日本政府出台了“u-Japan”战略。此战略的目标是形成一个全面覆盖的信息网络社会，使得所有人都不再受时间空间的约束，可以随时随地自由上网。

2009年，日本IT战略本部发布了“i-Japan”战略。该战略阐明了2015年实现数字化社会的战略计划，构建了可能会实现的日本数字化社会的蓝图。

日本紧跟世界信息化的发展浪潮，循序渐进地制定了三个信息化发展战略，最终使日本的教育信息化得到了飞速的发展。教育信息化发展方面比较广泛，涉及基础设施建设、网络服务、数字化社会，但对于比较细化的信息技术与课程融合的理论和实践研究较少。

C 新加坡

1996年，新加坡提出了教育信息化的总体规划和战略部署，一期工程于2002年结束，重点从技术和人力资源两个方面对教育信息化基础设施进行建设，确保教师掌握使用信息技术的基本能力。一期工程主要在硬件设施的建设，因此资金投入也是最大的。

2003年开始，新加坡启动了教育信息化总体规划的二期工程，于2007年结束，其基本目标是：信息技术是提高教学效果的强有力的手段，并且继续研究信息技术与学科教学融合的有效方法和途径；创新“能力驱动”型学习模式，充分发挥信息技术的积极作用，尽量满足不同能力学生的不同发展需求，以此来建立学习型社会，并把学生培养成终身学习者。

2008年，新加坡制定了教育信息化总体规划的三期工程，于2014年结束，其基本战略目标是：加强信息技术与课程融合；开发信息技术，有效提高学生学习的模式；共享实践经验；在学校部署相应的设备以支持三期工程的实施。规划中强调学生对学习的技术投入，同时利用信息技术创设丰富的教学情境，为学生呈现丰富多彩的教学内容，以此来提高学习质量和效果。

新加坡教育信息化起步没有美国早，但教育信息化的发展进度令人震惊。经过18年的努力，教育信息化总体规划基本完成，信息化基础设施得到有利改善。新加坡也比较重视理论基础的研究，重视信息技术与课程融合的教学模式和学习模式的研究，这一点应该引起我国的重视和学习。

综上所述，美国、日本和新加坡这三国的教育信息化发展有以下共同点：第一，紧抓世界信息化的发展机遇；第二，制定教育信息化发展计划，发展进程迅速；第三，对信息化基础设施的建设投入较大。其中，美国和新加坡都比较重视信息技术与课程融合的理论和实践层面的研究，我国可以结合自身发展现状，学习和借鉴国外的发展经验，并加以改进。

5.2.2 国内发展历程及现状

5.2.2.1 国内教学模式发展历程及现状

A 教学模式的引入阶段

改革开放以来，西方国家对教学模式的开发、研究和前苏联教学模式的新研究成果同时被引进到国内来。国外许多教育学和教育心理学书籍都专门列出章节研究教学模式的相关问题，这在国内教育界产生了较大的冲击和影响，引起了教育专家关于教学模式问题的极大关注和思考。以教育心理学研究为基础，产生了美国当代著名的教育心理学家布卢姆的“掌握学习模式”、布鲁纳的“发现学习模式”、斯金纳的“程序教学理论”、德国教育家的“范例教学模式”、前苏联教育家巴班斯基的“最优化教学模式”等，而且这些教学模式体系比较完整，对我国影响较大，在国内各地学校不同学科试验后，都收到了一定的效果。

B 教学模式的创新阶段

在深化教学改革的实践中，我国广大教师不断积极探索和创新，在课堂教学改革的过程中不断摸索、检验各种新的教学模式。这些教学模式的着眼点不同，各有其特定的试用范围和功能，在教学实践中经受着各种检验，均不同程度地提高了教学活动的有效性和课堂教学质量。

随着信息技术的快速发展，教学模式改革的必然趋势也转变成了探索和研究信息化教学模式。从当前的教学模式的研究和发展现状来看，教学模式的发展趋势由重知识传授向重能力培养发展，由重“教”向重“学”发展，由传统教学方法向信息技术手段发展，教学模式呈现出“百家争鸣”的繁荣景象。

5.2.2.2 信息技术与课程融合的国内发展历程及现状

信息技术与课程深度融合由刚刚起步的雏形到今天的发展经历了一个漫长的过程，在国家以及社会各界的呼声中，信息技术以成为教学活动中不可缺少的组成部分。信息技术与课程深度融合的具体情况如下：

2000 年 10 月 25 日，陈至立在“全国中小学信息技术教育工作会议”上指出：“在开好信息技术课程的同时，要努力推进信息技术与其他学科教学的整合，鼓励在其他学科的教学中广泛应用信息技术手段，并把信息技术教育融合在其他学科的学习中。”

2005 年，联合国教科文组织（UNESCO）发布的“教师发展：技术与教学融合”文件中提出了信息技术与教育教学融合发展过程的四阶段理论，即“起步”“应用”“整合”和“创新”四个阶段。

杨宗凯等人在《论信息技术与当代教育的深度融合》中谈到：“我国以往的教育信息化建设，虽然已经取得了很大的成绩，但总体上主要以架网络、买设备、配软件为主，对实际应用效果关注有限，总体来看，我国信息技术与教育的融合发展过程总体还处于初步应用整合阶段，尚未进入全面整合创新阶段。”

朱莎等人在《中、美、新基础教育信息化发展战略比较研究》中提到：“我国教育信息化目前尚处于‘应用’阶段，正向‘融合’阶段迈进，未来十年要重点推进信息技术与教学的融合。”

从以上信息中可以发现，信息技术与课程深度融合是时代的号召，在教育发展的路上，我们应该不骄不躁，沿着前行的方向扎实的走好每一步。

5.3　信息技术与课程融合的层次

根据信息技术与课程融合的不同程度和深度，可将进程大略分为三个阶段：封闭式的、以知识为中心的课程融合阶段；开放式的、以资源为中心的课程融合阶段；全方位的课程融合阶段，在不同的阶段，技术投入与学生学习投入是不同的。

按照 Means B 等人的观点，现代教育改革的核心是使学生变被动型的学习为投入型的学习（Engaged Learning），让他们在真实的（Authentic）环境中学习和接受挑战性的学习任务。在教育中应用技术的最终目标是促进学习形态由低投入（被动型）转向高投入（主动型）。在教学过程中，教的活动和学的活动对技术有一定的依赖性（以下简称高依赖程度与低依赖程度）。根据学习形态和教学对技术的依赖程度，可以建立如图 5-1 所示的发展过程。要实现从低依赖程度、低投入阶段到高依赖程度、高投入阶段的过渡有很多路可走，图中 a、b 就是不同的策略路线。

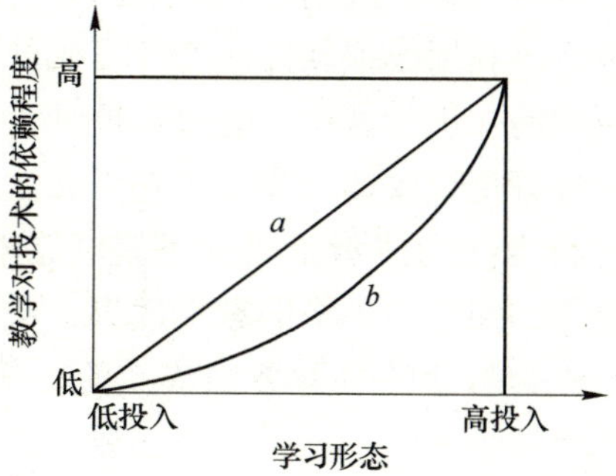

图 5-1　教学对技术依赖—学习形态图

总体来说，在横纵轴上都呈递增形式。根据整个过程中学生参与学习程度的不同，学生不同的参与程度对信息技术的特征和功能的不同要求，将信息技术与课程融合的三个阶段细化为十个层次，并对每个层次的教学策略、学生的学习方式、教师的角色、学生的角色、教学评价方式及依据，以及信息技术在不同层次的作用进行了比较、阐述，见表 5-1。

5.3.1　封闭式的、以知识为中心的课程融合

传统教学和目前大多数教学都属于此阶段：所有的教学都严格按照教学大纲，把学生封闭在教材或简单的课件内，使其和丰富的资源、现实完全隔离。按照教材的安排和课时的要求来设计所有教学活动，如果课程内容较少，就安排一些讨论，多设计一些活动，如果课程内容较多，就采用“满堂灌”的形式，力保不超时、不少时。虽然采用一定的辅导软件，但是目前的辅导软件也都在上述思想下编制出来，因此也没有什么突破。整个教学都在以“知识”为中心的指导下进行，教学目标、教学内容、教学形式及教学组织都和传统课堂教学没有什么区别，整个教学过程仍以教师的讲授为主，学生仍然是被动的反应者、知识被灌输的对象。信息技术的引入，只是在帮助教师减轻教学工作量方面取得了一些进步，而对学生思维与能力的发展，与传统方式相比，并没有实质性的进步。按照教学对技术的依赖程度和学生的投入程度，此阶段可细化为以下 10 个层次。

5.3.1.1　信息技术作为演示工具（第 1 层）

这是信息技术用于学科教学的最初表现形式，是信息技术和课程融合的最低层次，也是目前大多数基础教育和高等教育都处于的层次。

教师可以使用现成的计算机辅助教学软件或多媒体素材库，选择其中合适的部分用在自己的讲解中；也可以利用 PPT 或者一些多媒体制作工具，综合利用各种教学素材，编写自己的演示文稿或多媒体课件，清楚的说明讲解的结构，形象的演示其中某些难以理解的内容，或用图表、动画等展示动态的变化过程和理论模型等。另外，教师也可以利用模拟软件或者计算机外接传感器来演示某些实验现象，帮助学生理解所学的知识。这样，通过合理的设计与选择，计算机代替了幻灯、投影、粉笔、黑板等传统媒体，实现了它们无法实现的教育功能。

当然，这里指的信息技术作为演示工具并不是“装样子”的那一种。如果信息技术的使用达不到投影、幻灯、录像的教学效果，或者只是简单的代替了投影、幻灯、录像等媒体，成为教学的一种装饰或点缀，使用就毫无意义。因此，该层次的教学对信息技术的依赖程度较小，只是必要时偶尔用一用。学生也只有听、看，没有实际操作的机会，因此，仍是被动型的学习。

表 5-1 信息技术与课程融合层次划分表

阶段	层次	教学策略	学习方式	教师角色	学生角色	教学评价	信息技术的作用	硬件要求
阶段一：封闭式的、以知识为中心的课程融合	(1)信息技术作为演示工具	说教式讲授	集体听讲	知识施予者	知识被灌输者	纸笔测试、口头问答	演示工具	一台教师机、投影机
	(2)信息技术作为交流工具	说教式讲授、个别辅导	个体作业为主	知识施予者、活动组织者	被灌输为主、呈现出主动参与学习的兴趣	纸笔测试	简单的人人交互工具，培养学习兴趣、促进情感交流	局域网或互联网
	(3)信息技术作为个别辅导工具	个别辅导式教学、个别化学习	个体作业	计算机软件的开发者或选择者、辅导者	主动学习、接受软件讲授	纸笔测试或计算机测试	简单人机交互工具，实现教师职能的部分代替	人手一PC机
阶段二：开放式的、以资源为中心的课程融合	(4)信息技术作为资源环境	探索式学习等策略	个体作业+协作学习	教学的引导者、帮助者	学习主动参与者	测试/学生的作品	资源收集、查询工具	局域网或互联网
	(5)信息技术作为信息加工工具	个别化学习、协作式学习	个体作业为主、少量协作作业	知识施予者、学习的指导者、活动组织者	学习主动参与者	测试/学生的作品	学生表达思想、观点、交互的工具	网络教室或局域网
	(6)信息技术作为协作工具	多种学习策略，以问题解决式、任务驱动式为主	协作作业为主	教学的指导者、帮助者、教学活动的组织者	学习主动参与者	按照学生的作品进行评价	生活、学习的协作工具	互联网
	(7)信息技术作为研发工具	多种学习策略，以发现式、任务驱动式为主	协作作业或个体作业或二者均有	教学的指导者、帮助者、促进者	主动探索、主动发现、主动建构	有一定价值的作品	智能工具	宽带互联网
阶段三：全方位的课程融合	(8)课程内容改革	—						
	(9)教学目标改革	—						
	(10)教学组织架构改革	—						

5.3.1.2 信息技术作为交流工具（第2层）

人与人之间的交流是教学重要环节之一，也是教学成败的重要因素之一。如果能将信息技术引入教学，在课上或课下为学生和教师、学生和学生创设一定的交流机会，即使不是直接改变教学策略和教学方法，也必然能促进师生感情的培养，提高学生的学习兴趣和积极性。

“信息技术作为交流工具”就是指将信息技术以辅助教学的方式引入教学，主要完成师生之间情感交流的作用。要实现上述目的，并不需要复杂的信息技术，只需在有互联网或局域网的硬件环境下，采用简单的社交网络等工具即可。教师可根据教学的需要或学生的兴趣开设一些专题或聊天室，如我需要帮助、老师优劣之我见等，并赋予学生自由开辟专题和聊天室的权利，使他们在课后有机会对课程的形式、教师的优缺点、无法解决的问题等进行充分的交流。

讲授式教学仍然是此层次的主要教学策略，学生仍以个体作业形式完成学习任务，评价方式也与前一层次相同，教师的角色和学生的角色也基本没有变化，但是，教师多了一项工作：对交流的组织和管理，由于学生感情和学习兴趣的激起，使其对学习产生优于前一层的积极性。此外，此层次对信息技术提出了新的要求：互联网和局域网的使用。

5.3.1.3 信息技术作为个别辅导工具（第3层）

随着计算机软件技术的飞速发展，出现了大量的操练练习型软件和计算机辅助测验软件，让学生在练习和测验中巩固、熟练所学的知识，决定下一步学习的方向，实现了个别辅导式教学。在此层次，计算机软件实现了教师职能的部分代替，如出题、评定等，因此，教学的发生对技术有较强的依赖性，此外，教学还能在一定程度上注意学生的个别差异，提高学生学习的投入性。主要应用技术有个别辅导软件以及教师与学生之间的交流工具。

根据不同的学习内容和学习目标，个别辅导软件提供的交互方式也有所不同，体现了不同的教学（或学习）方法，从而形成了不同子模式的个别辅导软件，反映了利用计算机进行学习时的交互方式，包括操练和练习、对话、游戏、模拟、测试、问题解答等。

在此层次，主要采取的教学策略有个别辅导式教学和个别化学习等，虽然教学仍是封闭的、以“知识”为中心，但是，学生有丰富的和优秀软件相接触的机会，对学习有较高的积极性，当学习遇到问题时可以向教师或其他学生请教。教师要时刻关注学生的学习进展，在其遇到障碍或问题时，给予及时的辅导和帮助。最后的评价方式仍以测验为主。

5.3.2 开放式的、以资源为中心的课程融合

信息技术与课程融合的第一阶段基本上都是封闭的、以个别化学习和讲授为主。在第二阶段，教学观念、教学设计的指导思想、教师的角色和学生的角色等都会发生较大的变化。教育者日益重视学生对所学知识的意义建构，教学设计从以知识为中心转变为以资源为中心、以学为中心，整个教学对资源是开放的，学生在学习某一学科内的知识时可以获得许多其他学科的知识，学生在占有丰富资源的基础上完成各种能力的培养，学生成为学习的主体，教师成为学生学习的指导者、帮助者、组织者。按照对学生能力由低到高的培养顺序，可以将此阶段细化为四个层次（成为总体的第五层到第八层），每层着重培养的学生的能力分别是：信息获取和分析能力—信息分析和加工能力—协作能力—探索和创新能力。

5.3.2.1 信息技术作为资源环境（第 4 层）

信息社会需要有信息能力的新型人才，而信息能力就是指获取、分析和加工信息的能力，随着网络技术的飞速发展，网络资源可以说是浩如烟海，如何在广袤的信息海洋中快速、准确地找到自己所需的资源，如何迅速的判断资源的价值并对其进行取舍，如何合理的将资源重新组合为己所用，这些都关系到个人和团队的成败。用信息技术提供资源环境就是要突破书本是知识主要来源的限制，用各种相关资源来丰富封闭的、孤立的课堂教学，极大扩充教学知识量，使学生不再只是学习课本上的内容，而是能开阔思路，看到百家思想。

在此层次，主要培养学生信息能力中获取信息、分析信息的能力，让学生在对大量信息进行筛选的过程中，实现对事物的多层面了解。教师可以在课前将所需的资源整理好，保存在某一特定文件夹下或做成内部网站，让学生访问该文件夹来选择有用信息；也可以为学生提供适当的参考信息，如网址、搜索引擎、相关人物等，由学生自己去 Internet 或资源库中去搜集素材。相比较来说，后者比前者更能培养学生获取信息、分析信息的能力。但是，由于现实环境的限制，如上网速度慢、学生信息处理能力低、无法上 Internet 等原因，也可以采用第一种方式，不过要求教师提供尽可能多的资源，让学生有对信息进行“筛选”的可能。该层次是所有后续层次教学的基础，在信息社会里，学生只有找到资源才有创作、发明所言。

5.3.2.2 信息技术作为信息加工工具（第 5 层）

上一层主要培养学生信息能力中获取信息和分析信息的能力，强调学生在对大量信息进行筛选过程中对事物综合的了解和学习。该层次主要培养学生信息能

力中分析信息、加工信息的能力，强调学生在对大量信息进行快速提取的过程中，对信息进行重整、加工和再应用。该层次不能单独成立，必须依赖于“信息技术提供资源环境”——如果没有可供探索的资源，无法实现对信息的获取，就根本无法进行信息的分析和加工，这也正说明该层次比第四层先进。

在该层次的教学中，重点培养学生的信息加工能力和思维的流畅表达能力，达到对大量知识的内化。该层次可采用任务式教学策略，而且适合于从小学高年级以上的所有年级，如让小学六年级的学生写一篇你最向往的地方的作文，学生可以在网上自由遨游，选择祖国山河的壮丽一景，然后将文本、图形等进行重新加工，用 Word 写出一篇精美、感人的作文等。

在教学过程中，教师要密切注意学生整个的信息加工处理过程，在其遇到困难的时候给予及时的辅导和帮助。

5.3.2.3　信息技术作为协作工具（第 6 层）

和个别化学习相比，协作学习有利于促进学生高级认知能力的发展，有助于学生协作意识、技巧、能力、责任心等方面的素质的培养，因而受到广大教育工作者的普遍关注。但是，在传统的课堂教学中，由于人数、教学内容等种种因素的限制，常常使得教师有心无力。计算机网络技术为信息技术和课程融合，实现协作式学习提供了良好的技术基础和支持环境。计算机网络环境大大扩充了协作的范围，减少了协作的非必要性精力的支出。在基于 Internet 网络的协作学习过程中，基本的协作模式有四种：竞争、协同、伙伴和角色扮演。组织不同类型的协作学习对技术的要求程度不同。

竞争是指两个或多个学习者针对同一学习内容或学习情景，也通过 Internet 进行竞争性学习，看谁能够首先达到教学目标的要求，在培养学生技巧和能力的同时，培养学生的竞争意识和能力。基于竞争模式的网络协作学习，一般是由学习系统先提出一个问题或目标，并提供学生解决问题或达到目标的相关信息。学习者在开始学习时，先从网上在线学习者名单中选择一位竞争对手（也可选择计算机作为竞争对手），并协商好竞争协议，然后开始各自独立的解决学习问题。在学习过程中，学习者可看到竞争对手所处的状态以及自己所处的状态，学习者可根据自己和对方的状态调整自己的学习策略。竞争一般在智能性较强的网络教学软件支持下进行。

协同是指多个学习者共同完成某个学习任务，在共同完成任务的过程中，学习者发挥各自的认知特点，相互争论、相互帮助、相互提示或者是进行分工合作。学习者对学习内容的深刻理解和领悟就在这种和同伴紧密沟通与协调合作的过程中逐渐形成。协同需要多种网络技术的支持，如视频会议系统、聊天室、留言板等。

伙伴就是在网络环境下找到与现实环境中的伙伴相类似的学生，然后共同协作、共同进步的过程。另一种伙伴形式是由智能计算机扮演伙伴角色，和学生共同学习、共同玩耍，在必要时给予忠告等。

角色扮演指在用网络技术创设的与现实或历史相类似的情境中，学生扮演其中的某一角色，在角色中互相学习的过程。要实现角色扮演一般采用实时交互的网络工具，如 Net-meeting、视频会议、多功能聊天室等。

可以发现，以上四种学习模式中，学习和教学基本都在网络技术的支持下发生，而且，学生绝大部分时间都处于一种投入状态。

5.3.2.4 信息技术作为研发工具（第7层）

虽然我们强调对信息的加工、处理，以及协作能力的培养，但最重要的还是要培养学生的探索能力、自己发现问题和解决问题的能力，以及创造性思维能力，这才是教育的最终目标。在实现这种目标的教学中，信息技术扮演着“研发工具”的角色。

很多工具型教学软件都可以为该层次的教学和学习提供很好的支持。如在中学数学教学中，几何画板可为学生提供自我动手、探索问题的机会：当面对问题时，学生可以通过思考和协作，提出自己的假设和推理，然后用几何画板进行验证；此外，学生还可以使用几何画板自己做实验来发现、总结一些数学规律和数学现象，如：三角形的内角和为 180 度、圆周率的存在及计算等。随着信息技术的飞速发展，新技术在教学中的应用更为学生的探索和学习提供了强有力的支持，如在经济学课程中，虚拟现实技术可以模拟真实的商业情境，让学生在各种真实、复杂条件下做出决策和选择，提高学生对真实问题的解决能力。

探索式教学和问题解决式教学等都是将信息技术作为研发工具的教学模式，而且也取得了一定的成果。但是，如何更好地发挥信息技术的作用，设计能更好地培养学生创造性思维能力的模式仍是国内外所有教育人员奋斗的方向之一。

5.3.3 全方位的课程融合

前两个阶段的 7 个层次虽然彼此之间有很大的差异，但是，他们都没有使教学内容、教学目标，以及教学组织架构进行全面的改革和信息化。当前 7 个层次在较大范围内得到推广和使用，并取得很大成功时，当教育理论和学习理论得到充分发展和利用时，当信息技术在教学中的应用得到更系统、更科学的探讨和细化时，必然会推动教育发生一次重大的变革，促进教育内容、教学目标、教学组织架构的改革，从而完成整个教学的信息化，将信息技术无缝的融合到教育的每一个环节，达到信息技术和课程改革的更高的目标。

5.3.3.1 教育内容改革（第8层）

信息技术在教学中的应用，给传统教学内容结构带来了强大的冲击。那些强调知识内在联系、基本理论、与真实世界相关的教学内容变得越来越重要，而那些大量脱离实际、简单的知识传授和技术培训的教学内容则成为一种冗余和障碍。其次，教学内容的表现形式也会发生很大变化，将由原来的文本性、线性结构形式变为多媒化、超链接结构形式。目前，一些省市教育部门针对本地区的教育情况和课程改革的进展情况已经开始进行了教学内容改革的探索。

总的来说，教育内容的发展趋势如下：教材的难度增加，重视基本理论，强调知识内在的联系。要依据高难度、高速度和理论化原则重新编写教材，在课程设计上重在学科结构合理，教学内容少而精，着重使学生掌握一般的基本原理以发展学生的认识能力。制定教学大纲要着眼于能力，特别是思维能力、创造力的培养，而不是现成知识的传授和一般技术的培训，基础要宽。教育内容还要与生产实践相结合，着力培养学生解决真实性问题的能力。教材的多媒化，利用多媒体，尤其是超媒体技术，建立教学内容的结构化、动态化、形象化表示。使学生在学习某一内容时，可跳转到和该内容相关的任何知识点和资源。已经有越来越多的教材和工具书变成多媒体化，它们不但包含文字和图形，还能呈现声音、动画、录像以及模拟的三维景象教材的信息化表述。

5.3.3.2 教学目标改革（第9层）

教育内容的一系列改革会对现有的以知识为中心的教学目标产生强烈冲击，以能力为核心的教学目标将成为主体。而这些能力包括：（1）信息处理（获取、组织、操作和评价）的技能；（2）问题解决能力；（3）批判性思维能力；（4）学习能力；（5）与他人合作和协作的能力。这些目标已经在一定程度上受到一些人的重视，一些开拓者已经在实际教学中尝试上述目标的教学，如前两个阶段七个层次中提到的一些教学策略和模式，但是，这些尝试毕竟是小范围的，短时间的，在自发的形式下组织的。随着信息技术和课程改革的不断深入，必将产生新的、强调帮助学生参与真实性（authentic）任务和产生真实性项目的教学目标。

5.3.3.3 教学组织架构改革（第10层）

随着教育内容和教学目标的改革，教学组织架构和形式也会发生相应的变革。教学目标强调以真实性问题为学习的核心，这样，就要求教学必须打破传统的45分钟或50分钟一堂课，学生都坐在教室中听课的时间和空间限制，必须以项目和问题为单位，对学习的时间和空间进行重新设计和规划。在教学的组织形式上，活动安排的分组上，也要打破传统的按能力同质分组的方式，实行异质分组。

国外很多研究机构和学校都已经开始了改革教学组织结构的过程，如美国密西根州立大学为一学校设计的6~8年级的数学、经济课是这样的：为了让学生在日常生活中学习数学，同时了解社会，了解父母作出一些选择的依据，进行了为期13天课的教学。让学生分成小组，每个小组都要选择一种职业，按照你的收入情况、纳税情况来建设一个家庭，包括选择贷款方式来买房、买家具、选择贷款方式买车、选择家庭日常消费等，计算每个月的收支表，最后进行小组汇报。学生在真实性问题情境中，以协作的方式，愉快地完成了作业。

5.4 信息技术与课程融合中的教学模式分类

信息技术与课程融合的实质与落脚点是变革传统的教学结构，即要改变以教师为中心的教学结构，创建新型的、既能发挥教师主导作用又能充分体现学生主体地位的“主导—主体型教学结构”。而新型教学结构的创建要通过相关的教学模式才能实现。本书2.1节已对教学模式的概念和特点进行了详述，本节对信息技术与课程融合过程中常用教学模式的产生背景、内涵与特征、实施步骤及实施案例等内容作进一步的分析。

教学模式的类型是多种多样的、分层次的。信息技术与课程融合课的教学模式也不例外。由于“信息技术与课程融合”实质上是“信息技术与学科教学融合”，而学科教学过程涉及三个阶段：一是与课堂教学环节直接相关的“课内阶段”，另外两个是“课前阶段”与“课后阶段”（“课前”与“课后”这两个阶段也可合称为一个“课外阶段”），所以从最高层次考虑，信息技术与课程融合课的教学模式只有两种——即按照所涉及的教学阶段来划分的“课内融合教学模式”与“课外教学融合模式”。

目前西方发达国家比较关注信息技术与“课前”“课后”教学过程的融合（即“课外融合模式”），多年来他们在这方面作了大量的研究与探索，并取得了许多成功的经验。其中影响最大、也最为有效的课外融合教学模式就是WebQuest和Just-in-Time Teaching（简称JiTT），尤其是WebQuest这种模式更是在全球范围内广为流传，在国内也相当盛行（WebQuest大体上相当于国内通常所说的“专题研究性学习”）。

5.4.1 课内融合教学模式

由于课堂教学涉及不同学科、不同教学策略和不同的技术支撑环境等多种因素，所以实现课内融合的教学模式的分类要复杂得多。对于学科老师来说，涉及各自学科的课内融合教学模式显然比较简单；涉及不同技术支撑环境的课内融合教学模式则要复杂一些；对于学科老师来说，最难以掌握的应当是涉及不同教学策略的课内融合教学模式。

根据技术支撑环境的不同，“课内融合教学模式”可以划分为基于多媒体演示、基于网络教室、基于软件工具或基于仿真实验等多种不同的教学模式类型。就我国当前的实际情况来看，多媒体演示和网络教室是目前学校最普遍采用的技术支撑环境。

基于多媒体演示的课内融合教学模式，其实施环境是多媒体投影教室。在融合实施过程中，一般是利用教师事先准备的多媒体演示课件来进行教学。其突出特点有二：一是运用图像、声音、视频等多媒体素材形式，以实现对宏观或微观现象的直观再现，或者用来对情感类教学目标进行铺垫和渲染；二是学生主要通过聆听和观看的方式单向参与教学过程，而难以实现师生之间、生生之间以及人机之间的双向交互活动。

基于网络教室的课内融合教学模式，其实施环境是计算机网络教室。与基于多媒体演示的课内融合模式不同的是，由于这类教学模式具备学生人手一台计算机或两人一台计算机的技术支撑环境，在实施过程中具有交互性，更能突出学生动手实践和自主学习的特点，因此对教师的要求相对较高——不仅应具备网络环境下组织管理课堂教学的能力（它与传统课堂教学的组织管理能力相比有很大的不同），而且还应具备有效融合网络教学资源、合理设计学生自主学习、自主探究和组织小组协作活动的能力。这类融合模式由于配置硬件设备的价格较高，在当前远不如基于多媒体演示的融合模式。

根据选用教学策略的不同，“课内融合教学模式”原则上可以分为自主探究、协作学习、演示、讲授、讨论、辩论、角色扮演等多种不同的教学模式类型。但如上所述，教学模式是指教学过程中两种或两种以上方法或策略的稳定组合与运用——在教学过程中，为了实现某种预期的效果或目标（例如创建新型教学结构）往往要综合运用多种不同的方法与策略，当这些教学方法与策略的联合运用总能达到预期的效果或目标时，就成为一种有效的教学模式。所以教学模式尽管原则上可以按照某一种教学策略来划分，但实际上由于教学过程中都是多种方法与策略的综合运用（例如，开始引入新课可以采用“创设情境”策略，讲授新知可以采用“先行组织者”策略或“课件演示”策略，巩固新知可以采用“操练与练习”策略，知识迁移可以采用“小组讨论”或“角色扮演”策略等），所以通常的课内融合教学模式还是涉及多种教学方法与策略。由于两种以上的教学方法、策略原则上可进行任意的排列、组合，由此而形成的教学模式可以有无限多种。但其中真正有效且易于操作的教学模式却并不多，目前最为流行的两种课内融合教学模式是“传递—接受教学模式”和“探究性教学模式”。这两种课内融合教学模式都能对“主导—主体相结合”教学结构提供强有力的支持，两种模式都能很好地发挥教师在教学过程中的主导作用又能充分体现学生在学习过程中的主体地位，但又具有各自不同的特点："传递—接受"教学模式虽然也关注学生的主体地位，但是从总体上看，对于教师主导作用的发挥，更为强调，贯彻得也更深入更全面；探究性教学模式虽然也关注教师的主导作用，但是从总体上看，对于学生主体地位的凸现更为重视，体现得也更具体更充分。换句话说，在"传递—接受"教学模式中，"教"的成分要多一些；而在探究性教学模式中，则是"学"的成分要多一些。

5.4.1.1 "传递—接受"教学模式

A "传递—接受"教学模式的产生背景与教学流程

"传递—接受"教学模式的产生背景和美国著名教育心理学家奥苏贝尔提出的有意义接受学习理论有直接的关系。奥苏贝尔认为，学生的学习主要是接受学习，而不是发现学习，即学生主要通过教师讲授和呈现的材料来掌握前人的知识与经验。但是，这种接受学习应该是有意义的，而不是机械的；为此，新知识必须与原有认识、原有观念之间建立起适当的、有意义的联系。发生有意义学习的条件就是要帮助学习者在当前所学新知识与其认知结构中原有旧知识之间建立起某种联系或关系（这种关系应是"类属关系""总括关系"或"并列组合关系"三者之中的一种），从而使新知识获得实际意义。这种教学的主要目标是促进学生对知识的掌握（包括对知识意义的理解、保持和运用），并强调要依据知识的内在逻辑关系来帮助学习者形成与扩展认知结构。

在这种教学模式中，教师的主导作用体现在：激发学习者的学习动机；选择适当的教学内容与教学媒体；运用先行组织者策略以帮助学习者建立起新旧知之间的有意义联系（即帮助学习者认识到新知与旧知之间存在怎样的"类属关系""总括关系"或"并列组合关系"）；选择和设计适当的自主学习策略和协作学习策略以促进学习者对知识意义的自主建构、深入理解和应用迁移。学习者在学习过程中的主体地位则体现在：积极主动地建立起新旧知识之间的有意义联系，从而获得新知识的意义；与此同时，新知识将通过"同化"被吸纳到原有认知结构中使原有认知结构得以扩展。

"传递—接受"教学模式的教学流程如图 5-2 所示。

B "传递—接受"教学模式的内涵与特征

"传递—接受"教学模式是指在教学过程中教师主要通过口授、板书、演示，学生则主要通过耳听、眼看、手记来完成知识与技能传授，从而达到教学目标要求的一种教学模式。奥苏贝尔认为，"传递—接受"式教学不一定是机械的，"发现式"教学也不一定是有意义的。教学能否做到有意义——使学生能够真正理解、掌握所教的知识（"掌握"意味着不仅能理解，而且能将所学的知识

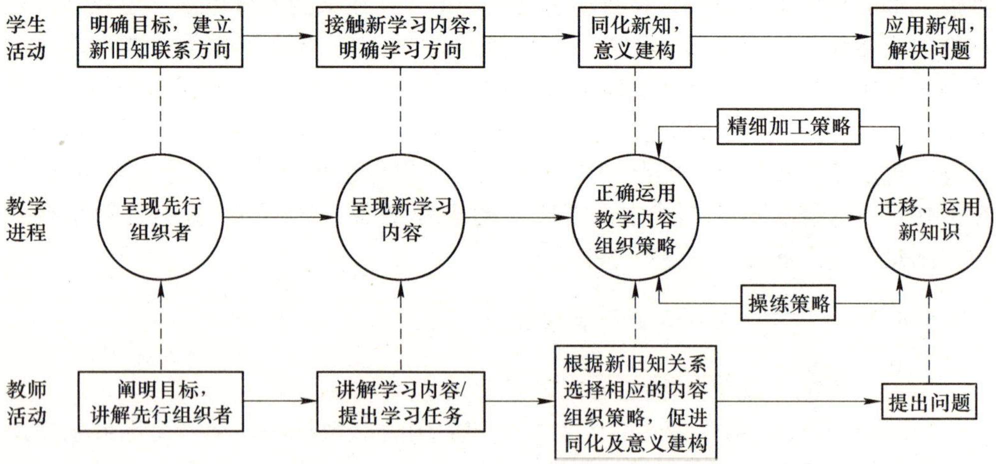

图 5-2　“传递—接受”教学模式框图

用于解决实际问题)，而不是死记硬背、机械地生搬硬套、不求甚解，关键在于是否能将当前所学的新知识，和原有认知结构（它保存在大脑的长时记忆内）中的旧知识之间建立起某种内在的联系，即新知与旧知之间是否能建立起上面所述的“类属关系”“总括关系”或是“并列组合关系”三者中的某一种关系。如果能够发现或找到这种联系，这种教学就是有意义的，否则就是机械的。教师的责任就在于帮助或启发学生自己去发现或找出这种内在联系，而不是越俎代庖，直接把结果告诉学生。

“传递—接受”教学模式的基本特征可以用一句话来概括，就是“以教为主”，具体表现在以下两个方面：

（1）特别强调充分发挥教师在教学过程中的主导作用。在这种教学模式下，教师不仅是主动的施教者、知识的传授者，还要求教师自始至终引导并监控整个教学进程。显然，这种模式更便于教师主导作用的发挥，更便于教师组织课堂的各种教学活动，更便于师生之间的情感交流，因而有利于对学科知识的系统传授，有利于对前人知识经验的学习与掌握，也有利于情感因素在学习过程中更有效地起作用。

（2）对于学生在学习过程中的主体地位虽然关注，但有不足。在这种教学模式下，自主学习、自主探究、自主发现的学习方式并没有被排除，但却被置于较次要的从属位置。尽管在建立新知与旧知联系的过程中，学习者也需要积极开动脑筋、认真思考，从而需要发挥一定的主动性与积极性，但是这种主动性与积极性完全是在教师的引导、启发下形成的，和学生在自主学习、自主探究的环境下，独立而自觉地形成的主动性与积极性不能相提并论。在前者的基础上，虽然可以用较短的时间、较高的效率达到对知识技能的理解与掌握，但难以培养出创新的思维与创新的能力；而在后者的基础上，则不仅可以较深入地达到对知识技能的理解与掌握，还有利于创新思维与创新能力的形成与发展，即更有利于创新人才的成长。然而，就等量的知识内容而言，为了达到基本理解与掌握，一般来说，前一种教学模式（“传递—接受”式）要比后一种（探究式）节省时间，即教学的效率更高一些；而且如（1）中所述，这种模式还有利于情感因素在学习过程中更有效地起作用。正是因为具有这些优点，所以尽管“传递—接受”教学模式存在上述不足，但是在当前乃至今后，它仍然是我们各级各类学校教学中不可或缺的一种重要教学模式，也是实现课内融合的常用模式之一。

C　“传递—接受”教学模式的实施步骤

“传递—接受”教学模式通常包含下面四个实施步骤：

（1）实施先行组织者策略。这个步骤包括阐明教学目标，呈现并讲解先行组织者和唤起学习者先前的知识体验。阐明教学目标是要引起学生的注意并使他们明确学习的方向。先行组织者是利用适当的引导性材料对当前所学新内容加以定向与引导。这类引导性材料与当前所学新内容（新概念、新命题、新知识）之间应存在某种非任意的实质性联系，而且在包容性、概括性和抽象性等方面符合认知同化理论要求，从而能对新学习内容起固定、吸收作用。先行组织者实际上就是学习者认知结构中与当前所学新内容具有某种非任意、实质性联系的“原有观念”的具体体现。它是新知识与原有认知结构之间的联系桥梁，它可以帮助学习者建立起有意义学习的心向。和新知与旧知之间存在的三种关系，即“类属关系”“总括关系”“并列组合关系”相对应，先行组织者也有“上位组织者”“下位组织者”“并列组织者”等三种不同的类型。在实施先行组织者策略的过程中，对此必须有清醒的认识，以便在后面对当前新知识的教学内容进行组织时，能对实施何种“先行组织者”策略做出恰当的选择。

（2）介绍与呈现新的学习内容。对当前学习内容的介绍与呈现，可以通过讲解、讨论、实验、阅读、作业或播放录像等多种形式。学习材料的介绍与呈现应有较强的逻辑性与结构性，使学生易于了解学习内容的组织结构，便于把握各个概念、原理以及各识点之间的关联性，从而使学生对整个学习过程有明确的方向感，对整个学习内容能从系统性与结构性去把握。在此过程中，教师还要善于集中并维持学生的注意力。

（3）运用教学内容组织策略。为了帮助学生有效地实现对新知识的同化，帮助学生把当前所学的新知识吸纳到自己的认知结构中，除了要运用自主学习策略激发学生主动学习的积极性以外，还要求教师应依据当前所学新知与旧知之间存在的关系是“类属关系”“总括关系”或是“并列组合关系”而运用不同的教学内容组织策略。如果新知与旧知之间存在类属关系，则教学内容的组织应采用“渐进分化”策略；如果新知与旧知之间存在总括关系，则教学内容的组织应采用“逐级归纳”策略；如果新知与旧知之间存在并列组合关系，则教学内容的组织应采用“融合协调”策略。

（4）促进对新知识的巩固与迁移。在实施这一步骤的过程中，学习者一方面要应用精细加工策略和反思策略来巩固和深化对当前所学新知识的意义建构；另一方面还要通过操练与练习策略在运用新知识解决实际问题的过程中来促进对新知识的掌握与迁移。

D “传递—接受”教学模式信息技术融合途径

（1）确立科学的教育教学理论。我们已经认识到，信息技术支持下的“传递—接受”式教学模式改革，不仅仅是现代信息技术手段在教学领域的应用，而是触及教学方法转变和教学结构变革的教育教学改革。长期以来，我国各级各类学校都是以“教”为主的教学方法和以教师为中心的教学结构，这种传统的教学方法和教学结构因为没有对学生的学法和学生的主体地位予以足够的关注，对培养具有现代创新精神和实践能力的人才方面显现出明显不足。因此，需要在传统的占主导地位的教育理论中注入新鲜血液，构建符合我国教育教学发展水平和发展需求的教学理论。

（2）重视教师主导作用的发挥。“传递—接受”教学模式应该重视教师在课程教学中的主导作用。教师是课堂教学的设计者与实施者，也是学生学习的引导者与监控者，教师在教学过程中的主导作用不同于以教师为中心或者以“教”为中心的教学模式，也不排斥学生是学习的主体的教学观念，它既是对传统的教师中心论教育观念的根本变革，也是对片面强调以学生为中心而忽视教师主导作用的极端教育思想观念的矫正。

（3）创造多元化教学模式。信息技术环境支持下的“传递—接受”教学模式的改革，实质上也就是多种教学方法或教学策略的综合运用和合理组合。在信息技术条件下，新型教学结构的创建，必须综合运用各种教学方法或教学策略。这些教学方法或教学策略形成合理而相对稳定的结构以确保预期教学目标的实现，这样才算是多元融合的有效教学模式。

E “传递—接受”教学模式的实施案例

初中化学教学案例——化学平衡

情景导入激发兴趣：教师通过学生们熟悉的拔河比赛情景导入本课主题，切入平衡理念，从而引出化学平衡概念。

初步建立动态平衡概念：教师让学生进入化学平衡专题网站去操作和观察由该网站提供的“进—出水平衡”仿真实验。在实验过程中。教师要求学生仔细观察刚打开水龙头时候的现象，并通过水龙头放水观察和总结出以下结论：水箱里的水面开始时逐渐升高，过一段时间后不再变化；不变化是因为进、出水速率相等，达到了平衡状态，这是一种动态平衡；这种动态平衡的特征是有变与不变，变是指水分子在不断更替，不变是指水分子的个数；水池里的水不可能永远保持这种平衡，随着进—出水速率的变化，平衡会被打破。

进一步扩展动态平衡概念：为了进一步扩展动态平衡的概念，在“进—出水平衡”实验基础上，教师继续引导学生做网站上另一个“蔗糖溶于水”的实验。在实验过程中发现以下结论：开始溶解时溶解速率大于结晶速率；后来达到一种平衡状态（饱和状态），这时溶解速率等于结晶速率；溶解平衡是在指一定温度下，溶质的溶解速率和结晶速率相等，溶质的质量分数保持不变的一种状态；这种平衡的特征是动态平衡。

在动态平衡基础上学习化学平衡：教师先强调指出，在微观过程中，分子每秒钟的撞击次数可达10的30次方左右；而在网站上所看到的微观图只是示意性的。换句话说，在每个时间点的最后都有个定格，可以把它看成是用一个速率和倍数都非常高的照相机照下来的一个画面。指出这点，是为了让学生了解实际反应过程和微观图是有区别的，以免学生形成错误概念。接着再让学生在网站上观察化学反应中的平衡（即化学平衡）现象。教师提出的要求是，一边观察微观化学反应过程中的现象，一边总结出以下结论：这是一张反映化学平衡过程中正、逆反应速率变化的微观图像；随着时间的增加，正反应的速率逐渐变小，逆反应的速率逐渐变大；最后正、逆反应速率达到相等，反应物和生成物的浓度不再变化。这是一种动态平衡状态。

归纳出化学平衡的特征：教师在上述实验基础上帮助学生归纳出化学平衡的主要特征：正、逆反应速率相等；反应物和生成物的浓度不再变化；达到一种动态平衡；而且是可逆反应。

总结提高促进巩固与迁移：为了巩固和深化所学知识，也为了培养学生的抽象概括能力，教师在总结“二力平衡”和“化学平衡”的联系与区别的基础上，要求学生全面把握化学平衡的基本特征，并为化学平衡下一个完整的定义；为了促进对本节所学知识的应用与迁移，教师还布置了两道紧密联系实际、且颇有启发性的应用题。

本案例中教师在通过拔河比赛情景导入本课主题的同时，也在实施先行组织者策略——由此情景引出的“二力平衡”正是本次学习内容的先行组织者。“二力平衡”和所要教的新知识点“化学平衡”这二者之间，虽然不存在类属关系或总括关系，即前者既不是后者的上位概念也不是后者的下位概念，但却存在一种“并列组合关系”，即二者之间仍然具有某种相关的甚至共同的属性，这种先行组织者称为“并列组织者”，正是通过这种相关或共同的属性使得新旧知识之间仍然能够建立起某种非任意的实质性联系，从而达到有意义而非机械的学习。当先行组织者在包容性和抽象概括程度上既不高于、也不低于当前教学内容，即二者之间不存在类属关系或总括关系，但二者之间具有某种相关甚至是共同的属性时，对于教学内容的组织可以采用“融合协调”策略。融合协调是指通过分析、比较先行组织者与当前教学内容在哪些方面具有类似的或共同的属性，以及在哪些方面二者并不相同来帮助和促进学习者认知结构中的有关要素进行重新融合与协调，以便把当前所学的新知识纳入到认知结构的某一层次之中，并类属于包容范围更广、抽象概括程度更高的概念系统之下的过程。本案例中融合协调策略的运用体现为对当前教学内容按如下方式进行组织：

（1）通过视频画面展示和教师的语言描述介绍拔河比赛中的“二力平衡”现象及有关特性（作为并列性先行组织者）；

（2）在教师指导下让学生在专题网站上去操作和观察“进—出水平衡”“蔗糖溶于水”“化学反应”等仿真实验，学生们通过仔细观察和认真思考，加上教师的启发引导，逐渐在动态平衡概念的基础上认识和理解了化学反应中的平衡的定义并能列举出化学平衡的基本特征（本课的学习主题）；

（3）教师在总结中指出，二力平衡和化学反应中的平衡的共同属性都是两种要素在相互作用，而且两者的作用效果达到相等时的一种状态；

（4）教师在总结中同时指出，二力平衡与化学平衡的区别是前者的两种相互作用要素是人类的体力或机械力，而后者的两种相互作用要素则是化学反应中正反应速率和逆反应速率所形成的两种不同反应物；

（5）通过两道紧密联系实际且颇有启发性的应用题以促进巩固和迁移。

本案例除了在开头给出一个并列性先行组织者（二力平衡）以外，为了突破本课的重、难点——认识和理解化学平衡的基本特征，在后面又给出了一个上位先行组织者（动态平衡）。由于化学平衡是指化学反应过程中正反应速率和逆反应速率达到相等、反应物浓度保持不变时的一种动态平衡，所以动态平衡和化学平衡之间存在上、下位关系（即后者类属于前者）。如前所述，这种情况下的教学内容组织，最好采用“渐进分化”策略。在本案例的教学过程中，让学生在专题网站上依次进行“进—出水平衡”“蔗糖溶于水”“化学反应”等仿真实验，且在每一个仿真实验中，学生都在教师的启发引导下进行仔细观察和认真思考，这正是“渐进分化”策略运用的具体体现；也正因为这一策略的运用，才使学生得以在初步建立动态平衡概念、扩展动态平衡概念和在此基础上进一步学习化学平衡以后，能较全面而深入地认识和理解化学平衡的基本特征，从而有效地突破了本课的重、难点。

从上面所述的整体教学过程看，本课是在网络教学环境下主要采用“先行组织者教学策略”（其中使用了“并列组织者”和“上位组织者”等两种先行组织者）以及“融合协调”与“渐进分化”等两种教学内容组织策略的“传递—接受”教学模式的案例。

5.4.1.2 “探究性”教学模式

A 探究性教学模式的产生背景与教学流程

学习方式（learning approach 或 learning style）是当代学习理论中的一个重要概念，多数学者认为学习方式是指学生在完成学习任务过程中的基本行为和认知取向。学习方式不是指具体的学习方法和学习策略，而是指学习者在学习过程中发挥自主性、探究性与合作性方面的基本特征。传统的学习方式把学习建立在人的客体性、受动性和依赖性的基础之上，而忽视了学习者的主动性、能动性和独立性。转变学生的学习方式就是要转变这种他主的、被动的和依赖的学习方式，倡导自主的、探究的与合作的学习方式，使学生的主体意识、能动性和创造性不断得到发展，并真正成为学习的主人。2001 年以来实施的《基础教育课程改革纲要（试行）》提出了要转变学生学习方式的任务，要促进学生在教师指导下更加主动地、富有个性地学习；并明确倡导以“自主、探究、合作”为特征的学习方式，从而改变传统的以教师为中心、书本为中心的局面。探究性教学模式正是在这样的背景下逐渐形成并发展起来的。

由于探究性教学模式的学习对象（即学习主题）是课文中的某一个或几个知识点（这与下一章课外融合模式中的“研究性学习”教学模式其学习主题总是围绕自然界或社会生活中的某个真实问题有本质上的不同）。由于任何课程的教材都是由一篇篇的课文组成，而每篇课文又总是包含一个或几个知识点，这就表明，信息技术与课程融合的几乎所有日常教学活动（包括各种不同学科的常规课堂教学活动）都可以采用这种模式。事实上，探究性教学模式，目前已经成为能满足各学科常规课堂教学需要的、最有效也是最常用的课内融合模式之一。

探究性教学模式的教学流程如图 5-3 所示。

B 探究性教学模式的内涵与特征

探究性教学模式是指在教学过程中，要求学生在教师指导下，通过以“自主、探究、合作”为特征的学习方式对当前教学内容中的主要知识点进行自主学习、深入探究并进行小组合作交流，从而较好地达到课程标准中关于认知目标与情感目标要求的一种教学模式。认知目标涉及与学科相关的知识、概念、原理与能力的理解与掌握；情感目标则涉及感情、态度、价值观与思想品德的培养。在实施信息技术与课程深层次融合的过程中，各学科知识与能力（如阅读、写作、计算、看图、识图、实验以及上机操作等能力）的培养以及健康情感、正确价值观与优秀思想品德的形成，都可通过探究性教学模式使之逐步落实。

探究性教学模式的基本特征也可用一句话来概括：“主导—主体相结合”——既重视发挥教师在教学过程中的主导作用，又充分体现学生在学习过程中的主体地位。具体表现在以下两个方面。

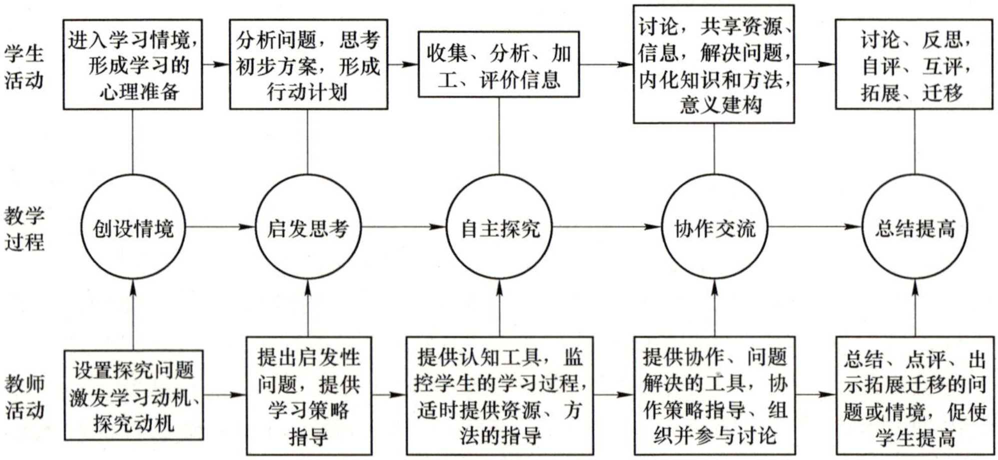

图 5-3 探究性教学模式框图

a 高度重视教师在教学过程中的主导作用

尽管探究性教学模式主要采用“自主、探究、合作”的学习方式，在教学过程中强调学生的自主学习和自主探究，但是它并不忽视教师在教学过程中的主导作用；相反，它通过下面四个环节使教师的主导作用在整个教学过程中得到全面的发挥。

（1）当前探究性学习的对象要由教师确定——如上所述，探究式模式的教学总是围绕课程中的某个知识点（即探究性学习的对象）而展开，到底是哪个知识点不是随意确定的，更不能由学生自由选择；而是要由教师根据教学目标的要求和教学的进度来确定。

（2）进行探究之前的启发性问题要由教师提出——学习的对象确定后，为了使探究性学习切实取得成效，需要在探究之前向全班学生提出若干富有启发性、能引起学生深入思考、并与当前学习对象密切相关的问题（以便全班学生带着这些问题去探究）。这一环节至关重要，所提出的问题是否具有启发性、是否能引起学生的深入思考，这是探究性学习能否取得效果乃至成败的关键；而这类问题必须由教师提出，也只能由教师提出（学生对当前学习对象初次接触，尚不了解，不可能由他们自己提出与当前学习对象密切相关、又富有启发性的问题）。

（3）进行探究过程中要由教师提供多方面的帮助与指导——带着问题进行探究的过程，固然是由学生个人（或学习小组）去完成，但在这一过程中需要教师提供有关的探究工具（例如几何画板、建模软件、仿真实验系统等）和相关的教学资源支持，以及对探究性学习中的方法、策略作必要的指导。如果这方面的学习支持与指导不落实、不到位，将会挫伤学生们的学习信心与学习积极性，使探究性学习的效果大打折扣，甚至完全落空。

（4）探究过程完成后要由教师帮助总结与提高——探究过程完成后，一般要先由学生个人（或学习小组）做总结（而不是直接由教师做总结）。通过一次探究性学习虽然能取得不小的收获，但学生毕竟是初学者，总结起来难免有片面甚至错误之处，通过全班的讨论交流，集思广益、取长补短，在一定程度上可以克服这些片面甚至错误之处；不过，如果要让全班学生都能对当前的学习对象达到比较深入的理解与掌握，即对所学的知识点都能从感性认识上升至理性认识；都能做到不仅知其然，而且知其所以然；那就还需要教师的帮助与提高。毕竟和学生相比，教师对整门课程有比较全面、透彻、深入的把握，可以做到高屋建瓴。

b　充分体现学生在学习过程中的主体地位

探究性教学模式因为采用“自主、探究、合作”的学习方式，所以在教学过程中特别强调学生的自主学习和自主探究，以及在此基础上实施的小组合作学习活动；一节课的教学目标主要靠学生个人的自主探究加上学习小组的合作学习活动来完成。由于在此过程中，学生们的主动性、积极性、乃至创造性都能普遍地得到比较充分的发挥，因而这种教学模式不仅可以较深入地达到对知识技能的理解与掌握，更有利于创新思维与创新能力的形成与发展，即有利于创新人才的培养。可见，对于这种教学模式来说，能否取得成效的关键是，学生在学习过程中的主体地位是否能得到比较充分的体现——这一点是至关重要的。

但是，这只是问题的一个方面，为了使探究性教学模式真正取得成效，除了要充分调动学生的主动性、积极性以外，如上所述，在探究过程中还需要有若干“富有启发性问题”的启发与引导，要有相关“探究工具”、“教学资源”、“方法策略”的帮助与支持；而启发性问题的提出和相关工具、资源、策略的提供，都离不开教师主导作用的发挥。可见，探究性教学模式要想真正成功实施，光有学生方面的主动性、积极性还是不够的，还需要有教师方面的引导、帮助与支持。换句话说，探究性教学模式的成功实施涉及两个方面——既要充分体现学生在学习过程中的主体地位，又要重视发挥教师在教学过程中的主导作用。离开其中的任何一方，探究性学习都只能无果而终，不可能有良好效果。正因为如此，我们才认为“主导—主体相结合”是这种教学模式的最本质的特征。

C　探究性教学模式的实施步骤

探究性教学模式通常包含下面五个实施步骤：

（1）创设情境。创设情境不仅是教师导入教学主题的需要，也是激发学生的学习动机和自主探究动机的需要。教师创设情境的方法多种多样：可以设置一个待探究的问题（此问题的解决需运用当前所学的知识），也可以播放一段与当前学习主题密切相关的视频录像，或是朗诵一首诗歌、放送一段乐曲、讲一个生动的小故事、举一个典型的案例、演示专门制作的课件、设计一场活泼有趣的角色扮演……（当然，所有这些活动都应有一个先决条件—— 必须与当前学习主题密切相关，否则达不到创设情境的目的）。教师通过上述各种方法创设能激发学生学习动机和探究动机的情境，学生一旦进入教师创设的情境就可在情境的感染与作用下形成学习的心理准备，并产生探究的兴趣。

（2）启发思考。在学生被创设的情境激发起学习兴趣并形成了学习的心理准备之后，教师应及时提出富有启发性而且能涵盖当前教学知识点的若干问题（切忌提出一些有明显答案或明知故问的问题）。让学生带着这些问题去学习和掌握有关的知识、技能——这一过程也就是主动地、高效地完成当前学习任务的过程。在问题思考阶段，教师对于学生应当如何解决问题、应当利用何种认知工具或学习资源来解决问题以及应当如何利用这些工具及资源、包括如何处理在探究过程中遇到的新问题等等，都应给出具体的建议和指导；学生则要认真分析教师所提出的问题、明确自己所需完成的学习任务，并通过全面思考形成初步的探究方案。

（3）自主学习与自主探究。在实施这一步骤的过程中，学生利用教师提供的认知工具和学习资源（或是利用在教师指导下从网上或其他途径获取的工具和资源），围绕教师提出的与某个知识点有关的问题进行自主探究。这类自主学习与自主探究活动包括：学生利用相关的认知工具（不同学科所需的认知工具不同）去收集与当前所学知识点有关的各种信息；学生主动地对所获得的信息进性分析、加工与评价；以及在分析、加工与评价基础上形成的、学生对当前所学知识的认识与理解（即由学生完成对当前所学知识意义的自主建构）。在学生进行自主学习与自主探究的过程中，教师应密切关注学生的学习与探究过程，并要适时地为学生提供如何有效地获取和利用认知工具、学习资源以及有关学习方法策略等方面的指导。

目前有不少中学老师反映：实施信息技术与学科课程的融合，数理学科要比人文学科困难。其原因就在于：人文学科往往可以通过让学生上网查找资料来达到促进学生自主学习与自主探究的目的，换句话说，对于人文学科的学习来说，网上资料就可以作为学生自主学习与自主探究的认知工具；但是对于数理学科的学习来说，却只有个别情况下才可以利用网上资料充当学生自主学习与自主探究的认知工具（如涉及数理学科的某种应用案例研究或学科发展史研究的场合），而在大多数情况下则必须通过某种专用软件工具才能满足学生自主学习与自主探究的要求（例如涉及三维空间的抽象数学概念和微观、瞬态的物理变化以及有某种危险性的化学变化过程的理解与掌握，就不能只靠查找资料来解决，而必须为学生提供具有很强交互性的软件工具才有可能让学生去自主学习、自主发现，并进行小组的合作学习、合作探究）。下面我们列出目前数理学科中较常用的工具软件供老师们参考：

1）金华科仿真物理实验室 V3.5http：//www.9893.com/soft/22009.htm；

2）金数龙仿真物理实验室 http：//download.enet.com.cn/html/030282000110701.html；

3）中学物理作图工具 1.60 http：//www.newhua.com/soft/7743.htm；

4）金华科仿真化学实验室 3.0 http：//www.down100.com/soft/15867.htm；

5）Model ChemLab V2.1 http：//www.downme.com/soft_detail.php？nbr=24073；

6）几何画板；

7）澳门韦辉梁先生研发的 MP_Lab（万用拼图实验室）、PG_Lab（平面几何实验室）、DM_Lab（动态数学实验室）；

8）小学数学教学平台（北京师范大学现代教育技术研究所研发）。

（4）协作交流。为了进一步深化学生对当前所学知识意义的建构，应在自主探究的基础上，组织学生以讨论形式开展小组内或班级内的协作与交流——通过共享学习资源与学习成果，在协作与交流过程中进一步深化学生对当前所学知识的认识与理解。教师在此过程中应为学生提供协作交流的工具，同时要对如何开展集体讨论、如何面对小组成员的分歧等协作学习策略作适时的指导，而且教师在必要时也应参与学生的讨论和交流（不能只做场外指导）。协作交流的过程不仅是学生深入完成知识与情感内化的过程，也是学生了解和掌握多种学习方法的过程。

（5）总结提高。总结提高是实施探究性教学模式的最后一个步骤，其目的是通过师生的共同总结来补充和完善全班学生经过自主探究和协作交流这两个阶段以后对当前所学知识的认识与理解方面仍然存在的不足，以便更全面、更深刻地达到与当前所学知识点有关的教学目标的要求（包括认知目标与情感目标这两方面的要求）。在实施这一步骤的过程中，学生的活动包括讨论、反思、自我评价、相互评价；教师的活动包括点评学生的学习情况、提出与迁移拓展有关的问题并创设相关情境、对当前所学知识内容进行概括总结（以帮助学生了解当前所学知识点与其他相关知识点之间的内在联系）。其中“提出与迁移拓展有关的问题”，可以要求学生应用所学知识去解决某个问题，也可以要求学生应用所学知识去完成某项作品。

D 探究性教学模式的实施案例

初中数学教学案例——黄金分割

创设情境，启发思考：教师先通过动画展示一组图片的方式创设情境，接着围绕展示的情境提出相关问题引发学生思考，如五星红旗的形状为什么不是正方形或其他形状？为什么芭蕾舞演员要踮起脚尖？为什么世界上许多人都对维纳斯着迷？学生对问题进行猜想并做出回答。这些由真实情境所引出的问题极大地激发了学生的学习兴趣，并为后面的教学作了铺垫。然后教师给出一组矩形，让学生通过投票从中选出自己认为最好看的一个，再由此投票活动引出黄金矩形典故，从而转入新课。

自主探究，协作交流：教师向学生布置自主探究与协作交流任务——学生首先运用几何画板自主测量黄金矩形的长和宽，以及五角星中对角线所分成的线段的比；学生在动手测量过程中要认真探究其中存在的规律，并开展小组协作、交流，以集思广益、深化认识。通过这样的学习，无须教师讲授，学生即可自己发现黄金比，并可用自己的语言说出黄金分割的概念。

作图演练，深化认识：为了促进学生对黄金分割这一重要概念的认识与理解，本课采取以下几种方式加强作图演练：第一，让学生利用 V-class 网络教学平台进行随堂练习（在此过程中教师可适当进行讲评）以巩固和深化学生对黄金分割的认识与理解；第二，由教师介绍黄金分割尺规作图方法，并在黑板上画出来，学生则根据老师的示范或课件演示学习这种作图，以进一步巩固和深化对黄金分割的认识；第三，要求学生运用黄金分割的有关知识（例如黄金比和画图工具），自己找出黄金分割的其他作图方法。

开阔视野，感受价值：要求学生阅读有关黄金分割在建筑、艺术等领域的大量应用资料，在学生自主阅读过程中教师要进行全堂巡视，随时回答学生在阅读过程中提出的问题；在阅读资料后还要学生说出自己的感受（进行全班交流）。通过这一环节的学习，可以使学生通过建筑、艺术等方面的实例进一步体会黄金分割的文化价值及其在人类历史上的作用和影响。

课后拓展，促进迁移：课后要求完成以下作业：每位学生要根据自己对生活的观察，发挥自己的想象，运用本课所学的黄金分割原理，设计一个物体或图案；与此同时，每个学生小组要完成以黄金分割为主题的一个资源包（内容包括收集到的有关黄金分割的资料、自己设计的作品以及学习之后的感想）。此环节的目的是通过知识的应用与创新，促进对所学知识的巩固与迁移，进一步体会到知识的意义与价值，并使学生感受到数学就在我们身边——它来源于生活，又应用于生活，从而使学生的知识得到升华。

在以往的教学中，大都将“黄金分割”作为比例线段的应用来处理，学生学过以后，很难感受到“黄金分割”的实用价值，体会不到“黄金分割”所带来的美的感受。本节课除了讲授黄金分割的定义及其作图方法之外，还让学生阅读有关资料，并从日常生活中找出一些黄金分割的例子，使学生具体感受数学知识的作用，从而促进对黄金分割的认识与理解，体会黄金分割的文化价值及其在人类历史上的作用和影响。

这节课在教学设计上主要有以下几个特色：其一，设置较丰富的问题情境，并从情境中提出真实问题，从而能较自然地引发学生的认真思考；其二，让学生利用几何画板作为认知工具，进行自主探究和自主发现，从而较充分地发挥了学生的主动性、积极性，提高了学生的学习兴趣，也使信息技术融合于教学过程的优势得到真正的体现；其三，通过将软件操作与实验观察相结合、自主探究与协作交流相结合，有效地促进了学生对黄金分割这一知识点的理解，增进了学生的实践意识，形成了相关的作图技能；其四，通过建筑、艺术等领域的应用实例，有力地体现了黄金分割的文化价值，使学生感受深刻、受益匪浅。

5.4.2 课外融合教学模式

5.4.2.1 “研究性学习”教学模式

如前所述，目前西方发达国家比较关注信息技术与“课前”“课后”教学过程的融合，即比较重视“课外融合模式”的研究；我们中国则相反，历来强调信息技术在课堂上的有效运用，即比较重视“课内融合模式”的研究。显然，这种差异是源自东西方社会文化背景的不同，尤其是教育思想观念上的不同。西方特别是美国的教育思想大多强调以学为主，而东方特别是中国的教育思想历来是强调以教为主。在这个问题上，不能说西方一定比我们好，也不能说我们一定比西方好；而是东西方具有各自的优势与不足，二者之间存在互相学习、优势互补的关系，而不是互相排斥、彼此取代的关系。

前已指出，多年来西方在课外融合模式方面作了大量的研究与探索，并取得了许多成功的经验。其中影响最大、也最为有效的课外融合模式是 WebQuest 和 Just-in-Time Teaching（简称“JiTT”），尤其是 WebQuest 这种模式更是在全球范围内广为流传，在我们国内也有较大的影响。这种模式在中国的现实环境下，在实施过程中必然要结合中国的国情（我国当前正在大力推行基础教育的新课程改革），因而其内涵与实施方式乃至名称都会有所变化。事实上，在目前中国教育界，不论是基础教育还是高等教育领域，类似于 WebQuest 的课外融合教学模式一般都称之为“专题研究性学习”或“研究性学习”。下面对“研究性学习”和“WebQuest”以及“Just-in-Time Teaching”等几种国内外常用的课外融合教学模式进行介绍。

A “研究性学习”教学模式的产生背景与教学流程

“研究性学习”作为我国基础教育新课程改革中的一项重要内容，其实施已经从开始时的试点实验阶段转入到在广大中小学进行全面推广的阶段。作为能较好体现新型教与学方式的研究性学习，它以问题为载体，以研究为手段，以促进学生的发展为目标的理念已逐渐深入人心；这种教学模式的实施，无论是对课程结构，课程内容，还是对教学方式、学习方式等都有着深远的影响。尽管“研究性学习”按照新课改的要求，目前在我国只是作为综合实践活动板块的一项内容在高中阶段单独开设——它与社会实践、社区服务、劳动技术教育四者共同构成高中的“综合实践活动”课。但是，作为新型教与学方式具体体现的研究性学习，完全可以与各个学科的教学过程相结合，并在各学科教师的组织与指导下，形成一种全新的教学模式，从而在信息技术与中小学（乃至大学）的课程相融合的过程中，发挥其他教学模式所无法取代的重要作用。这正是“研究性学习”教学模式近年来在我国各级各类学校产生并迅速流行的社会背景。

研究性学习一般是指结合实际的科学研究活动来进行学习。具体来说，是指这样一种学习方式：学生在教师指导下，从自然界或社会生活中选择某个真实问题作为专题去进行研究，要求学生在研究过程中主动地获取知识，并要应用所学知识去解决选定的真实问题。

所谓基于研究性学习的教学模式（也称“研究性学习”教学模式或“专题研究性学习”教学模式）实际上是在学科教师的组织与指导下，将上述研究性学习方式与学科的教学过程相结合而形成的一种全新教学模式。

由于研究性学习同我国传统的教与学方式相比，其实施、指导、管理和评价的内容和方法都有很大的差异，如何在新课程背景下，实施好基于研究性学习的教学模式，是一线教师必须面对的挑战。与此同时，在我国东部和中部的许多学校，信息化基础设施建设也已初具规模；如何充分、有效地利用以多媒体和网络技术为代表的信息技术的优势，对广大青少年学生在信息技术环境下的研究性学习进行正确的指导，已是当前社会的迫切需求，也是新一代教师的必备技能。

“研究性学习”教学模式通常包含以下五个教学环节：提出问题、分析问题、解决问题（通过深入的调查研究和广泛收集信息，形成解决问题的初步方案；通过小组的协作交流，进一步优化解决问题的方案）、实施方案、评价总结（包括形成性评价、总结性评价；自我总结、小组总结、教师总结）等。在实施上述各个环节的过程中，教师和学生的有关活动以及教学流程如图 5-4 所示。

B “研究性学习”教学模式的内涵与特征

如上所述，研究性学习是指这样一种学习方式：学生在教师指导下，从自然界或社会生活中选择某个真实问题作为专题去进行研究，要求学生在研究过程中主动地获取知识、并应用所学知识去解决选定的实际问题。

“学生在教师指导下”说明研究性学习是学校正常教学的组成部分，而不是学生自发的、个体的探究活动；教师应是学生进行研究性学习的组织者、指导者、促进者；学生是研究性学习的参与者并且是这一学习过程的主体。“从自然界或社会生活中选择某个真实问题作为专题”说明研究性学习的主题以及这种学习所涉及的内容和范畴。“进行研究”说明研究性学习的主要学习方式是结合实际的科学研究活动来进行学习——这意味着学习过程是探索与创造的过程，是学生运用已知、并突破已知去创新去发现的过程。“主动地获取知识，并应用所学

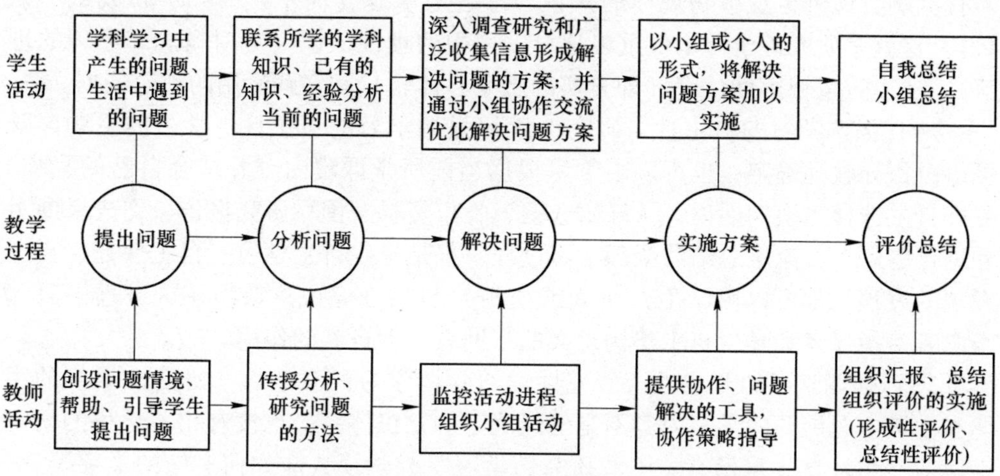

图 5-4 “研究性学习”教学模式框图

知识去解决选定的实际问题”说明实施研究性学习的目的是要让学生在科学研究的实践中、在解决实际问题的过程中去主动获取并掌握知识技能。换句话说，研究性学习的目的，不仅仅是让学生能够认识与理解所学的知识技能，而且要能够真正掌握——即能运用所学的知识技能去解决实际问题。

由以上对研究性学习内涵的分析可见，和其他的教学模式相比较，“研究性学习”教学模式具有以下几方面的特征：

（1）强调学习的研究性。研究性学习强调选择自然界和社会生活中的真实问题作为学习与研究的主题，即以问题或项目作为研究性学习的载体。学生的知识获得与能力培养，都是在对自然和社会的客观规律进行科学研究的过程中、在解决实际问题的探索过程中来完成。

（2）强调学习的实践性。研究性学习强调理论知识与自然界、与社会生活实际的紧密联系；强调学习与研究的主题必须具有实践性——即必须具有现实意义和实用价值。所以研究性学习特别关注环境问题、生态问题、人类与大自然和谐相处问题，特别关注社会现实问题、国际热点问题以及现代科学技术对人类生活和社会发展产生重大影响的问题。

（3）强调学习的体验性。研究性学习强调学生的学习过程、特别是学生在学习过程中的真实感受和亲身体验。之所以特别关注学生的真实感受和体验，是因为感性认识是人类全部认识的基础。按照马列主义认识论的观点，人类的一切认识都来源于感性认识；但感性认识应当提高到理性认识，并将理性认识再运用于革命实践，才能实现对客观事物（包括自然界和社会上的各种事物）的完整认识过程。即人类的认识必须完成三个阶段（感性认识、理性认识、革命实践）和两个飞跃（由感性认识→理性认识的飞跃、由理性认识→革命实践的飞跃），才有可能实现对客观事物规律的认识、理解与掌握（而不是一知半解或纸上谈兵）。这就是研究性学习不仅重视学习过程中的理性认识（如对概念、原理的理解），还十分重视感性认识（即真实的感受、体验）和实践运用的理论依据。

（4）强调学习的自主性。研究性学习强调学习的自主性。学习的主题，既可以由指导教师确定，也可以由学生根据当前所学课程内容并结合自己的兴趣、爱好自主选择。换句话说，从开始选题、收集资料、撰写研究报告、到成果展示和进行答辩、交流、总结的全部学习过程，都是学生自主学习、自主探究、自主发现的过程，都可以由学生（个人或小组）自主去完成；教师在这过程中只起组织者、指导者和学生自主建构意义的帮助者、促进者的作用。

（5）强调学习的开放性。研究性学习强调学习的开放性。研究性学习的主题和由该主题展开的学习内容不是已经确定的知识体系，也没有相关学科的研究性学习专用教材（虽然有关于“研究性学习”教学模式应如何实施的文字资料，但这主要是为教师提供教学参考，而不是供学生作为学习用的教材），研究性学习的主题和内容是来源于自然界和社会生活的真实问题，所以，如上所述，研究性学习特别关注社会现实问题、国际热点问题……显然，这些都是与时俱进的、不断更新的、涉及领域极为宽广的开放性问题。

由以上分析可见，研究性主要体现研究性学习在“学习目的”方面的特征——对知识、技能的学习，不仅要能从原理、概念上认识与理解，而且要能够真正掌握，即能运用所学的知识技能去解决自然和社会中的真实问题，为此，就必须在科学研究的过程中（即解决真实问题的过程中）来进行学习；体验性主要反映研究性学习在“认知”方面的特征——不仅重视理性认识，也要重视感性认识，只有完成上述“三个阶段、两个飞跃”的完整认识过程（即认知过程），才有可能全面而深刻地认识并掌握客观事物的规律；自主性则体现出研究性学习在“学习方式”上的特征；而从研究性学习在“学习内容”方面的特征看，则主要体现在实践性与开放性上面。

C　“研究性学习”教学模式的实施步骤

这种教学模式通常包含下面五个实施步骤：

（1）提出问题。在此环节中，教师通过创设问题情境激发学生学习与研究的兴趣，并由此引出当前研究性学习的主题——自然界或社会生活中有待解决的某个真实问题。在刚开始进行研究性学习（学生们对研究性学习还知之甚少）的初始阶段，用这种方式由教师向学生提出问题，从而为当前的研究性学习确定主题是比较恰当的。随着研究性学习的开展，学生们对研究性学习的了解逐步增多，教师就要帮助学生学会由自己提出问题——通过仔细观察、认真思考、深入挖掘让学生自己学会从自然界或社会生活中去发现问题，然后在此基础上进一步筛选，再从中提出比较有意义、有价值的真实问题作为当前研究性学习的主题

(实施这一步骤的关键是要善于观察和认真思考)。

(2) 分析问题。在此环节中，教师应该首先向学生介绍分析问题的方法（例如，由表及里、由浅入深、由近及远、透过现象看本质、突出重点抓主要矛盾、运用逆向思维、换位思考、用两点论而非一点论看问题、既看到事物的正面也看到反面，既看到有利因素又看到不利因素等）；然后再根据问题的性质和研究的需要教给学生相关的研究方法（如问卷调查法、访谈法、文献调研法、案例收集法、实验法、行动研究法、数据统计分析法等）；并对研究性学习的策略给出建议和指导。学生运用上述各种分析问题方法，联系目前所学的学科知识和过去已有的知识与经验，深入分析当前的问题，确定该问题的基本性质及解决该问题的关键所在。由于研究性学习的对象是自然界或社会生活中的真实问题，一般都比较复杂，所以还应设法把它分解为若干个相对简单的子问题（子任务），并要确定各个子问题的基本性质以及解决该子问题的关键。此环节的成果以学习者将研究问题分解为若干项子任务来体现（实施这一步骤的关键是要能掌握分析问题的方法）。

(3) 解决问题。这一步骤通常包括两个子环节：提出解决问题的初步方案和优化解决问题的方案。解决问题方案的主要内容涉及两个方面：一是要阐明“是什么问题”（问题的基本性质、解决这个问题的关键点，即要害在哪里?)，二是要讲清楚“如何解决这个问题”。如上所述，一般都要先把它分解为若干个子问题，然后再为每一个子问题给出可行的解决方案；而要能够找到有效的解决方案，除了需要学习有关的知识与技能以外，还必须进行广泛、深入的调查研究（除了上网搜集有关资料以外，还应通过个别访谈、问卷调查、实际测量等多种其他手段来获取相关的信息与资料)，并且还要掌握科学的研究方法。研究性学习中的研究主体，可以是学习者个人，也可以是学习小组。如果研究主体是学习者个人，前一个子环节（提出解决问题的初步方案）由学习者个人在深入分析问题的基础上自主完成；后一个子环节（优化解决问题方案）由学习小组集体完成——以学习小组活动形式对本组内各成员（即学习者个人）所提出的解决问题的初步方案，从科学性、有效性、可行性等几个方面进行审核，提出修改意见，使之逐步完善并优化。如果研究主体是学习小组，则前一个环节（提出解决问题的初步方案）由各个学习小组在深入分析问题的基础上集体完成；后一个环节由全班来共同完成——以全班讨论形式对本班内各个学习小组所提出的解决问题的初步方案，从科学性、有效性、可行性等几个方面进行审核，提出修改意见，使之逐步完善并优化。学习小组活动可由小组长主持，全班性活动可由班长或临时推举的代表主持。

不管研究主体是个人还是学习小组，教师在解决问题过程中的主要活动都是协助组织好（各学习小组或全班的）讨论交流活动——监控讨论交流活动的内容、进度、效果，对需要帮助的小组或个人及时提供资源、技术、方法等方面的指导，而不应越俎代庖（实施这一步骤的关键是要能掌握相关的研究方法并组织好小组或全班的讨论交流活动，使解决问题方案真正得到优化）。

（4）实施解决问题方案。如果研究主体是学习者个人，这一步骤就完全由学习者个人去实施；如果研究主体是学习小组，则实施方案这一步骤就要由学习小组集体来完成。为了少走弯路、减少人力、物力和时间的浪费，不论研究主体是个人还是小组，在实施解决问题方案的过程中，都应注意做好形成性评价，随时收集反馈信息，经常进行反思；对解决问题方案，在可能的情况下可以作必要的修正或调整，以免大返工甚至重起炉灶。在学生实施方案过程中（不论是个人实施还是小组实施），教师的主要活动都是为学生提供自主探究工具、问题解决工具和协作交流工具等支持；与此同时，教师还要给予学生有关问题解决方法与协作学习策略等方面的指导（对于研究主体是学习者个人的场合，也不排除、甚至还提倡学习者个人和其他学习者之间的协作与交流），目的是使研究性学习能更有效地开展，从而达到更为理想的学习效果（实施这一步骤的关键是要做好形成性评价，注意收集反馈信息，并在可能情况下对解决问题方案作适当调整）。

（5）总结提高。研究性学习中的总结包括个人自我总结、小组总结和教师总结。而且小组总结应在个人自我总结基础上进行，教师总结又要在个人总结和小组总结的基础上进行。个人自我总结和小组总结都应将研究成果的汇报、展示与书面总结相结合（研究成果可能是调研报告、重要数据的统计分析、某种应用软件、某种仪器设备、某种产品的原型、某种解决问题方案等）。总结内容应包括该项研究的背景（国内外的研究现状）、意义、目标、主要研究内容、主要研究成果与创新点以及努力方向（或不足之处）等。教师的总结不是要取代学生个人的或小组的总结，而是要帮助他们把自己原来的总结做得更全面、更深入；特别是要帮助他们把对客观事物的认识由感性上升到理性，使他们对科学概念与原理的认识和理解由片面、零碎、局部过渡到全面、系统、完整，尽量使每一个学生都能做到不仅知其然，而且知其所以然（实施这一步骤的关键是首先做好个人自我总结和小组总结，与此同时，也不应忽视教师在这方面的促进与提升作用）。

D　“研究性学习”教学模式的实施案例

初中一年级实施案例——寻找身边的历史

准备阶段：此阶段的任务是明确研究活动的目标并进行分组。教师先向学生展示研究活动的目标、主题以及研究活动的内容、方式，使学生有所了解。然后根据协作学习方式，将全班同学按自由组合原则分组并选出小组长。教师根据分组情况对各小组人员作适当的合理调配，小组内各成员再根据自己的特长、兴趣及研究活动要求进行具体分工，并确定研究活动的实施计划。

实施阶段：此阶段的任务包括选定考察对象、实地考察、资料收集、撰写考察报告和收获体会四项。选定考察对象，是根据少数服从多数原则，通过小组讨论，选定本小组最感兴趣的考察对象并确定考察日期，然后将考察对象和考察日期上报指导教师，再由教师根据实际情况进行调配，以避免项目重复；实地考察，要求各小组利用双休日进行，并要带上摄录器材对所考察的文物古迹进行现场拍摄，或对有关人员进行录音，以便作为研究资料；资料收集，要求各小组针对本组的考察对象，通过去图书馆或上网等方式收集相关资料，并对资料进行整理，资料收集完毕以后指导教师应进行检查，资料不足的小组要进行补充；撰写考察报告和收获体会，要求各小组根据考察情况和收集的有关资料写出一篇报告，报告内容包括考察对象的历史和现状、对这种历史和现状的看法与见解，以及对如何宣传、保护历史文物古迹所提出的建设性意见。此外，还要求小组成员根据自己在研究过程中所负责的工作和所遇到的问题写出自己的收获体会。

总结阶段：此阶段研究包括活动评比和研究成果展示两项。活动评比由各小组根据组员在本次研究性学习过程中的表现评选出最佳组员，再由指导教师根据各组活动开展情况选出最佳组长，并根据各组撰写的考察报告内容、质量从中选出优秀考察报告；然后举办“寻找身边的历史”研究活动成果展示会，由各小组自行设计成果展示方式——可以用多媒体课件、历史剧表演、文物制作或景区导游等不同方式将本小组的考察研究成果生动地展示出来。

“寻找身边的历史”是按新课标要求、在新教学理念指导下为初中一年级设计的研究性学习课程。通过让学生选择自己感兴趣的文物古迹进行实地调查研究，使学生体验在研究过程中学习历史的乐趣。本案例的教学目标涉及以下三个方面：（1）让学生了解身边发生过的历史事件，包括文物、古迹、古物、古建筑等方面的历史事实以及相关的知识；（2）让学生通过研究活动体验并掌握自主学习方式与协作学习方式，逐渐学会学习历史的基本技能和方法，包括学会表述历史和提高关于历史的思维能力；（3）提高学生对学习历史的兴趣，加深学生对自己家乡悠久历史文化的了解，培养热爱家乡的情感和形成保护文物古迹的意识。

将历史内容与身边的实际生活相联系、在研究活动中让学生体验历史的亲切与厚重、在研究活动中让学生学会人际交往学会与人合作、在研究活动中锻炼学生分析问题解决问题的能力，是《寻找身边的历史》这一课的四大显著特点。

在活动过程中，学生们可以切实地感受到所学习历史知识在实际生活中、在他们的身边都能寻找到相应的踪迹。这种潜移默化的影响，拉近了知识与生活之间的距离，这对于提高学生的学习兴趣和积极性大有益处。学生真正地走入了自己身边的历史，对当地的各种历史遗址、历史文物、人文风俗现象进行了较全面深入的了解。历史的印记是学生自己亲自观察到的，历史的亲切与厚重是学生自己亲身感受和体会出来的；学生是此次研究性学习活动的主体，相关知识的学习过程是学生自己主动建构知识意义的过程。

此次研究性学习活动的开展，是以小组的方式进行。在整个研究性学习过程中（从一开始到最终的小组汇报），都需要全体小组成员的通力合作，才能取得预期的学习成果。因此通过这种研究性学习，学生不仅较好地了解并掌握了有关的知识，还能在小组协作过程中学会人际交往以及与他人合作的能力。

在开展此次研究性学习活动过程中，要求学生既要考察本组选题的相关内容，又要完成相关资料的收集和进行成果的展示与汇报。通过这一系列活动，不仅有效地提高了学生的自主学习、自主探究的能力，改进了学生的学习技能与学习方法，还促使学生形成更积极主动的学习态度和研究过程中较强的参与意识。

5.4.2.2　“WebQuest”教学模式

WebQuest是西方（特别是美国）实施信息技术与课程融合的主要模式（一种有效的课外融合模式）。但是从下面有关WebQuest产生背景、内涵、特征与实施步骤的介绍可以看到，从严格的意义上讲，WebQuest本身并不是一种教学模式，它只是用于实现“研究性学习”教学模式的一种教学设计流程模板。所以，在下面我们并没有把WebQuest作为一种独立的教学模式来看待，而是把它看作是“研究性学习”教学模式的某种扩展与补充——在设计流程与实施方式上对“研究性学习”教学模式所做的扩展与补充。

A　WebQuest模式的产生背景

WebQuest教学模式由美国圣地亚哥州立大学伯尼·道奇（Bernie Dodge）和汤姆·马奇于1995年提出。在英语中，“Web”是指“网络”，“Quest”是指“寻求”“探究”，组成“WebQuest”以后，可以理解为“基于网络的探究性活动”（大致相当于“研究性学习”活动）。这种教学模式可以有效激发学生到网上去查找相关资料并在此基础上开展自主探究活动的积极性。对于WebQuest的产生背景，伯尼·道奇教授用下面这段简洁的语言作出了准确的表述：

“美国的权威教育研究机构总结了全美对人类学习的研究，发现教育研究并没有做出人类学习方面的关键性的发现。在研究的过程中，大量的情境被剥离了，人工的成分很多，获得的研究结果对学校教育很难有切实的指导作用。……真实的学校环境极其复杂难于控制，教学实验充满开放性和不确定性，往往存在多种合理解释，这就给研究结果的应用造成了很大困难。……和学生学习需要支架一样，教师的教学设计能力的发展同样需要支架。在WebQuest中，我们给教师们提供了固定的结构、大量的规则和指导，教师们不需要从头开始设计，操作性强，容易去做。我想这是众多教师选择 WebQuest 的原因”——这也正是伯尼·道奇等人研究 WebQuest 的初衷与背景。

B WebQuest 模式的内涵与特征

WebQuest 创始人伯尼·道奇等人为 WebQuest 给出的定义为：一种以探究为取向、利用因特网资源的课程单元教学活动，在这种活动中，学生使用的全部或大部分信息都是从网上获得的。在这类课程计划中，呈现给学生的是一个特定的假想情景或者一项任务（通常是一个需要解决的问题或者一个需要完成的项目）；课程计划中为学生提供了一些网上的信息资源，要求学生通过对信息的分析与综合来得出创造性的解决方案。为了便于开展这种教学活动，WebQuest 还要为教师提供了固定的设计模板和有关的规则及指导，使教师们不需要从头学习设计，因而操作性强，容易实施。

由以上定义可以看到 WebQuest 的内涵具有以下三个方面的特征：第一，WebQuest 的主题（这类课程计划的主题）是“一个需要解决的问题或者一个需要完成的项目”，即现实生活中的真实任务；这点和“研究性学习”教学模式从自然界或社会生活中选择某个真实问题作为专题去进行研究是完全一致的。第二，在 WebQuest 这种活动中，“学生使用的全部或大部分信息都是从网上获得的”，所以 WebQuest 能有效激发学生上网查找相关资料的积极性，这也是 WebQuest 模式的主要特征之一（而“研究性学习”过程中所需要的各种信息资源却绝不仅仅限于因特网，还要包括通过个别访谈、问卷调查、实际测量等多种其他研究方法与手段所获得的相关资料。正是这个缘故，一般说来，“研究性学习”教学模式在教学上所能达到的深度与广度要比 WebQuest 模式更胜一筹）。第三，由于 WebQuest 为教师提供有固定结构的教学设计流程模板和一系列的指导信息，这就相当于为一线教师提供了一种便于掌握、运用教学设计新理念的脚手架，从而使广大教师易于上手、易于实施。

C WebQuest 模式的实施步骤

伯尼·道奇认为 WebQuest 的实施应包含下面七个步骤：

（1）设计一个合适的课程单元。设计一个 WebQuest 的课程单元是要费一番思考的，在设计这样的课程单元时需要考虑四个方面：要与课程标准一致、能取代原来令人不满意的课、能有效地利用网络、能促进学生更深层次的理解。为便于进行这四方面的考虑，可参照如图 5-5 所示的设计流程。

（2）选择一个能促进高级认知发展的任务。按照伯尼·道奇的观点，促进高级认知发展的任务可以划分为：复述、汇编、神秘性任务、编写新闻、设计、创造性作品、达成一致、劝说、认识自我、分析、判断和科学任务等 12 种类型。任务是 WebQuest 模式中最重要的组成要素之一，它为学生的学习、研究活动提

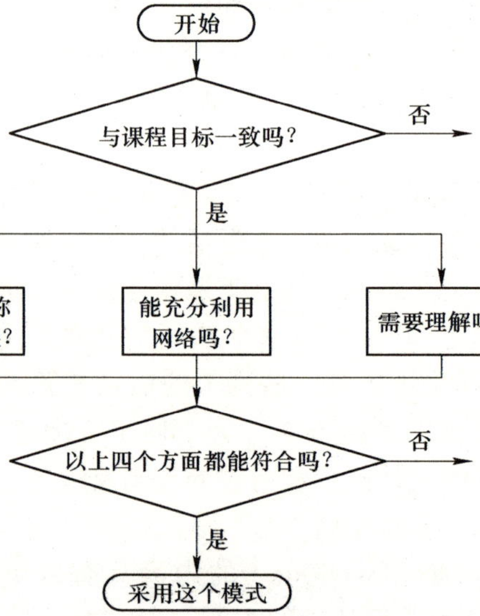

图 5-5 WebQuest 课程单元的设计流程

供了基础。一个好的任务是可操作的、具有吸引力的，并能激发学生的深入思考，而不是死记硬背。为学生制定任务有一些可供参考、借鉴的做法，见表 5-2。

表 5-2 能促进高级认知发展的任务建议

任务类型	任务描述
复述	要求学生获取某种信息，并通过一定的方式表明自己理解了这一信息。学生可采用的复述方式有 PPT、网页、海报、简短的报告等
汇编	让学生从原始资料中收集某类信息后，还要求进行汇编——以一定的形式、结构把这些信息组织起来。学生的成果可以上载到因特网，也可用非数字化的形式展示。通过汇编可以让学生在熟悉材料的同时对相关材料进行选择，并弄清楚之所以做这种选择的根据所在
神秘性任务	对有神秘感的东西人人都会感兴趣，所以有时候激发学生兴趣的最好方式是将学习的主题隐含于一个谜语或侦探故事中。这种方法在小学阶段很有效，并且也可以用于成人学习者
撰写新闻	让学生充当新闻记者，要求他们将搜集到的信息以新闻或特写的形式表达出来。要求学生在表达时应注重真实性和准确性
设计	让学生提出完成某件事或实施某项任务的具体计划
创造性作品	对创造性作品的要求，就是让学生用论文、故事、诗歌或绘画的形式将自己学习和研究过程中的收获、体会展示出来。对这种任务的评价应着重于创造性水平和自我表达水平这两个方面

续表 5-2

任务类型	任 务 描 述
达成共识	人们因价值观、世界观的不同而往往导致意见、观点不一致。让学生了解人与人之间在意见、观点上经常会有分歧，并尝试去解决这种分歧是非常重要的。达成共识的任务就是要培养学生这一方面的能力。这一任务的核心是要让学生能清楚地表达出自己的观点，进行深入的思考，并能包容别人的观点
劝说	在社会生活中，总是会有人与你的意见不一致，而有时别人的观点又是错误的，这就需要耐心劝说，所以培养学生的劝说技能很重要。“劝说”的情景可以这样创设：出席听讼、审讯或辩论会以搜集自己并不同意的观点，然后以信件、评论、通讯、海报、录像等方式去改变他人的观点
认识自我	有时 WebQuest 也可以用于促进对自我的了解与认识。这种了解与认识可以通过教师指导下的基于网络资源的在线或离线探索来得到。但这类例子目前还较少。一个典型的例子是思考“我长大了做什么?”学生借助网络资源认真分析自身的长处和自己想要追求的目标，然后制定一个实现自己理想的计划
分析	了解事物的基本性质以及事物之间的相互联系是一种重要的认识能力。分析任务就是要发展学生的这种能力。在这一任务中，要求学生密切关注一件或多件事情，分析每件事情的性质、特点，找出它们之间的共性与个性，以及这些共性与个性说明了什么问题。为此，学生可能还要找出变量之间的因果关系并讨论其含义
判断	解决问题的前提是要能够作出正确的判断——对各种不同事物进行辨别、对事物的某种性质进行判定、对所处境遇作出决策、对面临问题确定处理或解决的方案等，都是不同情况下要求作出“判断”的表现形式。可见对判断力的培养极为重要。判断任务要求学生能够按照一定的评价指标，对给定的对象进行排序、打分或在一定的范围内作出选择（评价指标应简明扼要）
科学任务	科学导致人类的文明与进步。科学已渗透到我们社会生活的每一个角落。培养青少年热爱科学，使他们逐步具有科学意识、了解科学方法、认识科学的作用至关重要。网络可以把历史上的科技发明和最新的科研资料呈现在学生面前，还可以让学生在网上做一些虚拟实验，因而有可能通过设计若干基于网络的科学任务来完成对青少年的上述培养目标

（3）开始网页设计。为便于教师设计网页，自 1995 年开始 WebQuest 即向广大教师提供设计模板，为使用该模板可以从 WebQuest 网站（http://www.spa3.k12.sc.us/WebQuests.html）下载。这种设计模板具有以下特点：包含 WebQuest 的基本结构，模板的每一部分都给出帮助你设计 WebQuest 的具体策略。例如，第一步是草拟任务和标题，并写出一份能引起学习者兴趣的引言。

（4）形成评价。传统的测评方式难以胜任对复杂任务（特别是像 WebQuest 那样需要多维评价的任务）完成情况的评价。在评价的设计环节中，教师应写出评价指标，这有助于理清思路，同时在考虑评价指标时还有可能对任务作进一步修改。

WebQuest模板提供的评价文件为教师列出了一些评价指标，参照这些指标教师需完成三个环节的工作：一是提出若干评价的维度（这是区别于传统评价的重要方面），通过提出这些评价维度，教师可清晰地表达出自己的期望，并使自己对学生行为的反馈更为有效。二是选择合理的评价维度，上一环节可能提出了一些并不一定需要的评价维度，这一环节则是要去掉那些并不合适的指标（究竟多少指标才是合适的，没有一个定量的标准；不过，可以肯定的是，如果是诊断性或形成性评价则评价的维度应该多一些，如果是总结性评价，则维度可以少一些）。三是给出评价标准，这是形成评价的最后一项工作。

（5）制定学习活动过程。有一系列因素会影响学生的学习活动。表5-3所示的学习过程检验表可以帮助教师制定出最适合学生进行学习的活动过程。该检验表既考虑了学习者自主学习和与他人合作学习的经验，也考虑了学习主题的可争论性与多面性。

表5-3　学习过程检验表

（回答下列问题，并检验这些问题在你方案中的呈现情况）

如　果	那　么
在你所选择的主题中存在某种冲突，并且能通过网络或资料找到解决方法	分配角色，帮助学习者找到有助于他们理解和内化观点的材料
有一些专家对你所提出的问题持有不同见解	就让学生扮演这些专家角色
学习者善于合作	尝试让学生自己分配角色，而不是预先帮他们分配好
问题有一定的复杂性，并且是学习者所不熟悉的	给学习者提供一定的资料，让他们对这一问题的认识与看法有一个共同的起点
学习者有独立工作的经验——只要能找到合适的资料就能自己解决问题	给学习者提供相关的资源
某个子任务并不为所有学习者所熟悉	提供完成该子任务的必要指导
学习者能在意见不一的情况下进行协商，并最终达成一致	将班级成员分成若干组（各组内都包含有不同观点的成员），进行协商式讨论，教师则在各组内巡视，以提供必要的帮助
你们班的学生在没有教师的帮助下，不能在意见不一的情况下达成一致	将班级成员分成若干小组（各组内只包含相同观点成员），每组汇报一种观点，让全班学生一起讨论，然后在教师的指导下完成对不同意见的综合

（6）以文字形式记下所有活动内容以供别人借鉴。

（7）检查并改进。

除了伯尼·道奇提出的、包含上述7个实施步骤的WebQuest模式以外，在多年实际推广应用WebQuest的过程中，还形成了其他一些实施步骤或实施环节略有不同的WebQuest模式，例如，包含引言、任务、过程、资源、评价、总结等6个步骤的WebQuest模式，或者包含引言、任务、过程、评价、结论等5个环节的WebQuest模式。下节介绍的实施案例就属于5个环节的这一种。

D WebQuest模式的实施案例

一个完整的WebQuest模式应包括简明扼要的介绍（引言）、能激发学习兴趣且具有挑战性的任务、实施任务过程的具体描述（包括所需要的学习资源）以及评价与结论等5个环节（有时也把学习资源这部分单独列出，这样的WebQuest模式就有6个环节）。在任务实施过程的具体描述中，教师应为学生提供组织信息的指导信息。

从图5-6所示的网站首页面截图可以看出，《多利》WebQuest的课程单元选择世界上第一只克隆羊“多利”——紧紧抓住了科技前沿，极具探究性，且探究的问题对学生很有吸引力。这样的WebQuest模式是如何展开的？教师应如何切入探究的主题？又应怎样将学生的探究活动引向深入？这里只将该WebQuest的基本内容按所包含的五个环节作简要介绍。

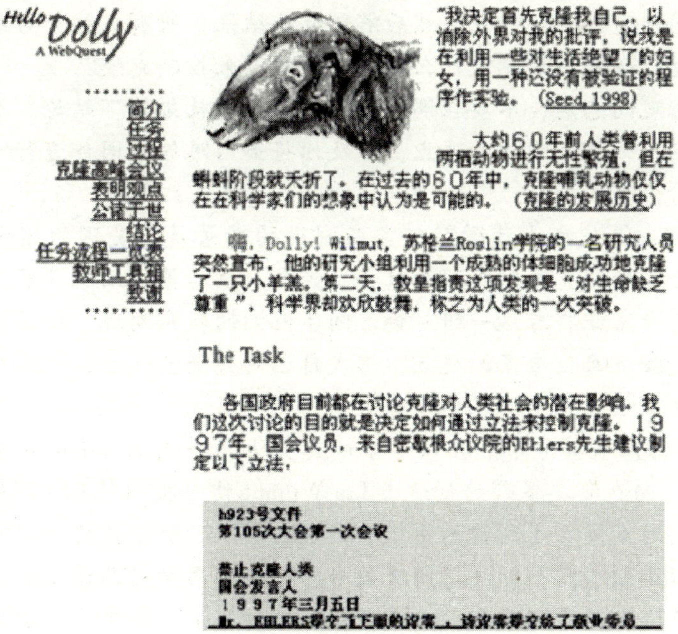

图5-6 网站首页面截图

（1）简介：“我决定首先克隆我自己，以消除外界对我的批评，说我是在利用一些对生活绝望了的妇女，用一种还没有被验证的程序作实验。”（点击查看：Seed，1998 的言论）大约 60 年前人类曾利用两栖动物进行无性繁殖，但在蝌蚪阶段就夭折了。在过去的 60 年中，克隆哺乳动物仅仅在科学家们的想象中认为是可能的（点击查看：克隆的发展历史）。嗨，Dolly！Wilmut，苏格兰 Roslin 学院的一名研究人员突然宣布，他的研究小组利用一个成熟的体细胞成功地克隆了一只小羊羔。第二天，教皇指责这项发现是“对生命缺乏尊重”，科学界却欢欣鼓舞，称之为人类的一次突破。

（2）任务：各国政府目前都在讨论克隆对人类社会的潜在影响。我们这次基于 WebQuest 的讨论目的就是决定如何通过立法来控制克隆。1997 年，美国国会议员，来自密歇根州的 Ehlers 先生建议立法，制定“禁止克隆人类法案”，其中包括“任何人利用人体细胞进行人类的克隆都是违法的”“任何人违反都将受到不超过 5000 美元的罚款处罚”等条目，该法案在 1997 年 3 月 5 日由美国的参议院和众议院联合制定并通过。

Ehlers 先生的提案虽然只是针对人类的克隆，这种禁止活动也不难做到，但是很可能最终被证明是一种目光短浅的做法。在 21 世纪，克隆技术的研究将对人类社会产生意义深远的影响，这种影响涉及全球饥荒、动物权益、土地贫瘠、疾病治疗、科学研究、人口过剩等许多方面。

参与本项目的学习者的任务是提出问题，获得最新信息，分析资料的正确性，和你的同伴达成一致意见，然后解释最终结果。所有这些努力都是为了回答一个基本问题：政府应该制定什么样的方针政策来控制克隆？

要保持客观的态度，不要在调查研究结束之前就匆忙下结论。本系统将对你如何处理信息、如何阐明你的观点，以及你将如何跟你的同伴进行有效的交流与合作进行评价。

（3）过程：为完成上述学习任务而创设的情景是，美国的国会正在召开一个专家研讨会，研究克隆对美国的社会、经济、政治等方面所具有的广泛意义及影响；每一个专家组将在这一研讨会上阐述他们的研究发现。学习者组成的学习小组的职责是倾听每位专家的观点，形成自己对克隆的认识，然后对已通过的禁止克隆人类法案作出评价。具体步骤如下：

步骤 1：访问有关专家。在该专家研讨会上，首先由 Salon 杂志的执行编辑 Andrew Ross，向克隆羊多莉的创造者 Ian Wilmut 博士提出了几个问题，这些问题主要涉及人们对克隆人类所抱的希望和产生的恐惧。听了这样的提问以后，要求你和你的学习小组成员一起去访问有关专家——利用面对面谈话的方式向专家表达出：对于克隆人类人们存在的三个希望和三种恐惧；要事先草拟好你们小组准备向专家提出的三个问题。需要了解的机构和人物见表 5-4。

表 5-4 需要了解的机构和人物

	美国农业部	一个专家组，将关注克隆对国家的食品供应带来的好处
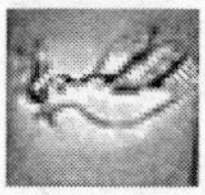	技术和伦理协会	不同意识形态的技术专家组成的国际组织
	美国参议员	召集一些著名的参议员共同分析禁止克隆人类法案
	动物之友协会	一个全国性的民间组织，旨在呼吁人类善待动物
	Roslin 学院研究小组	克隆多利羊的科学家小组，他们的作用是负责解释有关克隆的一些学术问题
	生物医学道德研究机构	研究物医学道德方面的教授、学者
	克隆技术公司	SanDiego 生物技术公司，目前已经拥有涉及克隆人体器官在内的几项克隆技术专利
	CLN 药学公司	负责利用克隆技术促进制药发展的公司，以及最初为克隆多利实验作出主要贡献的人员

步骤 2：分组扮演角色。尝试从不同的角度来看克隆——每种角度都有自己的观点，并对克隆产生的复杂问题都有自己独特的解决方案。每一个学习小组都被指定一个角色，要使所有小组成员都完全理解本组所扮演的角色。打开下面的卷宗，在浏览完每一个角色的职责之后，进入你们小组被指定扮演的角色，这时每一个学习小组成员都应清楚地了解本组的职责。然后各小组开始探索。

步骤 3：参加“讨论禁止克隆人类法案”高峰会议这项活动内容是各小组成员共享大家获得的有关克隆的知识。

演示者的任务：你已经成为你所代表的角色方面的专家，参加克隆峰会的人需要了解你对克隆的观点。给你们十分钟的时间解释怎样把提交的禁止克隆人类法案扩展到其他方面还是维持原状，你必须说明你的理由。你所用的图片、视频及音频片段以及对研究报告的引用都只能用来增强你的陈述效果。你们的任务就是要积极有效地阐述你们的观点，如果你们选择使用 PPT，那么应该确保你们的 PPT 演示能顺利进行，如果你们不使用 PPT，那么应该制作一个论文展示板，或者使用录像带（你们可以浏览一下可能的得分标准，它描述了如何制作一个出色的演示，一定要有新的创意）。

听众的职责：每个学习小组中除了有一名代表去执行演示任务以外，其他成员是作为听众与会。作为克隆峰会的一名听众，你的任务是仔细倾听每个人的陈述，你将要被邀请参加会议的一个小组委员会，该委员会将决定政府应采取怎样的措施。所以你要一边倾听别人的观点，一边记下别人提出的一些关键问题，并列出你扮演的角色将会支持和反对的观点。

步骤 4：达成一致意见。所建立的小组委员会要向政府建议下一步应该采取怎样的措施。这样的委员会应由各方面的专家组成，所以达成一致的意见并不是很容易的事情。有益于克隆研究的事并不一定有益于保障动物权益或宗教信仰。你们必须进行争论，努力说服别人；通过协商、共同出谋划策制定一个行动计划。你们可能不会一致同意陈述行动计划的某种方式，但是你们必须形成共同的行动计划；你们可能会发现为了找到一致同意的共同行动计划，你必须同意自己原来并不同意的观点。这样，一个“通过协商达成一致意见”的活动就完成了。你们的意见获得大多数人的同意以后，就可把你的报告粘贴到在线讨论板的正确位置上。

步骤 5：把观点公诸于世。最后一个任务是将你们委员会要向政府建议的报告公诸于众，这将使你有机会得到社会上专家的反馈（该专家不是参与当前 WebQuest 学习活动的成员）。

为了能将报告公诸于众，首先要找到一个联系地址。这可能是你研究资料中的一个 email 地址，或者你可以到网上去查找一个地址，你们小组的成员也有可能想把你们的建议发送到政府机构去。在后面这种情况下，你们可以通过适当的链接找到所需的 e-mail 地址，然后给白宫写信、给一位美国参议员写信、或给一位众议院议员写信。

在发出这种电子邮件之前，要先为你的 e-mail 写一份情况说明，该情况说明应为你的联系对象提供相关的背景知识——他们理解你们的建议时需要这些背景知识；而且一定要告诉你的联系对象你很需要他的反馈；然后再把你们的报告粘贴在信中或者是把你们的报告作为一个附件发送出去。

在发出上述电子邮件之前，还应保证你们小组的所有成员都仔细阅读过该邮件的内容。

在发送上述电子邮件时，一定要把它复制一份给指导教师，这样教师就可得到一份你们作品的拷贝。

(4) 评价：先由每个学习者对参与此次围绕克隆主题的 WebQuest 学习活动作出个人评价（评价内容包括主题的选取、任务的制定是否有意义、有价值？这样的主题和任务能否调动学习者的积极性、主动性？对完成任务步骤的划分与设计是否恰当、有效？等等），然后进行小组评价，最后再由教师评价。

(5) 结论：克隆可能是20世纪末最重大的一个科学发现，它的深远影响将会在21世纪感受到。

"大多数的人类历史事件都要经历三个成长阶段，首先是恐惧和痛恨，第二阶段是有所容忍、接受，还具有一定的被动性，第三阶段则是热情认可。"(Dr. RichardSeed)

通过围绕克隆主题的 WebQuest 学习活动，应有助于我们的学生形成对待克隆这一新生事物的正确认识与态度，然后再把这种正确认识与态度公诸于世，将会产生更为良好的社会影响。

E "WebQuest" 模式与"研究性学习"模式的比较

如前所述，WebQuest 是西方（特别是美国）有效实施信息技术与课程融合的一种课外融合模式。但是从伯尼·道奇（Bernie Dodge）当初研发 WebQuest 的本意或是从严格的意义上讲，WebQuest 本身并不是一种教学模式，而是用于实现"基于网络的探究性活动"（大致相当于"研究性学习"活动）的一种教学设计流程模板。所以，在 WebQuest 和"研究性学习"模式之间既有密切的联系又有一定的区别。

a 二者的"共性"

"WebQuest" 模式与"研究性学习"模式二者之间的共同点，大致表现在以下几方面：

(1) 学习的主题类似。如前所述，"研究性学习"是要从自然界或社会生活中选择某个真实问题作为专题（即学习主题）去进行研究，要求学生在研究过程中主动地获取知识，并要应用所学知识去解决选定的真实问题；而 WebQuest 的主题（这类课程计划的主题）则是"一个需要解决的问题或者一个需要完成的项目"，这里的"问题或项目"即现实生活中的真实任务，所以和"研究性学习"模式从自然界或社会生活中选择某个真实问题作为学习主题是完全一致的。

(2) 学习的宗旨及目标相同。"研究性学习"要求学生在围绕主题进行研究的过程中，主动地获取知识，并要应用所学知识去解决选定的真实问题，即不仅要能理解所学的知识，而且还要能够运用所学的知识去解决实际问题；WebQuest 则要求学生通过对网上信息资源的分析、综合形成所面临问题或项目（即真实任务）的解决方案，并通过自主探究或小组合作方式加以实施。显然，这两种模式的宗旨都是要通过研究解决实际问题来学习，并且学习所追求的最终目标也是一样的——不仅要能理解所学的知识，还要能够运用所学的知识去解决实际问题。这样的学习宗旨及学习目标正是“WebQuest”模式与“研究性学习”模式的最本质特征，也是这两种模式与其他所有教学模式的最大不同之处。其他所有教学模式，尤其是传统教学模式主要是围绕某个学科的若干知识点（而不是现实生活中的真实问题）来学习；所追求的学习目标也往往停留在对事物的认知和对知识的理解上，而没有强调对知识的掌握与运用——事实上，只有能够运用所学知识去解决实际问题，才谈得上对所学知识的真正理解与掌握，否则，只是纸上谈兵而已。

(3) 都具有长周期与短周期两种实施方式。“研究性学习”的主题如果是涉及多个学科的真实问题，则实施过程要花较长的时间（例如 1~2 个月，甚至更长），即属于长周期方式；若是只涉及单个学科的真实问题则实施过程可以较短（例如 1~2 个星期，或几天），即属于短周期方式。WebQuest 与此类似，根据其研究主题所面临真实任务的大小的也有长周期和短周期两种实施方式：长周期一般需要 1 星期以上，甚至 1~2 个月；而短周期只需要几个课时。

b　二者的“区别”

“WebQuest”模式与“研究性学习”模式二者之间的差异，可以归纳为下面三点：

(1) 对两种模式的本质学术界在认识上有较大差异。如 WebQuest 的创始人伯尼·道奇所言：“和学生学习需要支架一样，教师的教学设计能力的发展同样需要支架。在 WebQuest 中，我们给教师们提供了固定的结构、大量的规则和指导，教师们不需要从头开始设计，操作性强，容易去做。我想这是众多教师选择 WebQuest 的原因”。由这段话不难明白，在 WebQuest 创始人的心目中，WebQuest 的本质就是要为教师提供一种便于操作的教学设计流程模板；再结合“WebQuest”的含义是“基于网络的探究性活动”（大致相当于“研究性学习”活动），我们就可以很清楚地看到，这种教学设计流程模板并非通用的，而是专门用于网络环境下进行探究性学习活动（大致相当于“研究性学习”活动）的教学设计流程模板，换句话说，为教师提供一种便于操作的、可用于实施“研究性学习”模式的教学设计流程模板是 WebQuest 的本质（至少在 WebQuest 创始人的心目中是如此认定的）。

而“研究性学习”模式的本质则与此完全不同。在第 5.4.2.1 节中曾指出：“研究性学习”具有五个方面的基本特征（研究性、实践性、体验性、自主性、开放性），并特别强调其中的体验性。其中十分明确地表明，“研究性学习”教学模式的本质是要让学校教学过程实现包含“三个阶段”和“两个飞跃”的人类完整认识过程——即既要重视理性认识也要十分重视感性认识和实践运用。

（2）两种模式的组成要素几乎完全不同。伯尼·道奇认为 WebQuest 模式一般应由七个要素或环节组成，这七个组成要素或环节是："设计一个合适的课程单元"（简称"引言"）"选择一个能促进高级认知发展的任务"（简称"任务"）"开始网页设计""形成评价""制定学习活动过程""以文字形式记下所有活动内容以供别人借鉴""检查并改进"。除了伯尼·道奇提出的、包含上述七个要素或环节的 WebQuest 模式以外，在多年实际推广应用 WebQuest 的过程中，还形成了包含其他一些组成要素或实施环节的 WebQuest 模式（例如，包含引言、任务、过程、资源、评价、总结等六个要素或环节的 WebQuest 模式，以及包含引言、任务、过程、评价、结论等五个要素或环节的 WebQuest 模式）。不管是七要素模式还是六要素五要素模式，其实施内容都大同小异，并无明显的差别。

而研究性学习模式的组成要素则与此有很大的不同。如第 5.4.2.1 节所述，"研究性学习"模式的组成要素（即相应的实施环节）由"提出问题""分析问题""解决问题""实施解决问题方案"和"总结提高"等五个要素或环节组成；其中"解决问题"又包含"提出解决问题的初步方案"和"优化解决问题的方案"等两个子环节。

将 WebQuest 模式的组成要素和研究性学习模式的组成要素加以比较，不难看出，前者关注的主要是操作内容与操作方法的实施；而后者主要关注的则是创新精神与创新能力的培养（分析和解决问题的能力是创新能力的核心）。这二者之间显然有较大的区别。

（3）两种模式的实施环境不完全一致。在前面关于 WebQuest 的内涵与特征的介绍中曾经指出，在 WebQuest 这种活动中，"学生使用的全部或大部分信息都是从网上获得的"，所以 WebQuest 能有效激发学生上网查找相关资料的积极性，这也正是 WebQuest 模式实施环境的最主要特征；而"研究性学习"过程中所需要的各种信息资源却绝不仅仅限于因特网，还要包括通过个别访谈、问卷调查、实际测量等多种其他研究方法与手段所获得的相关资料。换句话说，研究性学习模式的实施环境要比 WebQuest 模式更宽广，使学生在学习过程中可以拥有更多、更便捷的探索与施展空间。正是由于这个缘故，"研究性学习"教学模式如果能够有效地贯彻实施，一般来说，在教学上所能达到的深度与广度，要比 WebQuest 模式更胜一筹。

5.4.2.3 "适时教学（JiTT）"模式

A Just-in-Time Teaching 模式的产生背景

Just-in-Time Teaching（国内翻译为"适时教学"或"及时教学"，简称

"JiTT"）是20世纪末在美国高校本科教学中出现的一种新型的教与学策略。由于这种教与学策略必须在网络环境下（即要有信息技术手段的支持）才能够实施，所以基于JiTT的教学过程也被称之为信息技术与课程融合的一种教学模式，简称Just-in-Time Teaching模式（适时教学模式），或JiTT模式。最早提出这种教与学策略的学者是美国空军学院和普渡大学的一批物理教师，1999年，来自这两所大学的4位物理教师共同撰写了有关适时教学的第一本专著——《适时教学：主动学习与Web技术的结合》（*Just-in-Time Teaching: Blending Active Learning with Web Technology*，下文简称"《适时教学》"）。该书对适时教学的内涵与特征、实施过程与运用方法以及适用的教与学对象（即何种类型的教师与学生较适合于该种教与学策略）等都做了详细的介绍。

《适时教学》一书的主要作者之一诺瓦克教授（Gregor Novak）是一位有着近40年大学教龄的教师，他在多年的物理教学过程中发现，尽管学生每周只上一次他的课，每次3~4小时，可是课堂教学常常使学生们感到枯燥乏味，难以激发起他们的学习兴趣，因此他一直在思考为什么大学的本科教学会出现这种状况。他认为，这已经不是某一个国家的特殊问题，而是几乎所有国家的本科教学都存在的共同问题；如何实现有效的教学也不仅是高等教育所面对的问题，而是整个教育界所面对的难题。在因特网已日益普及的时代，能否利用网络在信息传递上具有的无可比拟优势（如快捷性、丰富性以及不受时空限制的共享性等），将它融入到本科教学中，改变原来的教师讲、学生听，以灌输为主的传统做法，实现教师和学生之间随时随地地沟通与交流，极大地激发学生学习的主动性、积极性，从而变革传统的教育思想、教学观念与教学模式，达到有效教学（即有效提升学科教学质量）的目的。这正是适时教学的创造者们当初考虑的出发点，也是Just-in-Time Teaching产生的背景。

B Just-in-Time Teaching模式的内涵与特征

诺瓦克等人为"适时教学"给出的定义是：Just-in-Time Teaching（JiTT）是建立在"基于网络的学习任务"（Web-based study assignment）和"学习者的主动学习课堂"（active learner classroom）二者交互作用基础上的一种新型教与学策略。

基于网络的学习任务要求学生在课前按照教师精心设计的预习要求，在网上完成教师指定的预习任务——写下自己对预习内容的理解，并通过电子邮件在课前反馈给教师。预习内容事先由教师制作成网页，放在网络上，以便学生随时查看；教师在课前要及时通过网络检查学生就指定预习内容所提交的反馈，然后根据这种反馈所了解到的、学生对即将在本节课上讲授内容的理解程度和存在问题，对本节课的教学设计做出适应性调整（即根据学生的实际情况对当前的授课内容、方法策略与教学进度做适当的调整），在此基础上实施有针对性的、切合实际的教学，以达到适应不同学习者的认知发展水平与认知发展特点的目标——这正好体现出适时教学名称的本意（一种适合时宜的、能适应学习者发展时机与特点的教学）。

在 JiTT 模式中，还有一种基于网络的学习任务是在课后开展的“难题探究”（Wrap-up Puzzles），其作用主要是促进学生高级、复杂认知能力的发展。

学习者的主动学习课堂，其主要形式是在教师已经实施上述有针对性的、比较切合实际的教学的基础上，开展各种各样的讨论与辩论——包括教师和学生之间、学生和学生之间、全班性的或小组的讨论与辩论。在这些讨论与辩论过程中，通常还要穿插一些角色扮演、操练与练习、甚至是演示或实验等活动；开展这些讨论与辩论以及穿插其他一些活动的目的，不仅是要促进学生对知识与技能的深入理解与掌握，更重要的是力图真正营造出“学习者的主动学习课堂”，从而充分调动每一位学习者在学习过程中的主动性、积极性乃至创造性，并彻底改变传统教学中学习者总是处于被动接受和被动灌输的那样一种局面。

从信息技术与课程融合的角度看，上述适时教学模式具有明显的课外融合特征。之所以说具有这种特征，是因为作为适时教学模式第一个实施阶段的“基于网络的学习任务”主要不是在课内完成，而是在课前和课后，也就是在课外完成——从上面关于适时教学模式内涵的介绍可以看到，基于网络的学习任务包含三方面的内容。一是学生在课前必须通过网络进行预习并且预习后要用电子邮件向教师提交反馈材料；二是教师根据学生在课前提交的反馈材料，实施有针对性的、比较切合实际的教学；三是学生在课后开展的基于网络的“难题探究”活动。表面上看，这三方面内容的第一和第三方面涉及课前和课后（即课外），第二方面则涉及课内。但是事实上，在这种模式下教师在课堂上（即课内）的授课内容、方法与进度，以及它所能达到的教学质量与教学效果，在很大程度上都取决于学生在课前通过网络进行预习的情况和他们在课前通过网络向教师提交反馈材料的翔实程度，因而就“基于网络的学习任务”这个阶段的信息技术与课程融合而言，我们可以断言：它主要不是在课内完成，而是在课前和课后，也就是在课外完成，即具有课外融合的特征。

那么，从信息技术与课程融合的角度看，适时教学模式是否还具有课内融合的特征呢？如上所述，除了在“基于网络的学习任务”这个实施阶段的第二个方面与课内有关以外，作为适时教学模式第二实施阶段的“学习者的主动学习课堂”也必须要在课内才能完成——体现学习者主动性、积极性的各种讨论与辩论以及其他的穿插活动全都是在课堂教学过程中完成的。但是这不过是一种表面现象，事物的本质在于：所有这些讨论与辩论以及其他的各种穿插活动，如果想要取得明显效果，特别是想要达到较高预期目标（即达到充分调动每一位学习者在学习过程中的主动性、积极性乃至创造性目标）的话，在此模式下又与学生在课前通过网络进行的预习是否认真、是否充分有极大的关系（不要忘记：在这种“主动学习课堂”上，学习者尽管可以自由地、主动地就各种各样的讨论与辩论题目发表自己的观点，但是这些观点具有多大的意义与价值以及认知层次的高低，显然又与学生在课前通过网络进行的预习和准备是否认真、是否充分直接相关——这是因为预习的内容、要求以及讨论与辩论的题目都是由任课教师依据课程的教学目标事先设计好的，这二者之间必然存在密切的联系）。换句话说，适时教学模式的第二阶段尽管都是在课内完成，但是由于这个阶段：第一，不是强调信息技术手段的运用而是强调讨论与辩论（即很少涉及“融合”）所以谈不上具有课内融合特征；第二，这个阶段教学目标的达成也与学生在课前通过网络进行的预习和准备情况密切相关，既然与“课前（即课外）的网上预习”有关，那么，就“学习者的主动学习课堂”这个阶段的信息技术与课程融合而言，在某种程度上我们也可以认为它具有课外融合的特征。

以上分析表明，Just-in-Time Teaching（适时教学模式）就其信息技术手段（网络）的运用而言，主要是在课前和课后，也就是在课外完成（教师把预习内容和要求制作成网页，以及学生进行预习和预习后向教师提交反馈材料都是在课前完成；学生自主开展的基于网络的“难题探究”活动则是在课后完成），整个适时教学模式最终所能达到的教学质量与教学效果（包括在“基于网络的学习任务”和“学习者的主动学习课堂”这两个阶段中的教学质量与效果），也在很大程度上取决于学生在课前的预习是否认真、是否充分以及他们在课前向教师提交的反馈材料是否翔实；尽管这种教学模式的组成要素和实施环节大部分都涉及课堂教学（即与课内实施有关），但是与课内有关的部分一般很少涉及（甚至完全没有涉及）信息技术手段的运用，整个适时教学模式最终所能达到的教学质量与教学效果也是主要取决于课前（即课外）的活动，而不是课内的活动。由此可以得出结论：Just-in-Time Teaching 作为信息技术与课程融合的教学模式而言，基本上还是属于一种“课外融合模式”，或者说是一种“以课外融合为主的课内外结合模式”，而不是一种“课内融合模式”或“课内为主的融合模式”。这是 Just-in-Time Teaching 的本质特征，对此应有充分的认识。

由于适时教学模式的实施要以学生在上课前先进行基于网络的充分预习为前提，这无疑对学生的学习自觉性与自主学习能力提出了较高的要求，所以，一般说来这种模式比较适用于中专或高中以上具有网络环境的信息技术与学科教学的融合（特别是高等院校的本科教学最为适合）；而不太适用于初中和小学阶段的信息技术与学科教学的融合。这是 Just-in-Time Teaching 的另一个重要特征。此外，还应注意这种模式一定要有网络环境才能实施，否则一切无从说起。

C　Just-in-Time Teaching 模式的实施步骤

如前所述，适时教学模式是通过网络技术的应用将“基于网络的学习任务”

和“学习者的主动学习课堂”二者有机结合的一种新型教学模式。该模式的实施涉及三个阶段共五个步骤，其中第一、二、三步骤用于完成第一阶段的“基于网络的学习任务”（预习和上课）；第四个步骤属于第二阶段，用于实现“学习者的主动学习课堂”（讨论和辩论）；第五个步骤则用于完成第三阶段的“基于网络的学习任务”（难题探究）。具体步骤如下：

（1）教师在网上发布课前预习内容（Warm-up Questions）。教师按照下一节课的教学目标仔细设计好学生应事先预习的内容，并由教师制作成网页形式放在网络上，学生可以随时查看。预习内容包含与下一节课相关的阅读资料、思考题、练习题等。为便于学生预习，教师不仅要提出预习内容、要求，还要提供多种形式的、内容丰富的资源性网页。在这类资源性网页上包含有与本课程相关的论文、专著、课件、教学案例和实践活动，此外还列出了许多相关链接；其中一些文章从不同角度介绍了将要学习课程的意义及价值。

（2）学生在课前要认真预习并向教师反馈。学生应在课前按照教师布置的预习要求，利用上述资源性网页认真完成以下三项预习作业：1）看完与下一节课相关的阅读资料；2）写出自己对阅读内容的理解并做完指定的思考题和练习题；3）在下节课上课之前把上述预习收获（对阅读内容的理解、对指定问题的思考和对练习题的解答）通过网络用电子邮件反馈给任课教师。

（3）教师根据学生的反馈对教学做出适应性调整并加以实施。教师应通过网络在上课前及时地查看学生的反馈材料，根据这些材料所了解到的、学生对即将在本节课上讲授内容的理解程度和存在问题对本节课的教学设计做出适应性调整（即根据学生的实际情况对当前的授课内容、方法策略与教学进度做适当的调整），在此基础上实施有针对性的、切合实际的教学，以达到适应不同学习者的认知发展水平与认知发展特点的目标。

学生把课前的预习情况通过网络反馈到任课教师那里，教师再依据学生的反馈，对本节课的教学内容、方法、进度进行调整——这是一个“反馈环”（Feedback loop）。正是由于有如上所述的基于网络的反馈环存在，才使教师能够及时对当前的教学做出适应性调整，达到适应不同学习者认知水平与认知特点的目标。所以基于网络的反馈环是适时教学模式中的核心组成要素。

（4）创设“学习者的主动学习课堂”。在实现上述反馈环的基础上，Just-in-Time Teaching 还要求教师利用课堂开展各种各样的讨论与辩论——包括教师和学生之间、学生和学生之间、全班性的或小组的讨论与辩论。在这些讨论与辩论过程中，通常还要穿插一些角色扮演、操练与练习，甚至是演示或实验等活动；开展这些讨论与辩论以及穿插其他一些活动的目的，不仅是要促进学生对知识与技能的深入理解与掌握，更重要的是力图营造出“学习者的主动学习课堂”，从而充分调动每一位学习者在学习过程中的主动性、积极性乃至创造性。

（5）促进学生高级、复杂认知能力的发展。为了促进学生高级、复杂认知能力的发展，在通过上述主动学习课堂进行充分讨论与辩论，从而使学生普遍对概念有较深入理解、对知识有较牢固掌握的基础上，Just-in-Time Teaching 还要求在课后自主开展基于网络的“难题探究”（Wrap-up Puzzles）——要求学生将某些较复杂、困难的问题作为专题在网上进行探究。为了使这一环节的学习更有成效，教师应对“难题探究”（Wrap-up Puzzles）的主题和探究内容事先做精心的设计。这种探究的主题和内容应紧紧围绕前一阶段所学过的重要概念和某些知识点；而且在设置主题和拟定探究内容时必须注意以下几点：

1）表述要有一定的模糊性以便引发争辩与思考；

2）暗藏某种玄机故意引导概念不清者误入歧途；

3）尽可能选用具有开放性的题目以培养发散思维和创新思维。

显然，要想正确回答按上述方式设定的难题（Puzzles）是有一定挑战性的。这种设置了陷阱的题目，若是出现在正规考试的试卷上可能会引起争议，甚至遭到一些学生的抱怨和反对，但是若出现在课后的探究性活动中则可帮助学生形成更科学、更严格、更清晰的概念，并留下难以忘却的深刻印象。实践证明，“难题探究”（Wrap-up Puzzles）对于促进学生高级、复杂认知能力的发展确有较好的作用。

D　Just-in-Time Teaching 模式的实施案例

美国杜克大学的 Tammy Bailey 和 Jeffrey Forbes 教授在他们于 2004 年夏天所教的“计算机科学导论”课程中曾较成功地运用 Just-in-Time Teaching 模式，取得较好效果。由于成功实施适时教学模式的关键是课前的预习——教师必须事先为下一节课精心设计好预习的内容和要求（既要符合下一节课的教学目标，又要具有很强的启发性和科学性；这样才能有效地激发学生对下一节课的学习兴趣，又能为下一节课的教学提供必要的知识准备），所以对“预习内容和要求”的设计既是适时教学模式成功实施的重点也是难点。下面介绍的就是 Bailey 和 Forbes 两位教授在他们的课程中如何设计“预习内容和要求”的几个优秀案例（在关于密码技术课的案例中还包括有创设“学习者主动学习课堂”的设计内容）。

1. 关于“算法设计课”的预习内容和要求

（1）要求学生先阅读 George Polya 著作中有关“问题求解”的基本概念。

（2）然后完成下面的思考与练习题：

“在汤姆的仓库里有三只水果箱。一只箱里装苹果，一只箱里装橙子，另一只箱里既有苹果又有橙子。箱子上有标签注明其中所装水果的名称，但是这些标签全都贴错了（所标注的水果名称与其中所装水果不符）。试问汤姆能否只从一只箱子中取出一个水果就判断出每只箱子里装的是什么水果？”

在课堂上教师对这一问题进行讲解时，应特别强调问题求解策略。对于当前面临的问题，从策略上说可以分两步求解：第一步先确定其中一只箱子的内容，这一步很简单，可以直接判定（因为是从一只箱子里直接取出水果）。第二步再判定另外两只箱子分别装什么水果，这就只能采用间接判定策略——因为这时不允许再从箱子里直接取水果（规定只许取一次）。如何间接判定呢？可以从给定的已知条件去分析；给定的已知条件是“箱子上有标签注明其中所装水果的名称，但是这些标签所标注的水果名称与其中所装水果全都不符”；于是，我们可以把注意力集中到另外两只箱子的标注情况——这两只箱子的不同标注情况只有三种可能，对这三种情况作简单的辨别，问题即可迎刃而解。

之所以要特别强调问题求解策略，其目的是要引出本课的主题“算法设计”，并要为本课主题的讲授做好铺垫。这是因为“算法设计”的具体内容就是问题求解策略的一步步贯彻与落实；只要问题的求解策略搞清楚了，算法设计的关键问题或核心问题也就解决了。由此可见，上述有关本课预习内容和要求的设计，对于本课（算法设计课）教学目标的达成来说，非常贴切而且有效。

2. 关于“密码技术课”的预习内容、要求和主动学习课堂

(1) 先让学生阅读“凯撒密码”产生的历史和介绍美国 RSA 实验室（该实验室以研究加密算法而著名）的有关资料。

(2) 思考下列问题：

1) 为何这种密码要以凯撒大帝的名字命名？什么是“密钥”？凯撒密码的密钥是多少？

2) RSA 如何与因特网一起对文明社会的方方面面（如商业、科技、教育等领域）产生影响？

(3) 做下面两个练习题：

1) 右边引号中的消息“CTKTG IGJHI P SDV LXIWDGPCVT TNTQGDLH”已经过密钥为 15 的移动密码加密，请将它解密。

2) 假定你接收到右边引号中的消息“XII VLRO YXPBXOB YBILKD QL RP”，请将它解密；但你只知道该消息是用移动密码加了密，却忘记了密钥，你将怎样找出该密码的密钥？

(4) 关于创设“学习者主动学习课堂”的设计。

基本设计思想是，通过提出富有启发性且具有一定难度的问题让学生在课堂上进行讨论（或辩论），在此基础上再让学生分小组开展合作探究，从而能在较大程度上调动学生在课堂上的主动性与积极性。所提出的问题是，如何对一段经过疑难密码加密的消息进行解密；已知条件是，这是一种字母表可随机变换的移动密码（但事先并不知道替换的模式）。让学生首先进行课堂讨论（或辩论），

然后再分成小组，通过合作探究去找出答案——希望学生通过自身的努力找到解密的办法，哪怕有26的阶乘（26!）那么多的可能替换模式。教师给出的提示是：只要善于利用字母、词汇出现频率和上下文等语言特征去缩小求解空间，就有可能使密码相对容易破解。

3. 关于“人工智能课”的预习内容和要求

（1）先让学生阅读有关Eliza智能软件（这是首批尝试用人类的自然语言和一位模拟心理医生进行对话的人工智能程序）和“图灵测试”的资料，使学生初步了解什么是人工智能与图灵测试。

（2）为学生提供一种用Java语言实现的Eliza智能软件，然后让学生思考并回答下面的练习题：“花些时间和Eliza聊天。你能相信你是在和一个人交谈而不是在和机器交谈吗？你花了多长时间才确信自己不是在和人交谈？阐明你做出的回答。”

这种预习问题既可用于课堂教学之前，也可用于实验课之前，但实施效果不太一样。对于前一种情况，在随后的课堂讨论中，学生们一般会认为，Eliza软件之所以“露馅”是由于其会话模式和人类有差异——他们可以用自然语言和语法分析方面的知识来说明这个问题；对于后一种情况，在随后的实验课中，学生们有可能自己编写出Eliza程序——那只不过是由Java程序解析的一个文件。Eliza程序在1966年刚被开发出来时相当简单，只使用了一个小型数据库用于存储单词、短语，并应用了一系列的匹配规则，借助这些规则可以形成人类回答时所要求的表达方式。但自那以后，已研发出许多更为复杂的程序用于仿真对话——这些复杂程序被称为“Chatterbots”（“饶舌者”或“爱唠叨的人”）。研发这种程序的目的是要使人们相信：“Chatterbots”能和人类进行交谈（至少是简短的交谈）。目前较有代表性的一种Chatterbots程序叫Alice。下一个预习题就与Alice有关。

（3）为学生提供Alice智能软件，然后让学生思考并回答下面的练习题：“花些时间和Alice聊天，她会告诉你她是一个机器人。当你和Alice聊天时，你花了多长时间才确信自己不是在和一位假冒成机器人的人进行交谈？对你的回答加以说明。”

“饶舌者”Alice提出了一种和图灵测试相反的测试——在测试中被测对象力图以“计算机”而不是以人类的面目出现。这个练习题所起的重要作用是，可以把现代人工智能及其应用，包括在日常生活中的应用（例如语音识别、信息过滤、智能代理、网络游戏等）引入随后的课堂讨论中，从而有效地破除学生对人工智能的神秘感，并激发起对学习人工智能的极大兴趣。

5.5 信息技术与课堂教学融合案例

5.5.1 案例一：地球上的水

"地球上的水"教学设计

学科	小学科学	教学对象	小学四年级学生
教材分析	《地球上的水》是《科学》四年级上《蓝色的地球》单元中的第二节，主要内容是水的形态、水的分布、淡水资源、海水淡化以及实验，让学生了解水资源的分布和淡水资源的缺乏。		
学情分析	四年级的小学生，思维对于理解抽象概念和知识的总结概括性有了一定的提高，四年级的学生还处于活泼好动、好奇心强、求知欲旺的阶段，但是缺乏直观的感受和亲身经验，还需教师引导。		
教学目标	（1）知识与技能目标：了解地球上水资源的分布，掌握水的几种基本形态，意识到淡水资源稀缺而又宝贵，知道切实有效节水措施；（2）过程与方法目标：学习生活中，能够发现问题和提出问题并表达出来；（3）情感态度价值观目标：爱祖国、爱自然，使学生初步形成保护水和合理利用水的观念。		
教学准备	（1）熟悉教材，制作相关课件；查找瀑布、江河等水的各种形态的图片等教学资源；烧杯、滴管等实验器材；（2）让学生提前查找学习资料，对学校、家庭浪费水的现象展开调查，收集节约水、保护水的具体措施。		

序号	教学内容	师生活动	作用
1	创设情境，导入新课	师：水一直被人类尊称为"万物之源"，由此可见，水是多么重要，同学对水有什么了解呢？	提出问题，引导学生，导入新课
2	新课讲解：形态分布	师：同学们看一下，书上九寨沟的水景是不是很漂亮啊？大自然有很多的水，它们以不同的形态存在着。那么同学们想一下，水都有什么形态，请同学们分组讨论一下，同学们可以查找资料、运用教学软件与其他人交流，把自己总结出的结论写下来。	通过多媒体播放图片，吸引学生注意力

续表

序号	教学内容	师生活动	作用
2	新课讲解：形态分布	演示课件：白云轻飘的天空、激流勇下的瀑布、北极冰原的冰川、微波荡漾的海洋、冒着水蒸气的湖面、溪流潺潺的小溪、倾盆而下的大雨、漫天飞舞的雪花等。让学生分组讨论：地球上的水都有哪几种形态？ 师：同学们都去过什么地方呢？有一个我们都没有去过的地方，那就是地球外。同学们可以想象一下，你心目中的太空是什么样子呢？	通过教学软件，让学生自学、总结归纳得出水的形态
		播放视频：我们国家的宇航员杨利伟在“神州五号”上给地球拍摄的照片，同学们从太空看地球，你们发现了什么呢？ 生：从太空上看地球，整个地球是蓝色的。	激发学生兴趣，引导学生思考，培养学生创新思维
		师：大家看一下书上的地图，蓝色的部分表示水，灰色的部分表示陆地。地球表面70%被水覆盖，只有30%是陆地。那么地球上的水主要分布在哪里呢？ 师生总结：海洋、湖泊、地下水、冰川……	拓宽学生的视野和知识面
3	淡水资源稀缺宝贵	师：同学们，地球上有那么多的水，我们为什么会缺水呢？	提出问题，引发学生思考
		师：虽然地球表面70%被水覆盖，但大部分是不能饮用的海水，而我们可利用的淡水却少之又少。请同学们分组讨论，你认为淡水有多么稀缺，应该怎样形容呢？	分组讨论

续表

序号	教学内容	师生活动	作用
3	淡水资源稀缺宝贵	师：（播放课件）地球上所有的水一共200毫升，淡水仅6毫升，其中液态的淡水只有2毫升，还有1.96毫升地下水，只剩下0.04毫升河水和湖水，但就是这0.04毫升河水和湖水大部分是取不到的；最终，地球上一共1000毫升水能取到的淡水大约只有1滴。	通过多媒体，直观形象的展示出淡水稀少
		师：（给每个小组分发胶头滴管，动手操作取1滴水）同学们有什么感想？ 结论：能被人类利用的淡水真的是太少了，而且淡水的分布是不均匀的。	亲自动手实践，进一步使学生体会淡水稀少
		师：（播放课件）陆地上大约有60%的地方是缺水地区和干涸的沙漠。目前，全世界大约三分之一的人口生活在缺水状态中。淡水资源如此稀缺而又宝贵，但是我们生活中还是有很多浪费现象，同学们知道哪些？为了节约宝贵的淡水资源我们应该怎样节约水、保护水呢？	通过多媒体，让学生认识到水稀缺而又宝贵，并为呼吁学生节水做铺垫
		生：回答（播放课件）。下面我们来玩一个游戏，看谁最会节约水、保护水。 师：每年的3月22日是世界水日，让我们想一个响亮的口号来呼吁大家一起节约水、保护水。	通过小游戏，让学生了解一系列节约水、保护水的措施并进行评比

续表

序号	教学内容	师生活动	作用
4	实验探究：海水淡化	师：可直接利用的淡水资源如此少，聪明的人类开始探究把咸水变成淡水的方法，我们今天就来探究一下实验室蒸馏法使海水淡化（对于四年级的学生来说，直接进行真实的实验操作，容易发生失误造成损失甚至对学生造成伤害，故运用信息技术设计教学游戏，进行模拟实验，是必要的，待学生操作熟练后再进行真实实验操作）。 实验名称：实验室蒸馏法使海水淡化	运用信息技术设计教学游戏，进行模拟实验，训练实验操作，保证学生安全
5	总结	淡水资源稀缺而宝贵，让我们行动起来，珍惜每一滴水吧，如果不珍惜水，最后一滴水将是人类的眼泪。悔恨的眼泪！	呼吁学生节约水、保护水
6	布置作业	让学生体验缺水情景，深刻了解淡水资源缺乏，意识到节约水、保护水，从我做起，从小事做起，并总结生活中的节水小妙招。	使学生自发节约水、保护水

该案例选自《科学》四年级上《蓝色的地球》单元中的第二节《地球上的水》。地球为人类的生存提供了多种自然资源，水自古以来被人类称为“万物之源”，让学生熟练操作海水淡化实验，了解水的形态，知道水的分布，深刻体会淡水资源稀缺而又宝贵，知道节约水、保护水的具体措施，让学生及早认识到资源是不可再生是很有必要的。该案例中，在课前教师利用信息技术搜集教学资源、丰富教学内容，构建新型学习环境；全程使用多媒体课件演示教学内容，用图片、视频、实验演示，使学生产生兴趣，对所讲内容有直观的认识，更容易理解，记忆更加深刻；“实验探究海水淡化”部分中运用信息技术，设计教学游戏，每个学生都参与其中，使每一个学生都能体验成功的乐趣；课上课下使用电子档案袋，记录学生制定学习计划、查找资料、完成作业、创作、奖惩、反思、评价等全部过程，促进学生成长，有利于学生综合发展。全面提高学生动手操作能力，培养学生探究精神和创新精神，使课堂教学由单调无趣到丰富多彩，变抽象困难为形象简单，激发学生兴趣。

5.5.2　案例二：橡皮泥在水中的沉浮

"橡皮泥在水中的沉浮"教学设计

学科	小学科学	教学对象	小学五年级学生
教材分析	本节课内容属小学阶段科学课。橡皮泥是学生喜欢的一种益智玩具，也是学生们常见的工具。通过观察橡皮泥在水中的沉浮，让学生学习到物体排开的水量和在水中沉浮的关系，让学生在实践中学习到知识，引发学生思考，善于对生活中一些常见的事情有一些自己的解释和理解。		
教学目标	知识与技能： （1）改变物体排开的水量，物体在水中的沉浮可能发生改变； （2）钢铁制造的船能够浮在水面上，原因在于它排开的水量很大。 过程与方法： （1）用刻度杯测量橡皮泥排开的水量； （2）用橡皮泥制作成不同的形状，使之能够浮在水面上； （3）根据橡皮泥排开的水量，做出沉浮判断。 情感、态度、价值观： （1）认识到认真细致地采集数据的重要； （2）在探求原因的过程中，懂得证据的重要性。		
学习者特征分析	初始能力：在之前几节课的学习中，学生已经对物体有浮力有了基本的了解。在此基础上，通过橡皮泥在水中的沉浮引出浮力。 认知发展特点：五年级的学生观察力不够全面细致，注意力维持的时间不长。但是想象力很丰富，可以引导学生对科学的兴趣，联系生活实际，学习物体的沉浮。 认知结构：对植物科学、科学探究的认知结构不够完善，需要引导与鼓励。 学习动机：对科学的兴趣，渴望得到老师和同学的认同。		
教学策略	本着课堂上以教师为主导、学生为主体的教学原则，这节课的教学主要采用教师展示课件、学生网络查找、教师指导点拨、学生合作探究、师生共同学习等策略，为了达到课堂的最佳效果，在策略实施过程中关键是营造氛围，激活学生思维。		

续表

学科	小学科学	教学对象	小学五年级学生
教学环境及资源	水槽 1 个，不溶水的橡皮泥若干块，刻度杯 1 个，记录表（教材第 8 面）。		
教学过程	教师活动	学生活动	设计意图及资源准备
观察橡皮泥的沉浮（实心）	导入：有的物体在水中是沉的，有的物体在水中是浮的。我们能想办法改变它们的沉浮吗？ 把一块橡皮泥放入水里，观察它的沉浮。 把一块橡皮泥做成各种不同的形状，放入水中，观察它的沉浮。	思考问题，想解决办法 分析：改变橡皮泥形状，橡皮泥的质量有没有发生变化？橡皮泥的体积有没有发生变化？	若学生对橡皮泥的体积是否改变无法确定，可出示刻度杯测量。从而得出，改变橡皮泥的形状，质量没有变，体积也没有变，橡皮泥的沉浮状态不会改变。
让橡皮泥浮在水面上	（1）有没有办法能让橡皮泥浮在水面上呢？（前提仍然是改变橡皮泥的形状，不能有其他添加物，方法是做成船形或者空心的。） （2）讨论：同一块橡皮泥，做成不同的形状，有的沉入水中，有的浮在水面上，这是什么原因呢？（在学生充分讨论的基础上概括：橡皮泥浸入水的体积发生改变，导致在水中排开的水量发生了变化。）	学生动手实验，填写实验记录表，思考上述问题。 学生讨论概括：橡皮泥浸入水的体积发生改变，导致在水中排开的水量发生了变化。	在学生充分讨论的基础上概括：橡皮泥浸入水的体积发生改变，导致在水中排开的水量发生了变化。 通过让学生观察，自己思考，得出结论。培养学生的观察力、思考能力和小组合作能力。

续表

教学过程	教师活动	学生活动	设计意图及资源准备
比较橡皮泥排开的水量	(1) 讲授：把物体在水中排开水的体积叫做排开的水量。排开的水量可以用量杯来进行测量。方法是：放入物体后的刻度减去量杯原有水的刻度就是物体排开的水量。(补充：排开的水量与我们平时说的排水量是有区别的，前者指的是物体排开水的体积，而后者是物体排开水的重量。另外用量杯测量排开的水量还不是很精确，所以在读数的时候一定要细致，特别是观察刻度时视线要与水凹面持平。) (2) 取一个量杯，在量杯里倒入200毫升水，把橡皮泥做成实心团，放入量杯中，观察它排开的水量，做好记录。再把橡皮泥做成能浮在水面的各种形状，观察它们排开的水量，也记录在表格中（教材第8面）。 (3) 从上面的数据中我们发现了什么？ (4) 铁块在水中是沉的，钢铁造的大轮船却能浮在水面上，还能装载货物。对于这个问题，我们能解释了吗？如果要制造能装载更多货物的超大轮船，你认为怎样做呢？	思考橡皮泥浮起来的原因：在重量不变的情况下，排开的水量增大了（浸入水中的体积增大了）。 从数据中我们发现，橡皮泥浮起来的原因在于它的质量不变，而浸入水的体积增大。 小结：沉的形状排开的水量小，即浸入水的体积小，浮的形状排开的水量大，即浸入水的体积大。	对知识进行讲解，让学生在观察过实验后，通过自己所观察到的现象思考，并且总结得出结论。 联系生活实际，学以致用，培养学生发散性思维，举一反三。
教学评价	课程基本结束时，指导学生进行教学评价。明确评价的具体内容，以学生自评为主，学生互评，教师评价为辅。肯定优点的同时，指出问题所在，以及改进建议等。		

教学过程中，采用演示实验、课件展示实践引导对学生进行帮助和指导，争取让学生在每个环节的学习中都能达到要求。使他们就其实际情况尽可能达到更好程度。最后做出总结，说明本节课的成功及遗憾之处，激发学生对学习自然科学的兴趣，善于观察思考。

5.5.3 案例三："绿叶在光下制造有机物"实验

"绿叶在光下制造有机物"实验教学设计

<table>
<tr><td>实验题目</td><td colspan="2">绿叶在光下制造有机物</td></tr>
<tr><td>实验对象</td><td colspan="2">人教版七年级上册第三单元第四章第三节</td></tr>
<tr><td>实验教学目标</td><td colspan="2">（1）阐明绿色植物通过光合作用制造有机物；
（2）运用实验的方法检验绿叶在光下制造淀粉。</td></tr>
<tr><td>实验教学重点、难点</td><td colspan="2">实验教学重点：
（1）绿叶在光下制造有机物的实验；
（2）光合作用的条件。
实验教学难点：
（1）绿叶在光下制造有机物的实验设计及操作；
（2）认识绿色植物在维持碳—氧平衡方面的作用。</td></tr>
<tr><td>实验工具和材料</td><td colspan="2">酒精、天竺葵、黑纸片、碘液、酒精灯、培养皿</td></tr>
<tr><td>教学环节</td><td>教师活动</td><td>学生活动</td></tr>
<tr><td>课前自主学习</td><td>教师为学生提供有关光合作用的学习资源，以便学生对光合作用有初步的认识。</td><td>学生根据教师提供的学习资源进行自主学习，初步认识光合作用。</td></tr>
<tr><td>创设问题情境、提出假设</td><td>以课前提问创设教学情境：
同学们，我们生活中有哪些常见绿植？它们的能量来源是什么？绿植如何利用太阳能？绿色植物进行光合作用的条件是什么？产品是什么？如果没有太阳，植物可以进行光合作用吗？还有其他的有机物质吗？</td><td>学生讨论回答老师问题。</td></tr>
</table>

续表

教学环节	教师活动	学生活动
引导探究、创设实验方案	以学生为主，教师为辅，引导学生探究： 同学们，我们已经作出假设，那么我们如何控制光照？如何检验淀粉？ 根据大家的分析及讨论，设立实验方案。	学生根据教师的引导得出答案： 放在没有光的房间里、用东西遮住叶片等方法控制光照。 碘液原本黄棕色，遇到淀粉变蓝色。 实验方案：（1）将叶片放在没有光的房间里，用纸遮住叶片一夜；（2）一夜过后，摘下叶子，去除纸片；（3）用碘液染色。
修正实验方案，学生动手实验	培养学生实验思维，创新思维，想象能力： 叶片中原有的淀粉会对实验造成影响，如何去除？还有什么因素会影响实验？怎样使实验效果明显？如何去除原有绿色？（注意酒精的使用安全）	教师提问后，学生思考讨论确立实验方案： 长时间无光处理，使叶片自身消耗原有的淀粉（通过有氧呼吸消耗淀粉），对叶片中原有淀粉进行去除。 叶片原有的绿色遮住蓝色，导致实验效果不明显，可通过去除叶片中的叶绿素（酒精隔水热熔法）的方法使实验效果明显。 修正实验方案： （1）叶片黑暗预处理一夜； （2）酒精隔水热熔法去除叶片中的叶绿素； （3）碘液染色； （4）观察现象。

续表

教学环节	教师活动	学生活动
交流讨论，展示成果	培养学生合作探究精神： 大家的实验结果明显吗？彼此之间根据实验结果相互讨论不足之处。	学生相互交流讨论对实验结果进行点评： 叶片黑暗预处理的最佳时间1~2天； 酒精隔水热熔法的叶片脱色标准（黄白色）； 实验结果的颜色有无差异，实验结果是否明显。
评价总结，提出问题	学生创新思维和实验技能的提升： 大家讨论的问题都很好，也在探讨中找到了问题的答案，根据实验结果可以证明我们的假设是正确的，光照对淀粉的产生的确有影响。下面，老师提出一个问题，同学们探讨一下问题的答案：在这一实验操作步骤中，将叶片置于酒精中隔水加热。为什么选用酒精而不选用水？	酒精隔水热熔法的原理（略）。

改革传统的实验教育形式，以建构主义教学理论为指导方针，采用“自主学习+实验探究”实验教学模式（图5-7）。教师课前为学生提供实验课所需的相应资料，有目的的掌握学生的自主学习的学习方向与学习进度，让学生达到理论与实际相结合、新学的知识与先前的知识框架结合的水平。教师在上实验课的过程中以提问的方式创设合适的教学情境，调动学生的学习乐趣，发挥学生的自发性。以学生为主体，让学生交流讨论实验结果与方案，在实验课上把学生置于主体地位，这样能促进学生生物思维的延伸和学生创新能力的提升。

（1）“自主学习+实验探究”实验教学模式实验环节如下：

1）创设问题情境、提出假设。问题情境带有新颖性，是以引起学生学习兴趣，增加学生探寻机遇，对学生创新所需要的思考和探究技能供应了重要的支撑。

2）引导探究、创设实验方案。教师引导学生，了解实验基本原则，拟定一个初步方案。

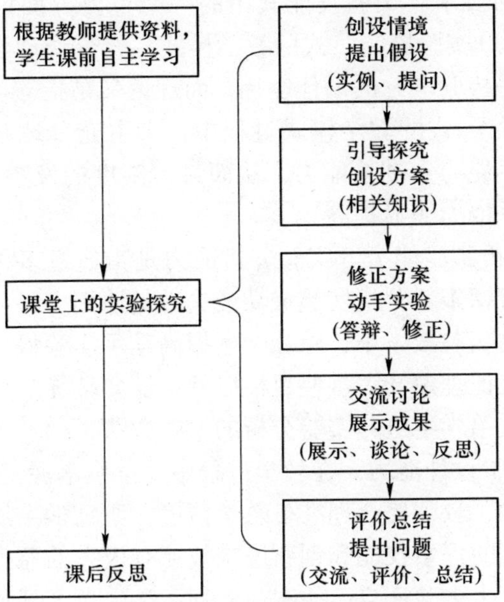

图 5-7　“自主学习+实验探究”实验教学模式

3）修正实验方案，学生动手实验。每个小组选出代表，将代表其小组将自主规划的实验方案进行演示和解析，其他组的同学提出困惑，指明问题，探讨交流后改进方案。学生动手实验，教师要及时提醒并规范学生注意实验操作，也要做好实验记录，使学生通过实验得到足够的有用信息。

4）交流讨论，展示成果。学生彼此之间相互沟通、交流、展示实验结果。

5）评价总结，提出问题。学生之间进行学生自评、学生互评以及教师总结评价。通过评价总结，学生不仅能发现自己实验设计的缺点漏洞，而且能引导学生提出新的问题，维持学生学习的积极性，培养学生终身探究的习惯。

（2）“自主学习+实验探究”实验教学模式优点如下：

1）培养学生观察能力。观察是人对客观事物的一种生动的感性认识形式，在观察时，观察是学生从形象思维逐步过渡到抽象思维的重要阶段。生物学科观测可直接用肉眼观测，也可凭借显微镜等仪器或使用摄相机等工具，有时还需借用标准尺进行测量。学生进行生物学科实验观测时要从全面到局部，以事实为准，并准时做好记录。经过观测实验，把学生培育成具有全方位的、准确的、深刻理解生物的原本特性的观测技能。

2）培养学生实验操作能力。“自主学习+实验探究”式的教学模式能有效培养学生的动手能力和科学思维能力，它在培养学生的动手操作能力方面具有其他教学形式无法代替的功能。学生实验能力的培养，这既是生物学科特点所决定，也是全面落实课程改革目标，提高生物教学质量，激发学生对生物学科产生兴趣，实施素质教育的要求。实验技能其中的一个重要方面即为学生实验操作技能。通过“自主学习+实验探究”式的教学模式，充分调动学生的积极参与意识和表现意识，实验是检验理论的最佳途径，而理论又是指导实验的最佳依据。在“自主学习+实验探究”式的教学模式过程中，学生充分地掌握了原来的理论知识，提升了实际动手能力和创造能力，从而最大限度的发挥了良好的学习兴趣。在以后的实验中动手能力明显提高。

3）培养学生分析实验能力。实验分析能力是指通过多种方法记录实验的结果，对实验结果进行探索，分析实验成功或失败的原因，最后诠释实验结果，撰写实验报告。在生物实验教学中，除让学生提高动手实验操作能力、理解实验原理、步骤、方法、验证理论知识这些目标以外，还要教导学生以辩证的眼光正确看待实验的成败，教给学生进行实验分析的一般方法。

4）培养学生实验设计能力。在教学过程中，学生掌握了一定的生物学知识，可让其亲自设计实验。教师要合理准备教学情境，激励学生规划简便易行的实验计划，这对培养学生的探索技能和创新思维技能有极大的益处。在实验室条件允许的情况下，可让学生去验证自己的实验计划。学生自己规划实验和依照课本做实验的感觉和教学效果是不相同的，经过上述过程，既能培育学生自主思考问题的技能，又能培育学生观测、操作、创新、自主学习等技能，从而提高学生的科学素质。

5.5.4　案例四：昆虫的发声

授课课题：昆虫的发声

教学目的：(1) 了解不同昆虫发声的知识；(2) 培养学生的科学实践能力；(3) 发展学生发现问题解决问题的实践技能。

教学重点难点：以蟋蟀为例证明昆虫的发声部位不在口部

学情分析：

本节课的授课对象针对四年级的小学生，此时的学生具有一定的实际操作能力，对昆虫本身具有一定零散的知识，当新知识与学生原有的认知发生冲突时学生的探究心理可以被迅速激发，从而配合教师进行下一步的探究实验。此外，本年级的学生具有一定的动手能力，比较方便对于本节课核心实验“蟋蟀发声部位”的展开。

授课模式：探究发现试学习模式

教具仪器：多媒体教具、昆虫模型、活蟋蟀、胶布、剪刀等简易工具

教学准备：每位同学都准备胶带、剪刀、笔记本；以 4 个学生为一组进行实验探究。

教学过程：

环节一：激趣导入

(1) 通过多媒体播放有关昆虫生活的视频，放映PPT。

(2) 播放课件，引出问题。

(3) 今天来研究昆虫的发声，哪位同学愿意与大家分享昆虫发声的知识?

(4) 小组讨论并回答问题。

(5) 你还想了解关于昆虫发声的什么知识?

(6) 下面我们就来研究一下昆虫的发声!

环节二：观看蟋蟀的发声视频

(1) 同学们对昆虫的发声都有自己的见解，下面老师给大家播放一段视频，大家认真观看，看看视频里的小动物是用什么来发声的。

(2) 播放介绍蟋蟀发声的视频。

(3) 蟋蟀的发声部位在翅膀和腿部，刚才有哪些同学答对了呢?

(4) 学生的认知冲突被教师激发并陷入了讨论之中。

(5) 下面我们就来动手证明一下蟋蟀的发声部位。

环节三：感受蟋蟀发声

教师拿出事先准备好的蟋蟀。学生4人一组进行蟋蟀的观察探究实验。有的学生用胶带绑住了蟋蟀的腿部和翅膀，有的学生用胶水堵住了蟋蟀的嘴。小组内有负责记录实验过程的小记录员。

通过实验探究，学生交流在实验过程中的结论和感受并在班级与其他小组分享。学生在实验结束后纷纷得出了结论，蟋蟀是通过翅膀和腿部的摩擦发声的。

环节四：总结

教师播放其他种类昆虫发声的视频。学生们交流观后感，探究过后总结了昆虫的发声意义可以是求偶、攻击、与同伴进行社会性交流等。学生们纷纷陷入到了对昆虫世界知识领域的探究之中。这节课学生学会了有关昆虫发声的知识，并通过实验探究证明了蟋蟀的发声部位，播放课件，学生自我总结。

环节五：布置作业

每个小组利用课余时间将研究过的蟋蟀制作成标本并在下节课互相交流。

本节课的主要内容为昆虫的发声，授课对象为四年级的学生，是一节夹杂了教师讲授和学生动手实践探究的科学课，本节课的难点主要在于课程中的蟋蟀发声部位证明实验。这个年纪的学生对昆虫是有一定的了解的，只是脑中对于昆虫的知识还比较零散，没有框架。在课程的开始，要想吸引学生的注意调动他们的积极性就必须采取讲授法并辅以视频、PPT等多媒体课件，教师选择了翻转课堂教学策略，成功地将学生带入到了自己所讲的内容中，并顺利向学生抛出问题，给学生留时间讨论；随后，以蟋蟀为例，让学生分组研究蟋蟀的发声部位，学生在教师给予了动手实践的机会后探究热情高涨，迅速在小组中开始了行动，教师在这个过程中采取的实验探究策略将本节课带向高潮；最后的总结讨论中，小组协作策略已经在课堂中贯穿，学生们的实验结论与原有的认知发生了碰撞，讨论过后对新知识的印象进一步加深，课堂末尾，教师趁学生热情高涨时布置手工作业；这种合作学习模式教学策略让学生全程的注意力放在课堂上，没有分散注意力的时间和精力，是一节成功的科学课。

本节课中教师采用了有效的教学策略让整节课节奏欢快目的明确，教学任务完成得十分高效。课堂开始的翻转课堂活动策略让学生通过视频资料整合了过去零散的关于昆虫的知识框架，激发了学生的学习兴趣和探究热情。课堂中的蟋蟀探究实验，教师将小组协作策略与探究发现策略交叉应用，从学生的认知冲突角度出发，牢牢抓住了学生的探究心理，加快了课堂节奏，让学生完全投入到实验探究的热情之中，教学效果显著，学生知识结构得到重新建构，探究实践技能也一并得到发展，达到了小学科学促进学生身心协调发展的培养目的。

5.5.5 案例五：水中魔法小实验

授课课题：水中魔法小实验

教学目的：

(1) 通过演示实验拓展学生的思维，改变学生惯有的思维角度，帮助学生培养独立思考，发现问题的能力；

(2) 培养学生分析问题、总结实验现象的探究品质，为学生建立安全正确的探究实验观。

教学重点难点：

(1) 实验的难度较大，教师在演示的过程中容易发生意外，实验因素不容易调控；

(2) 实验中的有些现象必须辅助以一定的讲解，否则学生难以理解；

(3) 实验有一定的危险性，观察者与老师必须注意实验安全性。

学情分析：本节课主要针对六年级的即将升入初中的高年级小学生，对于这一阶段的学生，他们的知识框架已经有了一个初步的建构，思维已经具有了一定的逻辑性和思维惯性，又具有一定的探究能力和分析能力，对于实验中较难理解的现象可以做出自己的理解和判断。本节课的实验也是为学生以后的物化生实验打下基础，帮助学生建立良好的实验室安全实验观念。

授课模式：范例学习模式

教具仪器：实验一：水、大试管、酒精灯、小鱼；实验二：水、食盐、棉线、回形针、火柴、碗。

教学准备：多媒体教具（视频、PPT）

教学过程：

环节一：导入实验（水中点蜡）

（1）教师做一个“水下点蜡”的实验。学生猜测水中点蜡的实验现象并在课堂上交流结论。

（2）试验过后，学生们观察到了蜡烛在水中燃烧的现象，心中的疑问和探究欲望被同时激发，对这种现象出现的原因流露出极大的好奇心。

（3）教师播放“水下点蜡”的实验原理视频。原来是在水中凝固的蜡成为了蜡烛燃烧的“保护膜”，使得蜡烛可以在水中燃烧，学生对教师的演示实验的兴趣进一步被激发。

（4）在学生的好奇心中准备下一个实验“开水养鱼”。

环节二：开水养鱼演示实验

（1）教师提问：同学们相信开水里可以养鱼吗？

（2）教师开始演示实验：

1）在大试管中盛好四分之三的水，往水里放几条小鱼，将试管倾斜的固定，使试管的液面刚好达到大试管口而不溢出。

2）在大试管口附近放一个酒精灯，开始对大试管中的水进行加热，只加热试管的上半部分。一直加热到出现沸腾，观察小鱼的活动现象。

3）靠近大试管口的水开始沸腾，但是试管底端的水却没有明显的变化，小鱼仍在试管底部游动。

4）继续加热一段时间后发现小鱼仍然在试管底部游动。

（3）想一想为什么能在试管上方水已沸腾的情况下继续存活？

（4）学生们还沉浸在实验现象中，又陷入了对实验现象的思考之中。

（5）教师给出了答案，由于水的导热性较差，上半部分的水把热量传递到下半部分需要一定的过程，这个过程非常缓慢，所以试管上半部分的水烧开了，但是下半部分的水还比较凉，故小鱼还可以继续存活。

（6）学生第一次接触到导热性这一新知识名词，在良好的实验效果影响下，在轻松的氛围里接受了导热性这一知识，并在脑海中加深了印象。

（7）课后思考：将加热过后的小鱼带回家养，看看可以养多久。

环节三：命悬一线

（1）经过上个实验了解到水的导热性较差，可以利用这个特点设计出很多有趣的实验。

（2）教师将所需的实验器材整理好并展示给学生：

1）教师在碗中装半碗水，并在水中加入了大量食盐，不断搅拌，一直到所有的食盐溶解在水中。

2）在棉线的一端系上一个回形针，把回形针和棉线一起浸泡几分钟后取出棉线并晾干，晾干的时间较长。

这段时间组织学生观看实验室安全事项，并作出常见的错误示范让学生纠正。播放实验室中常见的错误视频，让学生观看并讨论正确的实验操作。在等待的时间中帮助学生建立安全的实验室观念。

3）将棉线悬空，用火柴从回形针处点燃棉线，观察现象。

4）棉线烧完，但是回形针却没有掉下。

（3）教师对实验现象进行提问。

（4）教师给出结论。

由于浸泡在盐水的棉线上有很多盐，当棉线燃烧时会使食盐变硬，在棉线外面形成一层硬硬的盐壳，所以当棉线燃烧过后回形针仍然没有掉下。

环节四：总结与思考

本节课的3个实验，用的都是生活中随处可见的物品，结合在一起就产生了奇妙的效果。当大家原有的认知受到了挑战时就会激发心中的探索欲。在生活中也要时刻有一双发现的眼睛和善于思考的心。

在实验中也一定要注意安全，本节课的实验由于不适合学生操作而采用了范例式教学法，明显的实验效果让学生轻易地跟随老师的课堂节奏，课堂效果十分良好。

教师的演示也给学生带来很大的启发，学生在未来的实验中也会按照教师的指导进行安全实验。

环节五：布置作业

除了本节课展示的3个实验外，你还能发现拿些简单可实施的科学现象实验？请与大家分享。

本节课的主要内容是面向5~6年级小学生的科学实验课，主要内容是几个与水有关的演示实验。很明显本节课教师设计的实验有一定的危险性，故教师采取了范例教学模式有效策略；由于高年级的小学生对课程的心理预期比较低，假设实验现象或者实验原理比较简单，他们会对课程失去兴趣，此时也就失去了教学意义，对此，教师选择了三个操作难度较大、效果明显的演示实验；本节课教师采取的演示策略十分成功，水中点蜡的实验顺利将学生带入课堂，超出了学生的心理预期，随后开水养鱼、命悬一线更是让学生在震惊中陷入了对知识的探索；本节课教师只能采取演示策略和范例教学策略，但教师设计的实验却可圈可点，教学过程中高潮迭起，层层深入，是一节教科书般的范例教学模式演示实验课。

本节课的节奏欢快，一个接一个的实验不断超出学生对本节课内容的心理预期，这样的安排使学生时刻紧跟课堂中老师的节奏。教师根据课程内容选择的范例式教学策略，成功利用实验激发了学生的学习兴趣，保证了课堂的整体教学氛围，学生对实验中的科学现象和实验室的规范操作都有了新的认知，是一节十分成功的范例教学实验课。

5.5.6 案例六：昼夜交替的解释

"昼夜交替的解释"教学设计

教学内容	教科版《科学》五年级下册《地球的运动》单元的第三节课
设计理念	虽然昼夜交替现象我们每天都会经历，但为什么会有这种现象，对学生来说还是比较陌生的，那么怎样才能让学生进行探究呢？互联网给我们提供了解决的方法，因此可把这节课设计成网络科学探究课（WebQuest 教学模式）。教学地点在网络教室，由于互联网上的信息很杂，为了提高课堂效率，可把有关这节课的内容做一个网页，学生通过浏览这个网页就可以迅速掌握本课的基本内容，提高学习效率，然后再利用互联网对自己感兴趣的问题进行个性化的研究。最后通过网络探究达到本节课的学习目标。
活动目标	过程与方法： 通过网上信息搜索，学生将电脑网络技术运用到本节课的学习中，提高搜集，处理和交流信息的能力，并且培养学生通过网络探究问题的能力。 知识与能力： （1）通过网络探究，能对昼夜交替现象做出自己的解释； （2）了解昼夜交替及其相关的概念； （3）能通过网络收集的信息检验自己的解释。 情感、态度、价值观： （1）形成探索地球、太阳等行星的强烈欲望； （2）体验网上科学探究的乐趣。
活动过程	（1）激趣引入：课前了解到学生对昼夜交替现象只知道这是日常生活中的一种现象，那么学生会对产生这种现象的原因有很大的兴趣，探究其中奥秘的强烈欲望就被激起了。 （2）明确要探究的问题：同学们，我们知道地球上有白天黑夜，而且白天和黑夜是交替出现的，为什么地球上昼夜会不断的交替呢？你能做出解释吗？ （3）学生收集数据及信息解决问题：浏览本节课老师制作的网页，自主回答出老师的问题，通过网络信息浏览，学生都对昼夜交替现象的基本知识有了一个大概的了解，这时他们就会提出更多的自己感兴趣的新问题，问题列于下表。

续表

<table>
<tr>
<td>活动过程</td>
<td>
学生自主网络探究后提出的自己感兴趣的新问题
<table>
<tr><th>地球</th><th>太阳</th><th>能否出现交替?</th></tr>
<tr><td>不动</td><td>自转</td><td></td></tr>
<tr><td>不动</td><td>绕地球转</td><td></td></tr>
<tr><td>不动</td><td>自转并绕地球转</td><td></td></tr>
<tr><td>自转</td><td>不动</td><td></td></tr>
<tr><td>自转</td><td>自转</td><td></td></tr>
<tr><td>自转</td><td>绕地球转</td><td></td></tr>
<tr><td>自转</td><td>自转并绕地球转</td><td></td></tr>
<tr><td>绕太阳转</td><td>不动</td><td></td></tr>
<tr><td>绕太阳转</td><td>自转</td><td></td></tr>
<tr><td>绕太阳转</td><td>绕地球转</td><td></td></tr>
<tr><td>绕太阳转</td><td>自转并绕地球转</td><td></td></tr>
<tr><td>自转并绕太阳转</td><td>不动</td><td></td></tr>
<tr><td>自转并绕太阳转</td><td>自转</td><td></td></tr>
<tr><td>自转并绕太阳转</td><td>绕地球转</td><td></td></tr>
<tr><td>自转并绕太阳转</td><td>自转并绕地球转</td><td></td></tr>
</table>
这些问题学生可以通过网络自主的探究，然后通过老师的归纳总结，回答出学生探究问题的答案，并且学生要通过网络信息验证自己的解释。
(4) 制作 PPT 或 Word 文档。学生在自主完成关于昼夜交替现象的一些基础问题之后，他们利用互联网开始个性化的学习，选择自己感兴趣的问题进行小组合作研究或个人研究，并且利用课外时间完成关于昼夜交替现象的解释的图文并茂的 PPT 或 Word 文档。
(5) 学生作品的评价。这是第二节课上的活动，学生可以把作品展示在校园网上，让其他年级或外校学生或家长进行评价。
</td>
</tr>
</table>

案例采用 WebQuest 模式（网络探究教学），网络探究教学模式符合小学科学的课程标准要求，有利于培养学生的科学探究精神和提高学生的自主学习能力。利用了网络探究教学模式，让学生自主或合作探究，教师指导，充分发挥学生的

主体作用，有利于促进学生能力形成和发展。运用网络探究学习，避免了以往讲授式教学时的枯燥和学生学习兴趣不高的问题，让学生学会了利用网络进行科学探索的方法，培养了学生的合作精神，探究精神。

尽管网络探究是以网页的形式向学生展示，但学习所需要的内容远远超过网页内容，学生还要进行课本阅读，和其他各种资源学习。网络探究模式为师生创造了一种开放式的学习机会，它的最终目的是向学生展示问题，让他们凭借其获得的资源来解决问题，从而帮助他们学习课程所规定的内容，提供了一种学生为中心，教师辅导学习的组织化的教学设计。在此模式中，大部分的学习是由学生自己进行的，在这个过程中可以很好的培养学生的自主探究能力。而且在探究过程中可以激发智慧潜能，有利于外部学习动机向内部学习动机转化，学会发现及迁移，有利于学生自主学习能力的提高，传统的教学模式有所改变，使得学习的时空与资源得到拓展，并且结合自身的体验实现知识的重组。

5.5.7 案例七：表格制作

“表格制作”这一课选自人教版信息技术第五册第 3 单元第 9 课，属于实验课。表格在学习和生活中使用的频率会很高，这节课的学习内容非常实用，因此本节课的学习内容具有很强的实用性。

（1）应用微课辅助课前自主学习：

本节课教学所需的微课资源，见下表。

本节课所需要的资源

序号	微课名称	应用环节
1	《制作表格》	课前
2	《调整文字》	课前
3	《修改与调整表格》	课中
4	《修饰美化表格》	课中
5	《表格的求和与排序》	课后

（2）课前预习任务：课前教师给学生们安排了两个任务，第一个任务是找出在生活中有哪些常见的表格并进行整理，第二个任务结合课本和教师发布的微课预习“表格制作”，学会制作表格的方法然后自己制作一个表格，记录在制作表格的过程中所遇到的问题，待课上与同学与老师一起解决。

（3）教学过程：

本节课的教学过程主要分为以下几个环节：

环节一：展示表格，导入新课

课堂上学生们展示自己制作的表格并比较，看谁的表格美观。展示过后，教师展示自己已经提前做好的几组美观的课程表，提问同学是否也想做一个这样的课程表，激发兴趣。

环节二：观看微课，合作探究

让学生观看“制作表格”微课，观看过后，让学生5分钟的时间理解知识，提一些问题，有没有没理解的地方，然后对于这些学生们没有理解的知识点，教师进行讲解说明，待学生们理解过后，让他们尝试自己操作制作表格。

环节三：成果展示，巩固练习

教师将学生们的课程表逐个进行展示比较选出较好的几个并为这几个同学颁发奖励。为了进一步巩固本节课学习的操作内容，给学生们10分钟时间，自主完成课后练习题第3题和第4题。制作完成后，教师向学生询问有没有未解决的问题，由教师带领学生们一起来解决。

环节四：回顾反思，总结评价

最后，教师和学生一起来回顾进行反思总结。回顾总结不仅能让学生了解自己的学习情况，也让教师通过这个教学环节清楚自己的教学效果以及微课的应用情况。

(4) 课后作业和扩展：课后教师留一些作业，对本节课的学习进行巩固提升。另外，在课堂进行最后总结的时候，许多同学反映“修改与调整表格”微课的讲解速度稍有点快，教师课下对这一部分内容进行再次录制发给同学们，让未理解学生再次观看，最终提高学生学习效果。除此之外，课后给学生布置课外拓展——“表格的求和与排序”也制作了微课，学生可以进行选择性观看学习，进一步提升自己的学习能力。

在这个案例中，应用微课进行辅助教学，微课在课前、课中、课后三个环节中都得到了有效的应用。在课前，学生通过观看教师提前制作的“制作表格”和“调整文字”演示微课，结合书本对这堂课所学的内容进行了预习，对这堂课所学的知识点大概有了一些了解，然后整理出了学生自己在预习过程中遇到的问题，这样有利于教师在课堂上的高效教学。在课中，教师为学生播放“修饰美化表格”教学微课，学生通过观看进一步加深了对本节课所学知识点的理解，并和老师进行交流解决疑问和难点。在课后，教师根据学生反映放慢了“修改与调整表格”这部分微课讲解速度，重新录制并发给了学生，可以让在课上没听懂的学生再次观看，加强了学习效果。另外，课后教师还为学生布置了课外拓展“表格的求和与排序”微课，让程度高的同学可以进行观看学习，进一步增强了他们的学习能力。在整个教学过程中，学生不但提高了自己的自学能力、归纳整理能力和自主探究的能力，最重要的是得到了高效的学习。

5.5.8 案例八：形状渐变动画

本节课内容为八年级上信息技术课程第2单元第3节的内容，课题名称为《形状渐变动画》，对学生的信息技术基本操作技能和创作能力的培养有着很好的促进作用，同时，有利激发学生探索信息技术的热情。

环节一 课前任务布置

教师准备“使用文字工具填加文字”“制作形状渐变动画”这两部分微课：

任务一：通过教师发布的微课，学生自主学习“形状渐变动画”这节课的内容；

任务二：使用文字工具添加文字，并尝试改变文字的格式；

任务三：掌握制作渐变动画的方法并制作动画，能明确制作动画的步骤；

任务四：制作课本上的形状渐变动画，制作结束后进行保存，同时记录下在学习和制作中遇到的问题和不明白的知识点。

环节二 课上教学过程

(1) 课堂上以小组为单位进行讨论，探究老师课前布置的任务，解决制作形状渐变动画的方法是什么；

(2) 教师提供拓展资源，学生选取教师提供的素材制作渐变动画，然后学生以小组为单位进行形状渐变动画制作，学生在制作的过程中遇到问题可以询问老师；

(3) 制作完成之后进行全班范围内的讨论，分析自己小组的作品与其他小组的区别，在教师的指导下对其他小组的作品进行评价；

(4) 结合小组的成果展示，吸取优点对自己小组的作品进行修改最后上交成果作品，将成果交给老师。

对学生整堂课的课堂表现、作品的质量进行评价。教师最后对本节课的实施过程和效果进行反思，进一步改善微课教学视频。

课前同学通过“使用文字工具填加文字”“制作形状渐变动画”这两部分微课进行自学，锻炼了自主学习能力，为后续的环节奠定了基础。课中通过小组协作学习，共同解决问题锻炼了小组合作意识；完成对补充材料的再创作锻炼了他们的创新意识。学生成果展示一方面考验了学生对知识的掌握程度，一方面锻炼了语言表达能力。结合其他小组的成果展示让学生意识到了不足并自己弥补，培养了学生严谨的学习态度和优良的学习品质。最后教师通过课后反思为以后的教学提供了指导意义。

6 农村教育信息化现状及案例

6.1 农村教育信息化的意义

《新发现——当代中国少年儿童报告》披露：我国城乡少年儿童存在着显著的差异。其中一项表现为：城市的孩子比农村的孩子拥有更多的学习资源，如城市的孩子拥有电子设备的数量远远高于农村孩子；农村孩子的家庭经济条件相对较差，很多孩子买不起一些必要的课外书籍，这意味着农村的孩子在选择学习资料时受到了限制，更需要外界资源的补给；加之农村孩子信息较闭塞，见识不广，知识面较窄，给课堂教学带来了困难。农村教育是我国教育事业的重点和难点，事关农村工作的全局。因此，在新形势下加强农村现代信息技术的普及与运用，是适应信息化社会教育方式根本转变的需要，有利于促进农村教育的发展与改革。

因此，在农村课堂教学中，有效地应用有限的信息技术资源更好地进行课程学习，促进课堂教学改革，培养学生的创新精神和实践能力意义重大，具体体现在以下几方面：

（1）运用信息技术，能让生动有趣的问题情境激发学生的求知欲。运用多媒体画面，一开始就能唤起学生的注意力，引起学生的情绪反应，激发学生在情感上的参与，调动他们的学习积极性，给新课教学打下良好的基础。实践证明，最好的教学时机，莫过于学生对学习内容本身产生浓厚的兴趣之时。只有学生形成最理想的学习状态，情境中的问题也才容易顺利解决，学生的思维能力也才能得到培养。多媒体计算机以其特有的感染力，通过多种形式对学生形成刺激，吸引注意力，唤起学生的学习兴趣，使学生产生学习的心理需求，进而主动参与学习活动。

（2）运用信息技术，能通过合作交流的形式提高学生的实践活动能力。现在的孩子，个体意识增强，群体意识减弱，有的孩子很不合群，农村孩子相对城市孩子来说参加社会活动的机会较少，不善言谈，不善交往，严重影响学生合作学习与相互交流。其实农村的孩子很渴望参与活动，只是在学习中往往缺少合作的机会与方法，缺少有效的资源，农村购买教学挂图、教具、学具的经费少，引导学生经历“做”数学的过程难，学生的情感、态度、价值观、一般能力等也不能得到很好的培养，制约着学生的学习和发展，制约着教师教学方式的改变。

信息技术在教学中的运用，拉近了孩子间的距离，为学生提供良好的合作交流机会，使学生更乐于参与其中。

（3）运用信息技术，能让现代化的教学手段突破难点启迪学生的智慧。其实，许多概念、模型之所以成为学生学习的难点，就是因为太抽象、不具体，如果仅凭教师的描述和讲解，往往是教师花了很大精力，教学效果却事倍功半。将信息技术应用于教学，可以变抽象为具体，调动学生各种感官协同作用，解决教师难以讲清、学生难以听懂的内容，从而有效地实现精讲，突出重点，突破难点，取得传统教学方法无法比拟的教学效果。

（4）运用信息技术，能让生动有趣的评价方式为学生的成长扬帆。新课改提出，关注学生在课堂教学中的表现应成为课堂教学评价的主要内容，包括学生在课堂师生互动、自主学习、同伴合作中的行为表现、参与热情、情感体验和探究、思考的过程等，即关注学生是怎么学的。而学生间的差异是永远存在的，有的上课比较好动，有的自卑感强。教师所要做的，就是让这些具有不同思维特点的学生有机会表达自己的思想，并不断鼓励他们敢于表现“与众不同”、有个性、有创新。

农村的孩子没有什么优越感，对自己的表现与城市孩子相比往往显得不够自信，甚至自卑，因此他们更需要表扬与鼓励。如果在学习结束后，能采用多种形式给予激励，效果将大不一样。有了信息技术的介入，教师可以根据计算机的反馈系统提供的信息调整教学方案，优化教学程序，学生可以根据反馈的信息了解自己的学习情况，分析自己学习中的成败得失，改进学习方法，调整学习目标。

总之，在农村课堂教学中，一方面要积极推广应用现代信息技术，实现优质教育资源共享，以信息化带动教育现代化；另一方面也要注意对现代信息技术进行合理选择和优化组合，科学而有效地应用它并发挥其优势，以解决教育教学中的问题，提高课堂教学效率。

6.2 农村教育信息化国内外发展现状

6.2.1 国外发展现状

农村教育不仅在我国是一个复杂棘手的社会问题，世界大部分国家或地区的城乡之间、区域之间的教育都存在很大的差异，都存在着教育发展不平衡现象，农村教育发展水平普遍落后于城市教育发展水平，推进农村教育是全世界共同的责任。欧美各国在 20 世纪 90 年代就已经开始着力研究如何推进偏远乡村的教育信息化，其在实现偏远乡村教育信息化方面的解决方案和具体经验，对于我国有重要的实践指导意义。

美国从 1996 年以来促进信息教育信息化，到 2000 年已完成教育信息化基础设施建设。据统计，在 2000 年 6 月，美国有 95%的小学和 72%的中学有了因特网；平均每五个学生有一台电脑。美国农村教育也存在着许多问题，如农村学校办学规模小、农村学校地理位置偏僻、农村学校教师数量减少、教育经费投入不足、教育管理和评价监督不到位等。美国促进学校多样化竞争，表现在公立学校内部的多样化和私有的营利性公司或组织运营的教育机构多样化。

俄罗斯为了推进农村中小学教育信息化采取了各种策略，重点是在农村中小学的教育信息化基础设施建设、信息技术教育课程开发、电子教育产品和农村教师培训等方面。

英国建立国家学习中心网络，鼓励人们在网络中学习。在整个农村信息化体系中，政府充分意识到农村教学主体——教师地位的重要性，因此通过提高农村教师的教育技术能力来促进农村信息化。政府利用已有的城市网络系统为农村教师提供相关培训，把网络信息经过整合，变成具有适应农村特色的学科当中去，采取了有效的措施和策略来加强农村教师队伍的建设。

法国在消除数字鸿沟方面也做了许多措施，如在全国范围内推行包括纳税等活动在内的行政管理电子化；通过网络向企业和个人发布各种信息；向公众免费提供各类可查阅数据和资料；为各类学校配备电脑，保证学生上网；多次降低电话费，对上网用户提供各种优惠；每年定期举办因特网节，向各阶层人士普及因特网知识等。

6.2.2　国内发展现状

农村教育信息化是一项复杂的系统工程，要取得有效的建设、可持续发展还存在许多要研究的问题，特别是在中国这样一个地域辽阔，大多数人口在农村的发展中国家更是如此。目前，我国的基础教育发展十分不平衡，城市与乡村之间、东部和西部之间的差距非常大，而且几年来甚至有加大的趋势。我国已把农村和西部的基础教育放在整个教育工作的首位，并且借助信息化来带动基础教育的现代化。

美国学者诺兰（Nolan）和埃德加·斯凯恩（Edgar Schein）曾经提出，学校信息化建设是具有阶段性特点的。所有的组织和机构，要想发展信息化建设，那么它必然会经历以下三个阶段：第一阶段，基础设施建设阶段；第二阶段，技术学习和系统应用阶段；第三阶段，管理控制阶段。相应地，农村教育信息化的投入分为三个方面：基础设施建设、信息资源建设和人员培训。正常来讲这三方面的投入应该是4∶3∶3。但是在中国却不是，国内的信息化建设投入主要以基础建设为主，占了总投资的50%而信息资源建设和人员培训方面的投入分别占30%和20%。下面将分别从这三个方面来描述中国农村教育信息化建设的现状。

6.2.2.1　基础设施建设

中国的教育信息化建设起步比较晚，发展也不是很快，跟国外很多发达国家比起来，在先天上就已经落后了一大截。不过好在国内醒悟得快，奋起直追。在20世纪90年代以后，中国教育信息化的发展就慢慢走上了轨道，农村中小学逐渐都建立起了微机室、多媒体教室等基础设施。学校慢慢有了网络，有了和外面接触的条件，教育信息化的基础设施建设就慢慢开始发展起来。但是总的来说，依然还处于基础建设的初级阶段。

A 教师计算机普及情况

教师计算机的普及情况并不乐观，到目前为止居然还有接近一半的学科教师没有自己的计算机，那也就是说这一半的农村教师根本没有机会接触到信息技术，更不用说将信息技术与课程整合了。

B 学生计算机普及情况

全国农村中小学曾经做过教育信息化的抽样调查，发现农村学生计算机普及情况还非常的严峻，整个中国只有2%的农村中小学能够做到每个学生都有一台计算机，而根本没有计算机的学校占到了农村学校总数的四成，这是一个可怕的比例。

C 农村学校校园网的建设情况

现在在农村中小学，学校的校园网建设还是非常匮乏的，仅有35%的农村中小学建立了校园网络，而且还有29%的农村中小学居然根本没有建设校园网的计划。

6.2.2.2 数字化资源建设

多年来，由于基础设施装备落后、教学资源严重匮乏、学校经费捉襟见肘、教师培训力度欠缺等原因，农村教育信息化发展一直相对滞后。从2001年起，我国开始在全国中小学普及信息技术教育，全面实施“校校通”工程，以信息化带动教育现代化，努力实现基础教育的跨越式发展。2003~2007年，国家实施了农村中小学现代远程教育工程（以下简称“农远工程”），以“三种模式”搭建了一个农村现代远程教育网络，实现了优质教育资源共享，提高了农村教育质量与效益，一定程度上促进了农村学校义务教育的均衡发展。到2007年底，全国农村中小学现代远程教育工程按计划如期完成，亿万名农村中小学生实现了同在蓝天下，共享优质教育资源的梦想。

农远资源主要包括国家配备的硬件和软件资源，硬件资源按学校的类型以三种模式发放，包括光盘播放机、卫星接收机、计算机和电视机等设备，软件资源主要以光盘和天网输送的方式发放，主要包括教育教学软件和光盘教学资源。卫星接收的资源，主要有网页、文本、视频、幻灯片、音频等形式，内容囊括了从小学到初中的各个学科的素材，短期内基本满足了农村教育教学的需求。

近几年随着远程资源的不断更新和利用，农村中小学的教育教学资源也改变了一穷二白的现象，逐步建成了农远教学资源库，但是教学应用情况却不容乐观。通过部分地区教学应用调查显示，部分学校存在远程教学设备和教学资源闲置的情况，有的学校虽然建立了名义上的教学资源库，实质上却处于荒废状态，并没有真正有效地用于实际的教育教学当中。很多学校虽然按时接收了远程教育教学资源，但由于没有专业的老师对资源进行分类和整理，学科教师使用资源很不方便。

6.2.2.3　师资培训

就目前而言，教师的培训已经成为了教育信息化这个木桶的一个短板，表现出来的问题就是培训力度不够，在培训过程中采用的方式方法以及培训的内容都跟不上实际教学的需求，而且现在很多师资培训的时候课程并不包括信息技术培训，属于“思想”到位了，但是没有“技术”。相对于基础设施建设，现在影响教育信息化进程的更多的是因为教师信息技术水平的不足还有欠缺相关的信息技术课堂的培训。

总体上来看，目前基础设施和资源建设依然是我国教育信息化所取得的成就最大的地方。尽管自从我国实行了信息化建设，就一直高度重视信息技术在教育中的应用，并且多次提出，我们之所以要实现教育信息化，就是为了让我们辛苦建设的信息资源以及信息技术能够得到最大程度的应用。但现实中，我国在促进信息技术在教育中的应用时得到的结果却并不那么明显，问题的严重性和紧迫性十分突出，我们还有很长的路要走。

6.3　存在的问题、原因及对策

6.3.1　农村教育信息化存在的问题

当前农村中小学教育信息化过程存在诸多问题，主要表现在以下几方面：

（1）认识不到位，影响教育信息化的发展。诚然，各教育行政部门、各级各类学校、广大教育工作者以及全体中小学生都已经意识到教育信息化发展的重要性，但是，对教育信息化的认识往往只停留在口头上，或者是书面上，特别是农村学校，人们仅仅是充满无限期待，却始终不能落实到行动上。对信息技术的使用大部分流于形式：平时不用，只是在公开课、参赛课时才使用，操作不熟练，甚至出现错误操作等现象；即使平时使用，也只是一些简单的口算题或单纯的图片展示，不能够体现信息技术在学科教学中的真正价值。新课标中也强调了信息技术的重要性，也确定了农村中小学教育信息化的教学方向。但由于信息技术课是一门新兴的学科，各地设备情况不同，教材使用情况也各不相同，没有明确的评价标准，课堂结构、教学模式等还需教师不断探索、研究。广大农村教师更是普遍认为，由于自身条件的限制，不管教育怎么发展变化，有没有实现信息化，只要教好语文、数学就行了。而几乎所有信息技术教师都肩负打字、计算机教室管理、校园网维护等职责，纯属“打杂匠”，使得信息技术教师工作热情大减。在2004年的一项调查中，虽然已经有接近四成的中国农村中小学建立了自己的校园网，但是很多中小学的网络管理人员却根本没有将校园网应用起来，仅仅只是保管员。这样，虽然学校有校园网，但是并没有人使用，这和没有建立校园网没有什么区别，而且还造成了资源的浪费。由此导致信息技术在教育中的应用效果普遍较低，管理方法和机制影响了应用的推出与发展。

（2）设备落后，资金不足，制约教育信息化的发展。如前所述，教育信息化的发展需要一定的硬件设施，而且硬件设施的更新与补充都需要大量的资金投入。近年来，随着我国信息化发展的进程越来越快，为我国农村中小学教育信息化建设基础环境进一步改善提供了很多的帮助。但是，由于我国幅员辽阔，对于大部分农村中小学来说，计算机的配置都不健全，很多时候上课期间是3~5名学生共用一台机器，有的甚至于是十来个学生共用一台；目前农村学校使用的是多年前购置的少量电脑，且早已过时淘汰，尽管也花了一些资金进行更新，但由于资金不足，现有设备远远不能满足教育信息化的发展；从办学单位角度来看，纵使办学单位已认识到教育信息化的重要性，但也拿不出钱来投资，农村中小学资金不足，没有能力满足教学需求；从学生的角度来看，由于生活条件的限制，农村学生自己拥有计算机也仅限于极少数人，而计算机又是信息技术教育的最基本的设施。没有足够的计算机，开展和普及信息技术教育就只能是一句空话，在网络信息飞速发展的今天，学生要自己上网查找资料，收集信息，几乎是纸上谈兵，学生信息化素养的提高也无从谈起。由此可见，硬件落后，资金短缺，是农村中小学教育信息化的最大制约因素。

（3）教学模式仍落后，依旧以“传递—接受”模式为主。在农村课堂信息技术应用的过程中往往都是教师在上面演示，学生在下面观看，大多数学生都没有自己动手的机会，并没有成为课堂的主体，而是被老师“牵着鼻子走”。学生虽然在课堂上接触到了信息技术的魅力，但是更多的知识观摩，没有学到其中的实质。

农村学校中、老年教师偏多，青年教师偏少，部分教师思想落后，接受新事物和新知识慢，加上农村中小学设备落后、实践机会少等原因，阻碍了农村教师整体信息素养的提高。许多教师对信息技术教育中的基础工具的操作应用知之甚少，甚至有的教师还对计算机的使用产生畏惧，进而排斥在教学中运用计算机。有的农村教师也想利用先进的教学资源，但由于专业知识的限制和设备的缺乏，不能把有限的信息资源用于自己的教学实践，提高自己的信息化教学水平，越不用就越不会用，形成了一个恶性循环。因此，很多教师还停留在“一支粉笔、一块黑板、一张嘴”的旧教学模式上，这是农村中小学在教育信息化进程中面临的不容忽视的严峻问题。

（4）教师的信息技术素养偏低，培训教研流于形式。农村中小学缺少专业信息技术教师，而且普遍存在两个极端：一种是由计算机专业、信息电子专业等相关专业的毕业生任教，他们专业知识扎实，技术熟练，但缺少学科教学以及与其他学科整合的理论、方法等，使学科教学法成了无源之水，缺乏理论深度；另一种是学校缺乏信息技术专业教师，让其他学科教师兼任或转行，他们在教学上只能是现学现卖，自己实践都难，更谈不上对其他教师的培训和指导了。大多数农村学校都属于后一种情况。

学科教师在运用信息技术的时候，往往只是用来查资料、看新闻，以及最简单的演示。在实际的运作中，并没有人手把手地教他们应该怎么样正确充分地应用信息技术来服务课堂，所以学科教师在使用时都比较茫然，所以大多数的教师对于信息技术的应用都只在于低阶段的课堂演示，并不知道该怎么样利用网络来进行互动教学，或者是虚拟教学等，对于教师信息技术素养的培训远远达不到要求，主要体现在以下几点：一是培训一刀切，不能分层次培训，有的教师不学也会，但却规定必须跟着学；二是内容简单，评价单一，主要是面对没有基础的教师进行培训和评价的，很多教师参加培训，却没有学到新的知识技能；三是不能为信息技术教师提供专业进修和培训的机会，信息技术发展特别快，完全靠自己的摸索，很难适应发展要求；四是教研水平还处于低水平阶段，仅限于知识点、操作方法、模式化软件的使用上。

（5）资源利用低效，使用流于形式。现在，农村学校虽然也初步拥有了信息技术教育的条件，修建了诸如多媒体教室、计算机教室等硬件设施。但一方面从事信息技术教育的教师不具备维护、管理、升级设备等方面的能力，一段时间后设备损坏或功能降低，使本来就紧张的设备又更紧张了；另一方面，学校在课程及时间安排上限制学生使用这些设备，很多农村学生只能是上信息技术课的时候才可以使用计算机，独立使用计算机的机会很少。由于存在以上原因，这些设备除了上课以外的大部分时间就被闲置起来，没有充分发挥有效作用。

软件方面，虽然我国正在实施中小学生现代远程教育，尽管远程教育资源还算丰富，而且政府还为学校配备了一些远程教育设备，初步具备了远程教育功能，但是，由于受硬件的影响，这些资源也仅如“花瓶”，束之高阁，没有发挥真正的作用。

（6）课程设置不合理，给信息化发展带来极大困难。受条件的限制，即使有的农村学校能开设信息技术课，也是作为一种选修课被排入课程表。从学校方面来看，虽然现在实施的是素质教育，但是在对一所学校的办学质量进行评价时，主观上看的还是学生的学习成绩，这样，信息技术课就得不到应有的重视；从学生方面来看，即使想学，也会因担心影响必修课程的成绩，而不得不放弃。

凡此种种，给开展和普及信息技术带来了相当的困难。

总之，农村中小学教育信息化发展存在的问题已严重阻碍了学校教育的发展。

6.3.2 原因探究

当前农村教育信息化的落后，既源于信息化理想需求与农村应试教育现实的冲突，也源于现行教育信息化推行模式与内容等与农村中小学教育信息化参与主体真实需求的矛盾，这些矛盾和冲突主要表现在以下三个方面：

（1）教育信息化理想需求和农村中小学现实应试教育状况的冲突。提高中小学教育信息化参与主体的信息素养和信息技能，是全球化、信息化背景下现代公民培养的必然要求，也是提升农村信息化水平，缩小城乡“数字鸿沟”的必要途径。但是，教育信息化的良好理想不得不向农村应试教育现实低头。相对于城市教育，农村教育肩负更为沉重的使命，既要承担提高农村人口素质任务，又要为高一级学校选拔输送合格人才。农村人口中大多数处于社会底层，升学成为大多数人上升到高一阶层的唯一出路。后者往往成为主导，甚至付出牺牲前者的代价，应试教育思想在农村地区根深蒂固。由于在日常教学和学习中采用信息技术不能直接带来提高分数的高效益，因此学校很难有意识或教师愿意主动使用信息技术。一方面在全球化和信息化的环境下，农村教育主体从社会发展压力和自身提升的内在愿望下存在对信息化的迫切需求；另一方面，由于客观环境的制约和主体的知识结构、思维方式、价值观念、情感意志等要素影响，这种需求被掩盖或被转移。

（2）教育信息化参与主体需求的特殊性与教育信息化城市倾向的矛盾。农村中小学由于受到各种条件限制，教育信息化过程中参与主体的客观需求与城市中小学相比较存在显著差异，与当前的教育信息化城市倾向发生矛盾，具体体现在：

第一，信息技术应用意识与能力上的先天不足。农村在经济、文化等方面与城市存在巨大差距。首先是文化资本先天匮缺。布尔迪厄认为，一个人的文化水平和修养被视作具体的文化资本，它以“肉体化”“身体化”的形式存在，或被社会另一种作为学历和文凭成为制度化的文化资本。文化资本通过家庭生活和社会生活可以让下一代在无形中得到继承。农村家庭普遍受教育程度低，知识文化水平不高，家庭电脑普及率极低。农村教育主体缺少良好的现代信息文化氛围，和城市相比显得先天不足。这种信息技术应用意识和应用能力的先天不足成为教育信息化设施使用低效的重要原因。

第二，教育信息化内容存在城市倾向。一是学校信息化教育内容具有城市优越性的价值取向。信息技术代表现代生活、现代文明，而农村预示着自然、过去与落后。这种本源性认识削弱着农村教育主体作为农村人的自信心和自豪感，因而坚固教育的城市化倾向。二是信息化教育内容中存在许多农村教育主体不熟悉的内容，如网页、博客、app 等，对于长期处于封闭状态的农村中小学，它们是全新事物，是远离农村教育主体生活的东西。三是信息化教育内容的表达方式也是农村教育主体完全陌生的符号系统，它来自现代城市的文化传承，是一种现代信息语言，这与农村环境中长大的教育主体使用的当地语言是两套完全不同的符号。

第三，推行模式城市化特点无法照顾到农村学校信息技术应用上的特殊需求。首先，当前农村中小学教育信息化通常是一步到位的硬件建设模式。农村地区经济不发达，资金后期投入不足，技术设备无法及时更新。再加上软件建设跟不上，大量硬件施舍闲置，这势必影响信息化教育效果。其次，教师信息技术培训没有适应农村参与主体在信息技术应用上的特殊性，培训内容、方法、方式等缺乏农村教师针对性，形式化严重，培训效果不甚如意。再次，信息化教育资源的开发和运用上也具有城市特点，对农村参与主体特殊需求考虑不足。一方面是现成的信息技术教育资源不适用于农村，另一方面是无视农村丰富的尚待开发的教育资源。

(3) 教育信息化参与主体需求层次性与现行中小学信息技术教育目标层次单一化的矛盾。由于社会经济发展水平的层次性，教育信息化参与主体的需求在水平上也具有多层次性。一定程度上说，社会发展水平层次决定了主体真实需求的水平层次。在欠发达农村地区的中小学，基本的信息技术知识和技能是参与主体需求的主要内容，由于条件限制这一层次需求的满足也较为困难。但是在发达地区农村中小学，除基本性的信息技术知识和技能以外，有效应用的效果和频率，有效应用的主动意识、态度及动机，信息处理分析的基本能力，学习过程中遇到问题的解决技能与策略等高层次信息技术能力，是信息化参与主体的需求重点。因为社会经济水平发展的层次性决定了参与主体的需求水平的层次性。

作为具有指向、激励、聚合功能的信息化教育目标的制定，既取决于国家与社会对培养对象的要求，也取决于培养对象自身真实需求的水平。地域发展的不均衡性，带来教育信息化发展的不均衡，学校差距进一步拉大。然而，当下整齐划一的信息化教育目标没有关照到城乡之间和农村内部发展的差异性，一味按照城市统一标准加以实施。许多农村中小学由于不具备实施的保障条件，使得现行信息技术教育目标流于形式。这种缺乏层次性的信息技术教育目标在农村难以实现，必然影响到参与主体的积极性。

6.3.3 加快农村教育信息化发展的对策

解决农村教育信息化有效性的关键在于采用换位思维，站在教育信息化参与主体发展的立场上，在尊重农村教育信息化参与主体的真实需求的基础上，对农村中小学教育信息化的目标、内容、模式进行改革调整：

（1）构建农村中小学信息技术教育目标体系，尊重参与主体的层次性发展需求。建议构建适用于农村的中小学信息教育目标体系。依照美国课程学家泰勒的观点，教育目标的确立依据三个因素：社会、学生和课程。农村中小学信息技术教育目标应既要体现对基于地域文化差异、地域经济差异以及农村教育发展不平衡差异性的尊重，又要体现对农村教育信息化参与主体发展需求层次性的尊重。差异并不意味着差距，而是总体目标水平不变的前提下，将目标层次化、具体化、操作化，形成一个灵活性、多样性、体系化的农村中小学信息技术教育目标体系。首先，细化信息技术目标在各学段实现的目标过程，缩小各层级之间梯度，给农村学校以适度的“宽容”。第二，形成良好的目标选择机制，具体措施是制定一个与基本环境条件相匹配的目标选择范本体系，给予学校适合自己条件的目标选择。允许不同地区学校具有不同层次的目标选择权利，以照顾到各个发展水平层次的学校。最终目的在于发挥地区优势，保证不同地区处于不同发展层次的参与主体都取得进步和发展，最终消除差距。

（2）采用因地制宜的多样化推进模式，满足参与主体需求的具体性和特殊性。当前农村教育信息化推行模式大致是，先是硬件资源一步到位，然后教师培训普及信息知识和技能。实际推广过程中，后者往往难以有效保证，加上技术更新跟不上，造成投入资源无法得到有效利用。单一推进的模式无法照顾到农村现实差异性。我们认为农村教育信息技术推进过程要针对不同的地区差异，采用不同的推进模式。例如资金投入模式由一次性投入改为分期分批投入，保证农村教育信息化后继硬件设备技术更新能力。信息技术资源的应用开发模式转变以往城市化倾向，注重农村本土教育资源的开发，注意当地乡土教育资源与信息技术整合，以及先进科技文化与当地优良传统文化的结合。推行过程中侧重点应有所不同。在偏远地区，重点在于信息知识的普及和信息技术使用技能的培训，硬件投入和教师培训同时进行。在条件稍好的地区，可以把重点放在教育观念和学习观念的变革、信息技术与课程的整合上。同一区域，充分发挥学校之间合作功能，整合信息技术资源，加强资源共享，提高资源利用率。总之，在调查分析基础上，制定出切合实际的推进模式。

（3）改善农村教师信息技术培训，激发参与主体的内在动机需求。培养一支高素质的农村中小学教师队伍是农村教育信息化发展的关键。教师自身信息素养和信息技术能力关系到教育模式、方法、内容等改革的成败。针对当前农村教师培训形式化、低水平现状，有必要对其培训目标、模式、手段、内容等进行改革。培训目标上，注重实际运用，注重利用信息技术与各学科的整合，能够利用信息技术优化学科教学；培训模式上力求多样化，集中培训和分散培训相结合，本着“缺什么，补什么”的原则，从学校和教师的实际需求出发，注重实际教学需要，达到“所学即所用”的目的，提高教师对信息技术的应用能力；培训时间上，专题培训和假期轮训相结合；培训手段上，面对面传授和远程教育相结合；培训内容上，从以往的技术培训转移到以信息化教学设计与实施为主的方面上来；关注培训对象的层次性和差异性，切合农村教育实际状况，针对不同人群、不同学校、不同学科具体需求采取不同培训重点。

（4）继续深化农村教育改革，推行素质教育，推广信息文化，创设参与主体对信息技术应用需求的浓厚氛围。农村教育信息化有效推进的一个关键是要消解信息化与应试教育的悖论，大力推行素质教育，为推进农村中小学教育信息化创造有利的应用氛围。信息技术带来教学方式和学习方式的革命，带来教学的优化和教育质量的提升。因此教育信息化和素质教育本质上是一致的。农村教育信息化是加快农村教育现代化，提高农村教育质量的有效途径。农村学校沉重的应试压力剥夺了教师和学生的学习兴趣和发展动力，反过来又阻碍了信息技术的应用推广和信息文化的传播。所以，必须继续推进教育改革，为农村学校教师和学生松绑。同时积极推广信息文化，培植浓厚的信息技术应用氛围，为他们创造一个自由发展的天空。一方面加快信息技术与课程的整合，尤其是与乡土课程的整合，有利于调动师生积极性，培养师生浓厚乡土热爱之情，体会到信息技术应用的乐趣；另一方利用可用资源，加快教育管理、学习、工作的信息化环境建设，为参与主体提供一个广阔的信息化实践平台，让师生在实践中培养信息意识、掌握信息技能，提高信息素养。

（5）推行三网合一，全面促进农村教育信息化发展。三网合一，就是指远程教育资源和校本资源、校际资源的有机整合，是提高教学质量的手段。教师在授课前，首先要对互联网资源、远程教育网资源及校本资源进行筛选和加工，根据教学内容，结合学生实际和教师自身，整合三种教学资源，形成自已的教学风格和特色。本校资源和远程教育资源的整合是对本校资源的扩展，是取之长而补本校之短。学校可结合卫星接收资源，开展校本培训与教研活动，促进教师信息素养的提高，进而推进学校教学方式的改革。学校大部分都通过建立校园网，把本校自制资源上传到网站，或者通过从互联网下载资源，扩充本校资源库，突破时空地域的限制，实现资源的整合与共享。

教育信息化的发展是一个非常复杂的过程，它并不是一成不变的，就像蝴蝶效应一样，一个细微的因素的变化就可能导致整个大方向的改变。从教育信息化建设的三个方面来说，我国的教育信息化建设的前两个要素，即基础设施建设和资源建设相对来说已经进入了稳定发展的时期，所以下阶段的工作目标或者说是要攻克的难题就在与教育信息化的应用。

农村教育信息化发展不是一朝一夕的事情，但我们要抓住信息化发展的契机，努力推进农村教育信息化进程，使农村教育信息化的触角深入到农村教育教学的各个角落，力求做到和城市中小学一样，实现“校校通”、完善“班班通”、争取“人人通”，真正实现教学资源时时用、优质资源堂堂用、教学知识人人用。

6.4 农村教师信息化教学能力提升策略研究

教师肩负着培养和造就社会所需要人才的重任。如何提高教师尤其是农村教师专业化发展水平对于提高我国信息技术环境下的教学水平和效果有着重要意义。

6.4.1 信息化教学能力

6.4.1.1 信息化教学能力的概念

南国农认为，信息化教育就是在现代教育思想和理论的指导下，主要运用现代教育技术，开发教育资源，优化教育过程，以培养和提高学生信息素养为重要目标的一种新的教育方式。

王卫军提出，信息化教学能力是以促进学生发展为目的，利用信息资源，从事教学活动、完成教学任务的综合能力。教师的信息化教学能力，是信息化社会中教师专业发展的核心能力，它的目的是促进学生的发展，所利用的信息资源是介入到教学中的信息化教学资源。

综合多位学者的观点以及已有文献的理论分析，作者认为信息化教学能力是在信息化的环境下，运用信息技术进行教育教学的能力。

6.4.1.2 信息化教学能力的构成

信息化教学能力的构成如下：

- 信息化教学的能力
  - 应用信息技术的能力
  - 教师的信息意识
  - 信息化教学资源开发的能力
    - 制作课件的能力
    - 制作微课的能力
    - 素材加工处理技术
  - 应用信息技术获取教育信息的能力
  - 应用信息技术进行教学评价的能力

应用信息技术的能力是指计算机硬件的操作、软件的使用和使用多媒体课件进行教学的能力。

教师的信息意识是指教师对信息化教学的认识，使用信息技术的意识。

应用信息技术获取教育信息的能力是指教师利用网络，资源库等信息技术手段获取教育信息的能力。

应用信息技术进行教学评价的能力是指在教学评价的环节，应用各种信息技术对教学任务进行评价和分析的能力。

信息化教学资源开发的能力又分为三个部分，制作课件的能力是指使用PPT制作教学课件的水平；制作微课的能力是指制作微课的水平；素材加工处理技术是指教师对图片、音频、视频等教学素材加工处理的能力。

6.4.2　农村教师信息化教学能力的现状

（1）农村教师信息化教学观念较弱。有些年轻教师还是有利用信息技术教学的意识，但是他们没有把这种意识运用到课堂上，一些年轻的教师会制作课件，但是不经常应用到教学中去。而一些年纪大的教师，他们完全没有信息技术教学的意识，他们的教学观念比较落后，还是喜欢纯讲授式的教学模式。但是在调查中，两位年轻的教师却提出："利用信息技术进行课堂教学，可以使教学内容更加丰富，使学生了解更多的课外知识，开阔眼界。上课的时候利用课件也能够吸引学生的注意力，并且可以减少板书，节省时间"。由此说明，有少部分年轻教师对信息化教学的观念还是认可的。

（2）信息化教学资源开发能力较弱。农村教师课件制作水平较低，大部分老师上课用的课件都是从网上下载的，一小部分是自己做的。自己制作一节课的课件，大约需要两到三周的时间，所花费的时间较长。农村学校的教师人数本来就不多，老师的教学任务比较繁重，也没有过多的时间和精力制作课件。部分教师不会在PPT中插入图片、音频，只会一些简单的操作。有时课件的背景不统一，不会设置，制作课件的水平一般。制作的课件达不到预想的效果，与课程达不到整合。制作的课件大部分只是把书本上的知识搬到大屏幕前。

农村教师的信息处理能力较弱，只会简单的处理一些文字方面的信息，例如，有的教师想要在课件中插入音频、动画，使课件变得生动，希望带动课堂的气氛，但是音频的格式不对，播放时放不出声音，不会利用音频软件进行格式转换，教师只有放弃插入。插入视频也是一样，教师应用软件、处理信息的能力很弱。

（3）教师获取教学资源的能力较弱。部分学校提供了一些教学资源获取的渠道，教师还是具备一定的获取教学资源的途径，部分教师能够通过网络资源获取资料和相关的教学信息。获取信息的形式一般都是文字，利用网络获取教学资源就是帮助学生找练习题，很少将图片、音频、视频等方式应用在教学中。对于获取的教学信息，只是在原有的基础上进行修改。但是还有一部分教师，很少通过网络和学校的资源库获取教学资源，还是停留在书本的教学中，对教学资源的获取途径、信息的发布等网络信息交流方式较为陌生。总体来说，农村教师获取教学信息的能力较弱。

（4）教师对信息技术的应用能力较弱。农村教师常用的办公软件只有 Word、PPT、Excel 等，对计算机、多媒体等教学设施操作的学习和掌握也比较少，只会一些简单的操作，没有达到熟练应用，对处理图片、视频、音频等教育信息的软件掌握得更少，平时接触也并不多。

6.4.3 农村教师信息化教学能力的影响因素

6.4.3.1 教师方面因素

（1）农村教师信息化教学的观念薄弱，缺乏将信息技术运用到教学中的意识，他们的教学模式还停留在传统的教学观念里，以教师为中心，学生被动地进行学习，粉笔、黑板、书本就成了所有的教学手段，没有跟上时代的变革。有些年轻教师虽然了解信息化教学，了解利用信息技术进行教学带来的好处，但是受环境的影响，也是被动地使用信息技术进行教学，没有主动的意识去利用信息技术，没有深刻体会信息化教学给教学带来的积极效果和作用。所以，想要提高农村教师的信息化教学能力，首先就要改变农村教师的教学模式，增强信息化教学的意识。

（2）农村教师缺乏应用信息技术进行教学的意识。由于教师缺乏对学习制作课件的兴趣，导致他们使用制作课件的软件不够熟练，总是被动地制作课件，没有时间自己创作课件，PPT 在使用的过程中也比较生疏，没有掌握 PPT 制作课件中注意的问题，例如图片过多或者文字过多，无法吸引学生的注意力。因此，教师学习制作课件的兴趣是影响农村教师信息化教学能力的一个重要因素。

（3）农村教师缺乏应用多媒体处理信息的意识。教师主动制作课件较少，一般都是网上下载，所以他们用来处理信息、文字、音频、视频的软件比较少，例如 Photoshop，音频、视频编辑器等，这样就很难在课堂上用图片、声音、视频等方式将教学信息生动清晰地呈现给学生。另外，教师应用软件和操作多媒体的技术也存在很大问题，通常，教师在网上找到的课件和教学资源，他们只会在原有的内容上简单的操作修改，不能完全地被自己利用。因此，只有解决了教师应用软件和多媒体技术方面的问题，农村教师的信息化教学能力才会得到进一步的提升。

（4）农村教师自身获取信息化教学资源的渠道有限。由于学校很少为教师提供寻找教学资源的渠道，农村教师获取教学资源的渠道就受到了极大的限制，多数情况下只能局限于书本上的内容。但是书本上的内容有些过于陈旧，不能及时跟上资源更新的速度，不具有网络教学资源的创新性，这就很容易对教学效果造成影响。因此教师自身获取信息化教学资源的渠道的限制也是影响教师信息化教学能力的重要因素。

6.4.3.2　学校方面因素

农村教师的信息化教学的能力不仅和自身有关系，和学校也有分不开的关系：

（1）农村学校教学的基本设备建设不足。农村教师处在这样的教学环境下，也会影响农村教师信息化教学能力的发展。在调查的一所学校里，有的班级也会有计算机，但是计算机也比较陈旧，网络的速度也不是很快，教学的多媒体设施明显不足。学校在软件方面的建设也并不完善，没有提供教学资源的渠道。没有一个良好的信息化教学环境，教师不能够适应信息化的方式，不能够满足农村教师的需求。

（2）农村学校对信息化教学的重视程度不够。农村学校并没有规定上课必须要使用多媒体利用信息技术进行教学，只有在公开课、学校领导视察、公开的场合，教师才会用课件。信息化教学的观念不强，没有注重农村教师的信息化教学能力的发展，在听课中使用课件讲课也只是走个形式，没有跟上现代教育教学模式的步伐，树立现代化的教育教学观念。学校更注重的是学生的成绩，只要传统的教学模式能够让学生的学习成绩提升，提高学校的升学率，有没有信息化教学是无所谓的，并没有积极鼓励教师利用信息技术进行教学，对教师信息化教学方面的能力，没有监督、管理、使用措施让教师利用信息技术进行课堂教学，没有信息化教学的氛围。教师处在这种态度和环境中，会使教师的信息化教学的观念和教学水平相对落后。

6.4.3.3　教师培训方面的因素

第 6.2.2.3 节已述及，农村教师存在培训不够系统，培训的模式过于单一，培训内容缺乏实践操作等问题。由于教师的培训时间有限，一般都是短短几天，没有一个长期的规划，因此教师很难在短时间内系统、全面地掌握培训内容。由于培训的目的就是要激发教师的信息化教学的兴趣，提升教师的多媒体操作、应用软件的能力，提高教师的信息化教学能力，所以这种短期的单一的培训并不能起到良好的效果。在培训中，多数培训模式都是专家和领导在台上讲，教师在下面听，面对面的讲授模式，这种模式过于单一，枯燥的讲解难以调动教师的积极性，教师不能理解和体会信息化教学这种模式给教学带来的好处，因此难以从根本上转变教学观念。由于培训的内容多数为理论知识的讲解和传授，而很少提供给教师实际操作的机会，因此教师们很难将理论与实践相结合，这样就难以意识到自己在实际操作中应该注意的问题。授人以鱼不如授人以渔，因此，在培训的内容中，不仅要注重对理论知识的讲解，更要注重教师对电脑的操作和软件的实际使用能力。

6.4.4 信息时代下农村教师专业发展困境

“教师专业发展是指教师个体的专业知识、专业技能、专业情意、专业自主、专业价值观、专业发展意识等发面由低到高、逐渐符合教师专业人员标准的过程。”然而我国农村教师的专业发展还有很多困境，可总结为以下几个方面：

（1）缺少发展意识。教师专业发展意识是教师对自身专业发展的态度和认识，是一种自觉的专业发展规划意识，是教师获得专业发展的基础和前提。然而一些农村中小学教师很少对自己的教学情况进行横向和纵向的比较，不比较即不知不足，不知不足即无从发展。现今农村中小学教师年龄普遍偏大，知识掌握较为陈旧，虽积累了很多教学经验，但在即将退休之际便不再要求进步，存在着“出老本”的现象，只求安安稳稳退休。在教学中运用现代信息技术进行教学的创新意识不强。

（2）发展目标不明。教师要寻求自身的专业发展就要有明确的发展目标。然而笔者研究发现很多农村教师并不了解什么是专业化发展，更谈不上明确发展目标，制定发展规划了。很多农村学校教师资源短缺，专业老师不够（以英语、音乐、美术、信息技术最为突出），存在教师跨专业教学（一个教师同时教几门课程）现象，如语文老师兼授英语、政治、历史，数学老师兼授物理、化学、地理等，导致教师专业发展方向不明。

（3）发展动力不足。教师专业发展动力是教师意识到促使他们采取行动实现专业发展的内外因素的总和。在农村薄弱学校，因工作条件艰苦、福利待遇差、生源素质差等原因，多数教师对现状不满却又无可奈何。他们认为工资低，付出太多不值得；生源素质差，怎么教也不会好到哪儿去。许多教师对工作表现出乏味甚至厌倦的情绪，混日子思想严重。能完成教学任务即可，至于自身的专业发展，既没有压力，又没有动力，不思进取，安于现状，得过且过。

（4）教师水平偏低。农村中小学教师的科研能力普遍偏弱、教师整体科研水平普遍偏低。主要原因是：对科研在基础教育中的重要性没有充分的认识、缺乏科研基本知识、教科研方式滞后，尤其利用信息技术辅助教育教学更是无从谈起。

6.4.5 网络环境下农村教师专业发展策略

6.4.5.1 提高教师信息化水平

随着信息化的不断深入，教育信息化是必然的发展趋势。提高教育活动的信息化对于教学活动的效率和质量有很大帮助。将信息技术有效地应用在教学活动中是促进教学信息化、是提高农村教师专业化的有效途径。因此，对教师有以下几点具体要求：

（1）树立正确的应用意识。在教学活动中应用信息技术的能够提高教学效率，优化教学过程。但是在课堂上不正确的使用反而会喧宾夺主，分散学生的注意力，起到反作用。因此，教师应明确在什么情况下使用什么样的信息化设备，能够使课堂教学起到事半功倍的效果。

（2）加强信息化技术培训。加强教师对于信息技术的理论知识的理解和技术操作能力的掌握，提高教师对信息资源的搜索、加工，运用及评价能力；开展以自主学习和集中学习、面授和网络课程结合的多元培训模式，为教学活动的信息化打下良好的基础。

（3）强化信息技术运用。教师要在实践教学中运用已学过的信息技术搜索、加工、评价等知识进行实际应用，在为教学活动提供资源，满足学生信息化学习需要的同时多加练习自己对于知识的运用能力；运用信息技术帮助学生探索学习活动中的问题，促进学生对知识的理解和掌握能力。

（4）开展信息技术与专业课程知识整合。教师要根据教学环境及学生特点和需要，在对学科的教学内容、环节和步骤总体掌握的情况下，判断学科课程与信息技术的共同切入点；准确选择并确定整合工具和方式；在切入点将信息化资源和专业课程知识整合起来，形成教学课件。

6.4.5.2　开展面向农村教师的在线培训

在现代信息化技术的高速发展的大环境下，如何设计面向农村教师的网络培训平台是对其专业化发展具有重要意义的。一个成熟的网络培训平台应包括：

（1）用户管理：主要负责管理平台用户的注册、登录以及用户操作权限等。网络培训平台的用户主要分为四种：课程教师、培训受众、系统管理员、超级管理员。

课程教师：主要任务是解答培训受众提出的问题，评价学员上交的总结和作业等。

培训受众：是平台的主要用户，这里主要指农村教师，他们的任务是登录平台进行课程学习，并参加培训主题的交流等。

系统管理员：负责维护培训平台的培训资源及对培训受众进行管理。另外，还要负责备份和恢复培训系统数据。

超级管理员：负责对平台系统进行后台管理以及对系统管理员的设置。

（2）时间管理：对农村教师提供的培训应是有计划的按期进行的，所以需要对培训课程有关培训时间的设置及修改等进行相应管理，规定培训受众在培训期内登录平台进行学习或检测。培训期外时间，平台的相应课程即处于关闭状态。

（3）课程资源管理：课程资源管理主要是在网络培训平台发布培训的网络课程并对其进行及时的添加、修改、知识点提炼及相应测试的设定。同时对与课程相关资源进行上传、审核、删除、评论等操作。培训受众也可以在平台上传分享自己已有的学习资源，但要经过系统管理员的审核。

（4）交流管理：网络培训平台为学员提供了学习心得和经验交流的平台。在这个平台上，学员们可以对本期内所学的内容发表自己的心得或提出问题，参加相关的讨论，对相关的学习资源进行评价。

（5）检测管理：在网络培训平台中，一期课程学习结束后，要对学员的学习情况进行了解掌握，以方便后期学习课程的开展。因此，网络培训平台要具有学习检测和自动评阅的功能，方便学员能够在线答题并及时看到检测结果以了解自己的学习情况。

6.4.5.3 构建农村教师的学习共同体

学习共同体（learning community）译为“学习社区”，指一个由学习者及其助学者（包括教师、专家、辅导者等）共同组成的团体，他们彼此之间经常在学习过程中进行沟通、交流，分享各种学习资源，共同完成一定的学习任务，因而在成员之间形成了相互影响、相互促进的人际联系。

那么，怎样构建农村教师的学习共同体呢？它的构成要素主要包括以下几个内容：

（1）共同目标：一个学习共同体首先要有共同的学习目标，如此方可围绕着共同目标规划具体的学习任务。其目标致力于使教师学会如何独立学习，促进教师自身专业化发展。

（2）设计相关的学习活动：在明确学习共同体主题后，围绕其进行持续性的主题讨论、思考交流，使共同体成员交换教学经验，以获取解决教育实际问题的综合经验，从而促进教师的专业发展。学习活动应以主题为中心，采用以实际问题和案例为基础的协作式探究学习模式，让有经验的学习者和新的学习者分享在教育实践中的经验。为共同体成员构建合适的学习小组，并组织小组间的互相交流和成果展示。

（3）学习资源：针对共同目标选择合适的学习方式，为教师提供有力的学习资源，建设体现教师共同体目标和特点的机构。为共同体成员提出明确的学习任务，提供易于理解、方便操作的技术支持，为教师提供方便他们用于计划项目、时间管理、设置和完成目标的概念图软件和其他可视化软件。

（4）知识库共享：共同体之所以“共同”，并非指成员在同一时间进行同一知识的统一学习，而指目标共同。期间，每个成员可以对自己需要的领域进行学习。这就要求学习共同体具有自己共享的知识库，包含关于共同体目标相关的学习内容，供学习者自行选择。教师的很多实践技能，如教学技能、教学方法、班级管理技能等都属于隐性知识，应注重将隐性知识变为显性知识，供共同体成员相互借鉴，来促进教师间的实践交流，提高其专业化水平。

6.4.6 实施中应注意的问题

（1）建立完善的培训系统。在教师在线培训平台学习和建构、教师学习共同体的实施中，对于平台建设和资源很多细节有很多细节要求。由于教师的学习时间较为自由，并不是成员集中在同一时间的培训。因此，学员在培训过程中很易受到外界因素的干扰，课程没有结束就要暂时离开学习平台，而在重新回来后又要从头开始学习，这不仅浪费时间，还容易使学习者对课程的学习产生厌烦的心理。因此，培训平台要建立学习记忆系统，使教师能够在间断的时间从上一次终止的地方继续学习。除此之外，学习的记录、学员总结反思、档案管理、错题笔记很多细节方面都应要考虑全面。

（2）准备丰富的案例资源。教师在进行自主学习时需要大量的案例分析（文本案例和视频案例），不仅是正面的成功案例，有时反面案例会起到更大的积极作用，更能引发教师对于教学实践的思考。然而很多学员教师上传的案例多是自己在实践中的成功案例，因此，平台管理者应注意对于案例尤其是反面案例的搜集上传。

（3）设置丰富学习活动。丰富的学习活动能够更加调动参与教师的积极性，更多地引发他们的思考。根据教师们的需求，除传统的学习模式，很多教师表示需要更多新颖、具有实际意义的创造性活动，例如视频、学案例教的研究。因此，信息化培训不能仅仅流于表面，应积极挖掘其更深层次的意义。

6.5 农村教育信息化案例

为了科学地建构信息技术在教学中的应用模式，在农村中小学教学过程中，必须结合农村中小学现有的信息化教学环境、教学内容的特点和学生的学情，综合运用多种信息技术教学方法，开展形式多样的教学活动，以提高教学的质效。

6.5.1 教学光盘播放点下的教学模式

6.5.1.1 设备与资源

教学光盘播放点下的教学模式（以下简称“教学光盘模式”）配备有寸彩色电视机、播放机和成套教学光盘，通过播放教学光盘对学生授课和辅导。配备对象主要是农村学校布局调整确需保留的教学点。按照我国农村基础教育学校布局及农远工程计划，为全国约万个农村小学教学点配备教学光盘播放设备和成套教学光盘。图 6-1 所示为教学光盘播放点系统结构图。

由图可知，该模式设备运行的要求比较低，对技术要求不高，只要保证设备

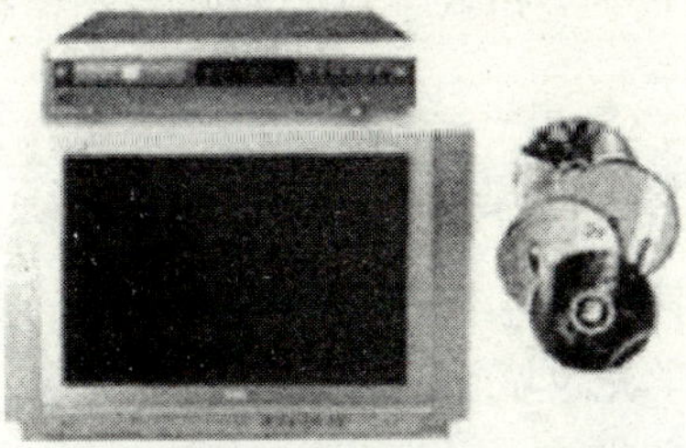

图 6-1 教学光盘播放点系统结构

完好和稳定的供电条件，并及时补充、更新教学光盘，就可以开展教学。同时，该模式的设施及资源实际上在其他模式中同时存在，并有较高的使用价值。

该模式配备的资源主要是光盘资源，主要类型有小班教学、教学情景素材、专题教育、教师培训等四种。资源涵盖了小学语文、数学、英语、科学、美术及音乐等六门学科。

6.5.1.2 教学功能

教学光盘播放点通过播放教学光盘对学生授课和辅导，国家已为其配发了初中和小学英语、语文、中学生电脑课堂和其他学科的教学光盘。它的教学功能有：

（1）在课堂上播放刻录好的教学片、教学课件等内容的光盘，以播放光盘为主，教师进行教学组织和穿插必要的辅导；

（2）以教师授课为主，播放光盘为辅，例如在讲解的过程中播放实验演示的光盘；

（3）教师可观看优秀教师教学过程的光盘，进行借鉴和学习，从而帮助教师备课。

从以上可以看出，该模式的教学应用特点是通过光碟播放，实现把名校的名师请到农村课堂中来，弥补教师教学中的一些不足，从而缩短城乡差别，让老师学到新的教学理念、教学方法，让学生与大中城市的学生进行对比学习，使学生学会学习、学会评价、学会欣赏、增强信心。因此，在应用过程中，教师要熟悉光盘资源中教师的教学过程，选取自己所需的过程资源，再结合本班的教学实际，即学生实际、教师实际来设计自己的教学环节，力求在教学中有自己的创新。教师备课时既要备教材、备学生，还要备光盘，更要备操作，这也给教师提出了更高的素质要求。

教学光盘的播放，有些课程可以在课堂上反复播放光盘，教师进行教学组织和穿插必要的辅导；有些课程可以以教师授课为主，播放光盘为辅。在教学过程中，光盘教学片中的教师与学生、教室中的教师与学生四者之间可以形成有效互动。这种模式很适合农村中小学和教学点的实际需要，特别是对农村边远、贫困地区中小学及教学点的教学。

6.5.1.3　教学应用模式

教学光盘模式是农村教育信息化建设中最为简单、最容易操作及最容易普及的一种教学环境。随着教学光盘资源的不断丰富和完善，教师们很好地掌握这种教学模式的应用是非常有必要的。

教学光盘模式的应用对象可以是教师，也可以是学生。应用于教师方面主要表现在备课活动、教学活动、教师自我教育等；应用于学生方面主要表现在丰富学生学习资源，并作为学生课外拓展活动的学习资源。其应用的基本方式及流程见表 6-1。

表 6-1　教学光盘模式应用的基本方式及流程一览表

对象	类型	基本流程
教师	备课	（1）小班教学：观摩教学—思考过程—理解纳入—制定策略—形成教案； （2）媒体资源：选择资源—阅读资源—确定内容—理解纳入—制定策略—形成教案
	教学	（1）先讲后播式：教师讲授—播放光盘—互动活动—总结反思； （2）先播后讲式：播放光盘—教师讲授—互动活动—总结反思； （3）讲播同步式
	培训	播放光盘—理解思考—模仿实践—反思提高
学生	课堂学习	流程同教师教学环节
	课外拓展	确定目标—选择资源—小组观摩—讨论交流—教师指导—形成成果

教学光盘模式课堂教学应用时要注意把握好光盘资源与课程目标的关系、讲解与播放的关系、光盘中师生与现实师生的关系等，要从课程资源观的角度去考虑其功能，教师不能成为唯一的光盘播放者，而应该成为光盘资源的导播者、学生光盘学习的引导者、光盘虚拟情境与教学现实的沟通者、学生互动活动的组织者和学生学习效果的评价者。

根据教师讲解与播放光盘的顺序，可以将教学光盘模式的应用分为三种方式：先讲后播式、先播后讲式和讲播同步式，三种方式在课堂教学应用中的模式如图 6-2 所示。

A　先讲后播式

教师按照课程要求先进行讲解，对课程目标进行语言引导，对主要教学环节和知识要点先进行铺垫然后播放光盘，让学生观摩光盘电视教师的教与学过程中，吸纳好的学习方法，补充有益的知识内容，强化要点，巩固学习效果。其操

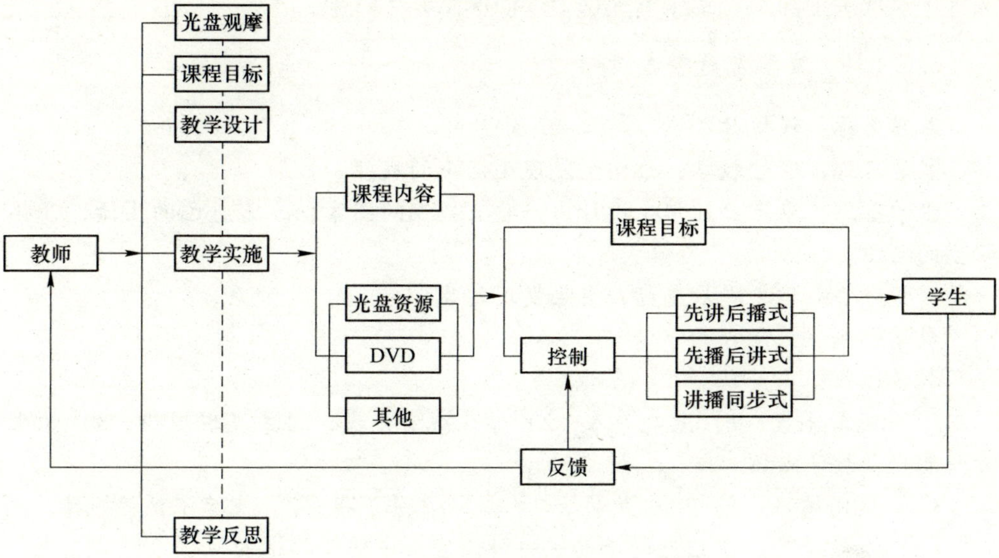

图 6-2 教学光盘模式课堂教学应用模式图

作步骤见表 6-1。先讲后播式要求教师要做好课文学习内容的提示及学习问题的设计，为学生观摩光盘教学过程做好思想和行为准备；播放光盘时，按前一个环节的要求适时少量地通过语言提示予以引导；播放光盘结束时，教师可设计一些师生互动活动，回顾光盘学习过程，分析学习收获，总结知识要点。

B 先播后讲式

教师将光盘内的课堂教学过程完整地播放给学生看，就播放光盘时段的教学环节而言，是“机替代人”，此时教师主要是充当一个助教者及光盘播放者，在播放光盘的前后及中间某些时候，教师可以对学生进行一些辅助性或引导式的解说。因此，播放光盘教学的整个过程主要是教师引导学生跟随光盘里的师生学习的过程。这种方式在农村师资不足的情况下，借助他人智慧与策略来提高教学质量大有好处。

C 讲播同步式

讲播同步式可以分为小班教学资源和互动的多媒体课件资源两种资源教学环境的讲播同步式教学。在小班教学资源的教学环境中，教师要将光盘电视教师的教学过程做筛选，过滤掉一些内容，留下自己需要的片断（一般较少），配合教师的讲授，适时分段播放，做到讲播同步；在互动的多媒体课件资源的教学环境中，教师只要根据教学需要，依照多媒体课件的画面提示，进行菜单点播，随时可以控制播放时间和速度，并可以重复播放，实现讲播同步。讲播同步式可提升或强化教师现实的课堂教学效果，其光盘资源在较大程度上发挥着辅助教师教学的作用。同时，讲播同步式可以实现光盘中的教师与现实教师、光盘中学生与现实学生及现实中师生、生生的互动，提高课堂教学效率。

6.5.1.4 教学光盘模式案例

课程名称：找规律

教学目标：通过教学，让学生发现生活中的规律。

教学重点、难点：让学生设计出一些有规律的图案，丰富自己的生活，开拓学生的思维。

教学方法：学生观看光盘，自主发现规律。

教学媒体：光盘资源

教学过程：

（1）观看光盘：1）激趣导入；2）学生观看光盘，自主发现规律；3）学生才华展示，教学点拨。

（2）巩固练习：1）小组互动活动，找规律并汇报；2）点名汇报找规律。

（3）拓展延伸：小组互动活动——讨论生活中你所知道的规律。

（4）课堂总结。

（5）课堂作业：学生自主设计一组有规律的图案、数字。

本课教学，教者利用光盘创设学习情景，导入新课和利用光盘组织、引导学生学习，采用小组讨论、生生互动等教学组织方式，帮助学生直接利用光盘资源开展丰富多彩的学习活动，并利用光盘提供的素材组织学生自主、合作、探究学习，拓展学生的数学知识。如何把简单的教学内容上活，上出“数学味”，教者在该课中做了一些有益的探索：

（1）注重数学生活化。数学来源于生活，又应用于生活。本课教学紧密联系学生的生活实际。本课一开始，教者以“播放光盘”激情导入，使课堂教学更接近现实生活，在生活化的情景中加强感知，体验到生活处处有“规律”；再如在本课中，教者让学生联系自己的生活找一找生活中哪些是有规律的，让学生欣赏生活中规律的美，进一步地让学生在宽松、愉快的气氛中学习，有助于学生认识到现实生活蕴含有大量的数学信息，感受到我们生活的世界是一个充满数学的世界，体会数学在生活中的广泛应用，了解数学的价值，同时培养学生用数学的眼光去生活，发现生活中的数学知识，提高学生运用数学的意识。

（2）注重数学人文性。课堂活动是具有鲜活生命力的活动，是教师和学生之间、学生与学生之间互动的过程。在本节课中，不管是感知规律、认识规律，还是欣赏规律、创造规律，教者总是与学生分享彼此的思考、经验和知识，交流彼此的情感、体验与观念，丰富教学内容，求得新的发现，从而达到共识、共享、共进，实现教学相长和共同发展。如课堂作业，教者让学生自主设计一组有规律的图案、数字，这个作业是有趣味的，并不是单调的应用创造规律，而是给学生工具，让学生根据自己的意愿，选择喜欢的材料，创造自己的规律。这样，既复习巩固了所学的知识，又让学生的个性化思想得以流淌，童心得以分享，使学生感到学习是一种快乐的分享，使课堂成为一片自我心灵倾泻的情感地带。

（3）注重数学思维性。数学是思维的体操，小学数学教学就是一门让学生的思维舞动起来的学科。教者在教学设计中首先学生观看光盘，自主发现规律，然后是学生才华展示，让不同的学生表达自己对这一问题的不同看法，再后组织学生分组互动找规律、讨论生活中自己所知道的规律并发表自己的见解，鼓励学生大胆发挥想象力，给学生充足的时间和空间进行自主探索，学生在这种多层次、多角度的合作交流中，进一步强化了规律的内涵，形成了一种简约化的思维品质，变浅表式的认知为深层次的探究，激活了自己的潜能，形成自己独特的体验，思维不断得到升华，同时体验到成功的愉快和合作的成果分享，使课堂教学充满了创造活力。

总之，这节课能把数学学习内容与学生身边的事物相联系，让学生感受到学习的价值，课堂上注意学以致用，让学生用所学的知识按要求创造规律，课中注重学生的相互交流与小组合作。但在教学流程设计中，还有几个细节问题需要注意：

（1）本节课的难点是要让学生发现规律，在教学中学生观看光盘后，要让学生通过具体的操作了解规律，再来展示才华就水到渠成了；

（2）学生学习数学，获得必需的数学知识和技能当然是重要的，但不应是唯一的目的。学习数学要学会用数学的视角看世界，用数学的方法去认识客观世界中各式各样的事物，学会通过数学思考去把握千变万化的现象；

（3）学生是资源的被动接受者和赏析者，教师合理地设计资源展示的方法和顺序，可以实现一些机器内外的互动，增强学生学习兴趣，扩展学生的知识面，强化学生技能训练。

该模式资源的使用，教师要在分析资源和教学实际的基础上，进行简单的编组加工，利用现有的资源补充自己教学基础技能和教学资源的不足，提高教学效率。教学光盘的应用，教师要发挥主动性，根据教学目标和学生的具体需要，选用和组合适宜的光盘资源，并在课堂教学中创造性地开展教学。教师要尽量发挥教学光盘的优势，多采用分组讨论、师生互动等教学组织方式，帮助学生直接利用光盘资源开展丰富多彩的学习活动。切忌过分依赖光盘播放，放弃教学设计和师生互动，否则极易导致教师丧失自我发展的动力和机会，课堂教学也会因光盘的单纯播放而沦为师生、生生交往的荒漠。

6.5.2 卫星教学收视点下的教学模式

6.5.2.1 设备与资源

卫星教学收视点下的教学模式（以下简称“卫星教学模式”）配备有卫星

接收系统、计算机、电视机、播放机和教学光盘。通过中国教育卫星宽带传输网，快速大量接收优质教育资源，并同时具有教学光盘播放点的功能。配备对象为乡中心中小学和村完小。图 6-3 所示为卫星教学收视点系统结构图。

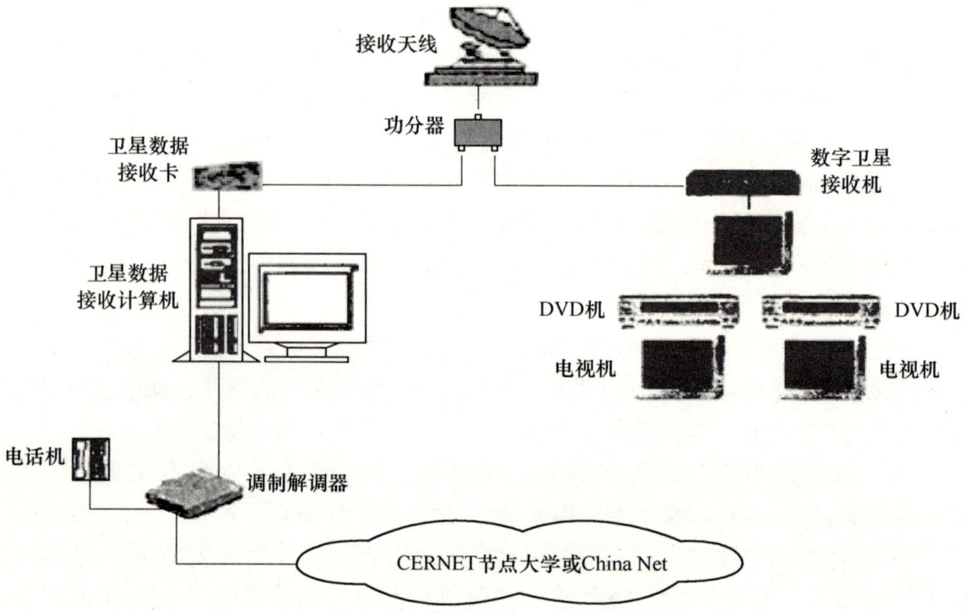

图 6-3 卫星教学收视点系统结构

由图可知，该模式项目配备有计算机 1 台（光驱 1 件，有源音箱 1 组）、接收天线 1 套（含高频头）、功分器 1 只、IP 数据接收卡 1 块、数字卫星接收机 1 台、电视机 2 台、调制解调器 1 只、打印机 1 台及 DVD 播放机 1 台。

该模式运行的基本要求是要具备有一定信息技术能力的教师，稳定的供电和通讯条件，才能通过卫星传输下不断载的数字教学资源。由于该模式配置有卫星接收设备，因此，该模式的资源主要是接收“鑫诺”一号卫星下传的大量优质的卫星数字资源，即农远资源。

农远资源是专门为农远工程项目学校设置的，分为初中版和小学版两种，主要栏目有时事动态、课程资源、学习指导、专题教育、教师发展、少年文化、为农服务、使用指南、网站导航等。

农远资源具有多种媒体资源（电视、流媒体、数据信息），可以大量和快速地更新、下载、存储，不受地面网络条件限制的强大优势，为农村中小学提供了最基本的数字化环境，使农村中小学师生与城市师生一样，同在一片蓝天下共享优质教育资源。

6.5.2.2 教学功能

卫星教学收视点在光盘播放点的基础上增加了卫星接收系统和计算机，通过连接中国教育卫星宽带传输网，电视和计算机都可以接收和播放卫星远程教育资源，计算机还可以接收和播放来自因特网上的教育资源，也可进一步通过与之相连的电视播放，这样就有效地实现了卫星网和因特网的结合。它的教学功能有：

（1）能够实现“教学光盘模式”的所有功能；

（2）通过卫星天线，可以接收到来自中心主站或区域教育信息中心的网上课程，组织学生进行在线学习；

（3）支持拨号上网、ISDN 或 ADSL 等互联网接入方式；

（4）能够系统完整地接收、播放、存储和回放中国教育卫星宽带网（CEBsat）上广播的远程教育教学节目资源，与因特网连通接收或下载中国教育和科研计算机网上的教育资源，如教学素材、课件、试题、案例等；

（5）可从中国教育电视台空中课堂即时收看空中课堂节目进行同步教学，可用计算机辅助教学以及进行教师培训；

（6）能够获取和播放多种类型的多媒体教学资源，如卫星电视、卫星语音广播、卫星 IP 数据广播资源，实现了教育资源的多样化和教学手段的多样化。

以上的功能特点决定了“卫星教学模式”的教学应用特点是教师要对远程资源进行有效的取舍，充分发挥多媒体的图、文、声并茂的强大功能，在教学中创设情景，激情激趣，变抽象为直观，缩短时间和空间的距离，突破重点和难点，达到教学的预定目标。这就需要教师对远程教育资源进行有效整合、开发和运用，教师要具备更高的信息技术技能。这种模式对农村中小学的英语和语文教学最能发挥重要的作用。

6.5.2.3 教学应用模式

长期以来，学生的主体发展一直是一种理想，是教育工作者追求的目标。但在资源匮乏的条件下很难实现，在农村尤其如此。农远工程丰富的资源，促进了农村中小学从“教教材”到“用资源教”的转变，使教育以学生发展为本从理念走向现实，对学习的个性化、多样化和均衡化将会产生革命性的影响。

现代远程教育资源在教学应用方面主要是帮助教师获得大量的学科教学资源及新的教学方法，有效地开展信息技术与学科教学的整合，高质量完成学科的教学任务。图 6-4 所示为现代远程教育资源课堂教学应用模式图。

在“卫星教学模式”的课堂教学实施中，根据资源的整体应用、部分应用、二次加工应用，可以相应得出以下三种应用模式。

A 借鉴—模仿式

借鉴—模仿式是指在整堂课中直接利用卫星接收端接收的资源，不经过任何

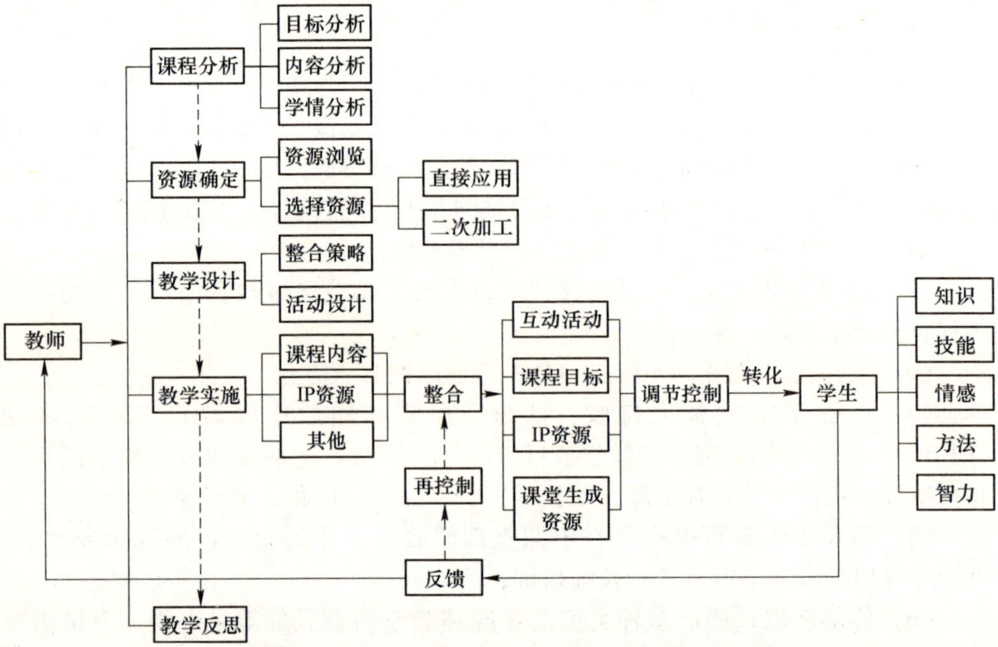

图 6-4　现代远程教育资源课堂教学应用模式图

加工整理，整堂课可直接利用的优质卫星教学资源。这种教学应用模式操作简单，教师只要在规定的时间组织学生收看正在直播的同步教学资源或者观看已经下载的教学资源。在偏远山区师资缺乏的情况下，只要教学内容和播放时间吻合，就能够满足其基本的教学需要。

操作程序：选定课题—资源（实例）下载—学习模仿—实践应用—实践反思。

选定课题：确定要借鉴的科目和相应的课题。

资源（实例）下载：在资源库中查找相关讲解内容，并将查找到的教案示例、典型例题、媒体展示、探究活动、习题精选、拓展资料下载，建成所需的教学资料包。其他资源如媒体展示、拓展资料、典型例题、探究活动、习题精选等并不是教学必需的，但对解决农村教学资源贫乏的现状、丰富教学内容、激发学生的学习兴趣大有帮助。

学习模仿：教师认真学习课题中的资源，体会资源中的教学设计、媒体展示、练习设计等内容和要求，内化资源内容。

实践应用：将课题的教案示例、媒体展示等资源直接运用到课堂教学中。

实践反思：教学后，反思资源应用的得与失，改进原来的教学思路，逐步形成自己的教学新方式。

借鉴—模仿式的本质就是“拿来主义”——拿别人东西做自己的事。这种教学模式可适用于“卫星教学模式”“计算机教学模式”及其他形式的课堂教学，其下载资源通过光盘刻录，也可用“教学光盘模式”的课堂教学。

B 辅助—讲解式

辅助—讲解式是利用远程 IP 资源中的知识点动画或模拟软件，对于抽象的原理和规律进行讲解，突破教学重点、难点，以帮助帮助教师完成教学任务的一种教学模式。辅助讲解式主要用于以教师讲解为主的课程内容。

操作程序：设置情境—资源呈现—讲解展示—情境互动—实践反思。

该模式主要用在以讲解为主的课堂教学中，将多媒体计算机和大屏幕投影系统作为教学媒体和教学手段引入课堂，创设各种故事情景、仿真情境、虚拟情境，同时教师清晰的讲解更有助于学生理解知识。与传统教学手段相比，将 IP 资源中多种媒体元素整合后用于课堂演示有如下特点：一是教学内容形象直观，有利于学生学习；二是教学手段集成化，有利于教师演示；三是教学信息量大，有利于提高教学效率。

另外，要鼓励学生积极进行学习评价。学习评价既可以让学生的学习成果，也可以提供必要的课堂练习。学习成果可以是口头汇报，也可以是书面的材料，有条件的学校还可以让学生提供电子作品。

C 对比—反思式

对比—反思式是教师根据自己对课程标准的理解，对学科教学内容的把握，对教学环境、资源的了解和掌握等，选择并组织资源，开展课堂教学活动。该模式是多媒体组合教学的范畴，是卫星资源的高级应用形式。多重组合首先是各种媒体资源的选择和组织，其次才是在这样的资源和资源应用的环境中，进行学科的课堂教学活动。在多重组合教学模式中，卫星教学资源已经不是唯一的资源，还包括光盘资源和其他各种媒体的教学资源，教师要考虑的主要问题是怎样把这些优质资源整合应用到教学中，达到资源为教学和学生服务的目的。多重组合教学模式对教师的综合素质有较高的要求，需要教师有宽广的视野、较好的信息素养和较高的学科教学能力。

操作程序：确定课题—自我设计—初次实践—对比分析—重构设计—再次实践—群众评议—归纳提炼—反思提高。

其中，在资源的选择方面要做到四个有利于：

（1）选择的资源要有利于解决传统教学中不能解决教学问题；

（2）选择的资源要有利于促进学生提高整体学习素质知识与能力情感和态度过程和方法各方面都得到发展；

（3）选择的资源教学要有利于促进学生的自主、探究、合作学习，改变变相的灌输，过于着重呈现知识结论，要积极引导学生在资源中学会发现、学会选择，学会提出问题，学会运用信息化资源开展学习；

（4）选择的资源有利于促进学习的拓展延伸，为学生自主、探究学习开辟丰富的信息化资源，在学好教材同时，提供更宽广的合作学习的渠道和空间，让学生有更多的选择，有利于学生个性发展。

在资源设计开发方面要做到四个同步：

（1）在教学课件及学习资源的设计开发时必须和教学设计同步，体现新课程标准的教学理念；

（2）在教学课件及学习资源的问题设计、元素设计必须与启迪学生的高级思维活动同步；

（3）在教学课件及学习资源的设计开发时必须与学生认知水平和学习水平同步；

（4）在教学课件及学习资源的设计开发时必须做到技术表面形式与教学内容同步，针对学生的年龄特点和认知水平，选择适合的技术的形式，不宜繁杂。

6.5.2.4　卫星教学模式案例

对比—反思式以远程教育 IP 资源中的范例为对比物，由教师选择相同课题，以自我教育教学行为与范例进行对比，再通过分析、评议、实践、提炼、反思等过程，让教师从范例中接收新理念、新方法和新知识，促进教师对新信息的理解与迁移，以解决课堂教学存在的问题。

课程名称：力的测量

（1）理解课程要求：

教学重点：会使用弹簧测力计；

教学难点：培养学生的观察能力及分析问题的能力。

（2）分析学生知识背景：作为农村学生，接触面较窄，先进的事物了解较少，可在引入新知识之前出示相关的器材，或用多媒体直接展示图片或动画，增进学生对外界事物的了解，加强学生的学生兴趣，而不局限于书本。

（3）选择媒体资源：

教学活动 1：准备一个拉力器，请男女学生各一名分别拉，由为什么弹簧伸长的长度不同，引出力有大小的区别

学生活动：男女学生各一名分别拉弹簧，引出问题：1）弹簧为什么伸长了？2）两位同学拉弹簧时，弹簧的伸长相同吗，为什么？3）哪位同学的拉力大，怎么知道他的拉力大？

教师活动：协助学生归纳总结实验后的结论，即拉力使弹簧伸长拉力大小不同，弹簧的伸长不同拉力越大，弹簧伸长越大，利用弹簧的伸长可以测量力的大小。

教学活动 2：了解 1N 力的大小

教师活动：拿起两个鸡蛋的力是1N，让学生讨论生活中还有哪些力大小是1N；

学生活动：相邻同学之间相互讨论，举出力为1N的例子。

教学活动3：弹簧测力计的原理

教师活动：可准备一个弹簧，找学生用不同的力去拉弹簧；

学生活动：用不同的力拉伸或压缩，或力的方向不同。

教学活动4：弹簧秤的构造

教师活动：展示弹簧测力计的多媒体图片；

学生活动：根据教师的讲解，了解测力计的构造；

IP资源：略。

教学活动5：练习使用弹簧秤

教师活动：巡回检查，及时解决问题；

学生活动：认清弹簧测力计的量程、最小分度，测出水平拉木块的力、在斜木板上拉木块的力、拉断头发的力。

（4）备课后记

整节课老师讲的比较少，大部分时间是学生在动手做，在做中自我总结、自我学习，大大调动学生自学的积极性，而不是被动的被灌输。作为IP资源应用于教学，使学生的接触面大大扩宽，不再局限于课本的框架，给学生以很大的思维空间。

这节课“力”在生活中随处可见，但由于过于抽象，学生理解起来有较大难度。因此，在教学设计中，教者坚持从生活中来、到生活中去的原则，放手发动学生利用自身的经验和能力，用自己熟悉的事物进行说明，形成对概念的认知和理解；在学生独立思考、互相讨论和亲身体验的基础上，学会“力的测量”与弹簧测力计的使用，并借此提高学生分析、解决问题的能力。特别是在教学上，教者有效利用IP资源，采取师生互动的方式，充分发挥学生的主观能动性和主体地位，大力推行“在做中学”，使学生在独立思考、亲身实验的基础上形成对问题的体验。

值得注意的是，自主探究是对的，小组合作是好的，同时，教师的讲授也是不能丢的。课堂是学生的——学生在课堂上学习知识，锻炼思维，一定程度上也是学会交际培养品质。学生主要是资源的被动接受者和赏析者，同时可以实现部分资源和学生的互动，或者经过教师的演示间接实现互动，学生也可以成为资源的创造者和直接使用者。课堂也是教师的——教学活动的组织与开展由教师安排，并根据需要可以随时干预。教师除了是教学活动的组织者、教学资源的提供者，也应该是教学内容的讲授者——在必要的时候，用恰当的方法。

卫星教学模式资源的使用，教者要在分析的基础上，结合教学实际，在教学过程中或进行直接引用，或进行简单加工后使用，或直接进行创造性开发使用，开展整合研究，提高教学效率。

6.5.3　计算机教室下教学模式

6.5.3.1　设备与资源

计算机教室下教学模式（以下简称“计算机教学模式”）配备有卫星接收系统、网络计算机教室、多媒体教室、教学光盘播放设备。其特点是除具备卫星教学模式全部功能外，还能够为学生提供网络条件下的学习环境。配备对象为农村初中。计算机教学模式使全国 3.75 万所农村初中基本具备计算机教室，使 3109 万农村初中在校生能够逐步与 3495 万城镇初中生一样，共享优质教育教学资源。

由图 6-5 可知，计算机教学模式除了具备“卫星教学模式”和“光盘教学模式”的全部功能外，有了两间具有初步网络功能和多媒体教学功能的教室。其中计算机教室主要包括硬件设备及网络教室软件两个部分，硬件设备有计算机、集线器（交换机）、UPS 等，多媒体教室包括了计算机系统、投影显示系统、影音系统、环境设备和集中控制系统。

计算机教室的资源主要除了包含“光盘教学模式”的光盘资源、“卫星教学模式”的 IP 资源、配套的资源库外，连通因特网的学校还可以使用因特网上的网络资源。另外，计算机教室运行基本要求是要具有专职或兼职的教师和技术人员，具有专用教室和网络条件，需要不断的补充和更新教学资源。

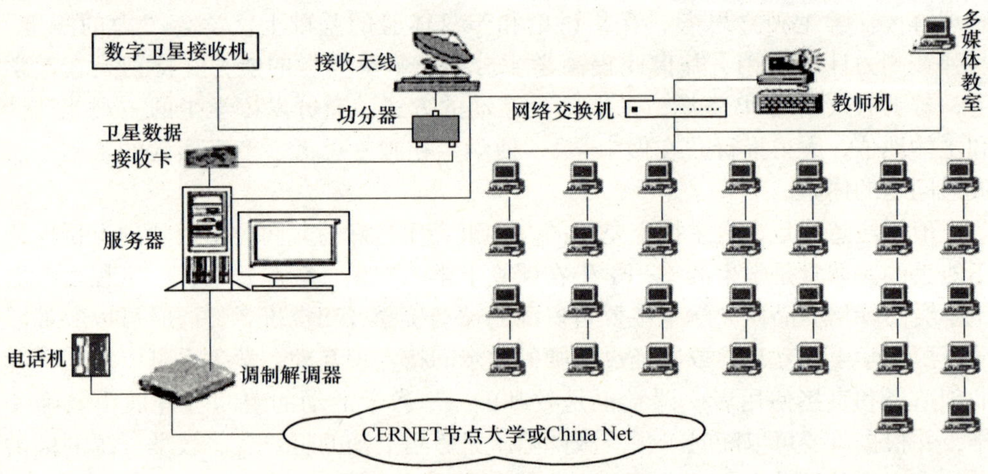

图 6-5　计算机教室系统结构

6.5.3.2 教学功能

计算机教室是在卫星教学收视点的基础上，增加了网络计算机教室和多媒体教室，使师生可以在网络和多媒体环境下进行教与学的活动，是集成度较高的一种模式。它的主要教学功能有：

（1）能够实现“卫星教学模式”和“光盘教学模式”的全部教学功能。

（2）教学示范功能。可以将教师机上的教学内容同步地播放到全体学生机或部分学生机上，也可以将某学生机上的信息同步地播放到其他学生机上。

（3）将计算机教学课件、教学光盘、远程教育 IP 数据资源等通过多媒体教室大屏幕投影或多台电视机组合显示播放，扩大了远程教育节目收视与使用的规模。

（4）实现了网络教室教学方式，可满足多个学生同时学习，为开设信息技术必修课创造了条件，同时把信息技术应用到了教学中。

（5）提供基于互联网的个别化学习。包括利用 www 服务，浏览方式访问远程服务器，利用电子邮件网上探索、讨论；利用文件传送下载进行个别化学习利用远程登录检索资料等。

（6）提供基于互联网的实时交互。将教学内容编制成网络型且可跨越平台运行的 CAI 教学软件，学习者在网上进行交互式学习，在高速互联网上也可进行视频点播和视频会议远程教学。

（7）在乡镇的中心学校建立这样的计算机教室，不仅具有示范和带动作用，而且具有辐射周边学校的功能。

“计算机教学模式”的教学应用最大的特点是具有很强的交互性和可操作性。在网络环境下，学生可以自主探究学习，分组合作学习。通过教师的导引，让学生带着问题，有目的地在网络知识的海洋中去遨游。在教学过程中，教师要做好对课堂的掌控，对学生的学习过程、小组讨论和个体发言的结果，要及时进行信息收集；教师还要注重其主导作用的发挥，不能把一节课仅放在信息的收集上，还要对本节课的重要知识点加以引导和落实。网络教学还体现在交互式学习上，任何课程都有知识点，教师要设计好学生的练习。同时远程教育资源为我们提供了学习指导资源，学生可以自主选择练习，让学生在快乐中学习，在学习中成长。通过计算机教学模式的教学应用，对于提高学生的动手操作能力，信息采集、分析、处理能力，培养了学生的信息素养具有非常大的作用，但是对于教师、学生的信息技能提出了更高的要求。

6.5.3.3 教学应用模式

A 问题—探索式

问题—探索式的具体应用流程如图 6-6 所示。

图 6-6　问题—探究式应用流程

问题—探索式实质上就是教师引导学生开展兴趣性学习和个性化学习。浏览资源就是教师指导学生在远程教育资源中先浏览资源概况，激发学生的网络探究意识；发现问题就是学生在浏览资源的过程是就其感兴趣的事情或事件产生疑问，教师指导学生记录事情或事件，确定疑问点；选择策略则是教师根据确定的疑问点，与学生共同选择探究的方法与步骤、时间与程序等，为学生实施的网络探究活动奠定方法、程序基础；尝试探索就是学生在教师的指导下，根据确定的探究方法与程序，进行个别化或小组探究学习；解决问题则是通过探究学习活动，学生初步解决确定疑问。在解决问题的同时，学生又会发现产生新的问题，进而进行下一轮的探究学习。

B　网站—学习式

网站—学习式的具体应用流程如图 6-7 所示。

图 6-7　网站—学习式应用流程

学习网站是一个基于网络资源的专题研究、协作式学习系统。师生共建专题型的学习网站，不仅可以学习丰富的知识，同时能提高师生利用信息技术开展学习的能力。确定专题就是教师根据学生情况及已有资源情况，确定学习专题；收集资源主要是在远程教育资源中收集，有条件的学校也可以在互联网资源中收集或制作部分资源；分析加工就是根据课程内容及目标，对收集到的资源进一步分类整理，进行二次加工，形成个性化、本地化的教育学习资源；构建网站就是利用网络工具把整理的资源制作成适合当地学生学习情况的专题学习网站；网站学习就是教师指导学生开展网络化和个别化学习。

C　网络探究式：WebQuest 教学

“WebQuest”教学模式的产生背景是实施步骤详见 5. 4. 2 节。

6. 5. 3. 4　计算机教学模式案例

课题：对联文化

课型：高中语文网络探究活动课 WebQuest

目标：

(1) 了解丰富多彩的对联文化，增加对传统文化的体验和感悟，以便让学生对此产生兴趣。

（2）锻炼运用 Internet 网搜集信息并使用 Word 和 PowerPoint 整理信息的能力，获得一点利用网络资源进行研究的快乐体验。

（3）积累精粹的语言材料，含蕴性情。

环境：校园网及网络教室、Internet 网。

资源：网页式课件或多媒体课件、网络资源。

软件（师生共用）：网络教室系统、Internet 网、Word 文档、PPT 文稿演示工具。

时间：一个月左右。

学习策略：网络探索、分组协作。

基本过程（以下为本课程第一课时基本过程）：

（1）“问题导入”——教师介绍对联文化的普及情况学生现场完成有关对联的口头调查。

（2）“分组明确任务”——全班分三小组，建议各组学生分别以“对联，起源，形式”“家乡名联”“对联，用途，艺术价值”为组合搜索的关键词查阅资料，并以关键词为中心整理一份简单的报告，要求附对联作品进行说明。

（3）“组内协作搜集并整理资料”“组内讨论、意见汇总”阶段均由学生自主完成，教师巡回参与。

（4）“提交报告、组间交流”“口头答辩、组间讨论”阶段的活动由教师协调，学生自由展示，教师以初学者的身份参与、以已学者的身份鼓励，不作结论。

（5）“讨论新任务、点评鼓励”阶段分别由小组长主持讨论，教师适度点评，重点放在确定下次活动学习要点上，强调由本节课的疑点、趣点设定下节课的要点。

教学反思：

（1）WebQuest 课程开发模式是网络探究活动课程设计中一种值得参考的方式，其适用范围值得进一步研究。执教者认为这种方式用于组织学生开展网络探究活动有一定优势，但绝不是所有的学科课程内容都适合采用。

（2）课件《对联文化》采用普通网页开发程序“Microsoft FrontPage”编制，在网络课堂上运行流畅，优于一般的多媒体课件。

教者在“对联文化”的教学设计中，给学生呈现了一项真实的任务，即一个需要解决的问题。教学设计还为学生提供了一些网络和课件资源，要求学生通过对信息的分析和综合来解决问题得出结论。

“对联文化”是基于 WebQuest 的研究性学习活动，其研究的主题是“对联文化”，主要探索我国对联文化为什么值得研究，与 5.4.2 节的 WebQuest 案例相比，该案例更适合于农村中小学教育信息化发展的现实状况和农村实际。学生根据创立的，依托网络，结合调查，以小组活动为单位，写出研究报告。

"对联文化"学习具有以下特点：

（1）强调资源利用。WebQuest 是一个以调查研究为导向的学习活动。在这个活动中，能够让学生进行交互的信息大多来自课件、网络资源，其余则来自社会资源或学校资源，包括用于论证研究主题的信息资源和用于互动共享的智慧资源。有利于学生迅速地筛选和获取信息，准确地鉴别信息真伪，创造性加工和处理信息等。

（2）强调主题探索。"对联文化"要回答和解决的是不易确定、比较开放性的问题，即我国对联文化为什么值得研究，它可以有多种解决问题的途径，如我国对联文化的独特艺术形式的研究，我国对联文化为中国社会各阶层喜闻乐见并广泛渗透到中国社会生活的方方面面的研究，我国对联文化的语言艺术的研究等。这些研究途径不仅可以使学生感悟历史，树立精神，而且还可发展学生更高层次思维水平。

（3）强调小组合作学习，讲究小组成员内部的分工合作。教者将主题探索分为三个层次，按三个小组共同"作文"的形式，相互学习，相互启发，相互切磋，相互鼓励，各展其长，协作互补，是一种文本的集体创作，大大促进了学生之间良好人际关系的形成。

基于的"对联文化"的学习活动还具有以下可供借鉴的几点经验：

（1）激发学生的学习兴趣。利用网络进行高中语文的研究性学习，教学过程中学生自始至终处于积极的学习状态，网络提供的各种信息既对学生的学习提供帮助，又激发了学生探究的兴趣教师对学生的全新评价和合理观点的认可，使学生的求知欲望和创新意识更加强烈。

（2）培养自主、协作学习的能力。在网络环境下的研究性学习活动中，学生为了寻找我国对联文化的研究价值这个问题的答案，必须自主和协作学习，这既有利于在学习过程中培养学生与人合作的能力，也有利于学生的长远发展，还有利于学生学习语言，含蕴雅趣，锤炼才情。

（3）当场反馈，动态跟踪。利用课件、文档、文稿演示工具和作业系统的反馈功能对学生的讨论、作业、交流进行实时反馈，有利于教师对教学进程的监控；对学生作品的形成、评价、展示，当场反馈给教师和学生，有利于师生改进教与学。

对计算机教学资源和教学平台的使用，教者应在分析的基础上，结合网络环境、对象程度和教学实际营造良好的学习环境，开展整合研究、探究式学习、合作式学习、远程教育服务等，提高教学效率。学生主要是在教师的指导下进行自我探究式的研究性学习，形成个性化的知识结构。教学平台交互功能是学生充分发表个人见解和获取知识的重要途径，资源共享使每位学生成为资源的主人。

6.6 农村教育信息化展望

《国家中长期教育改革和发展规划纲要》（2010—2020）明确提出了加快教育信息化进程的要求，提出“把教育信息化纳入国家信息化发展整体战略，超前部署教育信息网络。到2020年，基本建成覆盖城乡各级各类学校的数字化教育服务体系，促进教育内容、教学手段和方法现代化”，“重点加强农村学校信息基础建设，缩小城乡数字化差距”。以信息化带动教育的现代化，是实现农村教育跨越式发展的重要途径。为了缩小与城市的差距，经过十余年的努力，我国农村教育信息化建设取得了一定的成绩，也存在许多的发展瓶颈。在前述分析的基础上，以下进一步展望农村教育信息化未来的发展方向和目标：

（1）统筹规划，均衡投资。农村教育信息化是一项艰巨、复杂的系统工程，涉及不同区域和不同的教育单位，就全国范围而言，必须统筹规划，科学布局，统一标准，充分调动各方面积极性，广泛吸引社会各方面的力量参与建设。在规划农村教育信息化过程中，必须树立均衡投资的观念，既要建立政府主导的教育信息化经费投入保障机制，又要注意拓宽投资渠道；既要考虑城乡之间教育信息化的投资比例，又要考虑硬件、软件和培训三者的投资比例，尽可能地使硬件、软件和培训的投资比例接近合理。通过政府资助、学校自筹、社会融资等渠道，鼓励多方参与，促进农村教育信息化的可持续发展。

（2）以人为本，服务应用。教育信息化要始终以促进人的全面发展为目标，把农村教育改革对信息化的需求作为工作的着力点，强化信息技术在农村教育中的应用，着实提高管理人员、教师、学生应用信息技术的能力，将教育管理、教育教学等方面的应用作为推进农村教育信息化的动力，落实到每一所学校、每一个班级，体现在每一位学生的发展之中。提高应用水平是农村教育信息化的重点和难点。应充分发挥区、县教研室的作用，广泛开展学科信息技术教育教研活动，引导教师从教育观念、学习内容、教学模式等方面探讨如何开展基于信息技术的教育教学改革与实践，促使农村学校转变教学理念、改革教学手段和方法，形成一批优秀教学研究成果和实践经验，从而提高教育教学质量。

（3）共建共享，整合资源。资源建设是教育信息化的核心，也是教育信息化的灵魂。在国家已经规划的六类资源（知识点资源、探究性资源、自主学习资源、专题教育资源、教师培训资源、少数民族语言资源）建设基础上，应以资源共享为核心，破除资源分散、封闭和垄断等状况，充分利用和整合已有的信息资源，加速基础性数据的标准化改造，防止重复建设。“共建共享”教育资源的联盟机制，即由教育行政部门、学校和教师三级组成，教育行政部门负责投资软硬件、制订方案和标准，学校负责宣传发动和制定激励政策，教师负责上传优质教育资源。学校、教育行政部门和教师共同参与建设区域性教育资源库，解决多教材版本学习内容编排顺序不一致、教材难度不一致和教材内容完全不同三种情况下的资源可用性和选择性问题。让免费、优质的国家教育资源成为农村学校方便获得的资源。如果教育行政部门将每个教师自己加工改造后的教学资源建立资源中心，在全省范围内共享，这样就可以避免重复建设，从而节约大量的财力和人力。

（4）加强培训，提高质量。皮亚杰说过："假若没有质量合格而又数量足够的教师，最好的改革方案也只能在实践中夭折。"建立并完善以各级教育学院为依托的继续教育体系，加大县级培训制度建设；提供必要的制度以促进校本培训的开展；加大培训效果的审查力度，避免重复培训、低效率培训。调查显示，在农村中小学的教师培训中，参加校本培训的比例明显高于其他方式的培训。因此充分发挥学校骨干教师、信息技术教师的力量，将全员培训与骨干培训相结合，采用集中培训和分散培训相结合的方式强化校本培训。让学校的骨干教师培训本校的其他教师，以教师在信息环境下教学科研中遇到的典型案例为主要培训内容，注重针对性、实用性与有效性。在培训中渗透现代教育理念，掌握信息化教育设备与资源的操作方法，掌握信息技术与课程整合的策略，组织教师开展教学研讨、示范观摩、教学设计评比、教学反思等，促进教师边学边用。在动机上满足不同教师的教学科研需要，在功能上提高教师的信息化水平和教育教学质量，激活教学实践过程，提高教师的信息技术学习兴趣。

参考文献

[1] 国家中长期教育改革和发展规划纲要（2010 ~ 2020 年）[EB/OL]. http://old.moe.gov.cn//publicfiles/business/htmlfiles/moe/moe_ 838/201008/93704.html, 2010-07-29.

[2] 蔡伟. 走向"文感"：后"语感"时代语文教学的出路 [J]. 全球教育展望, 2008, 37 (2): 72~77.

[3] Richard E Mayer. The Cambridge Handbook of Multimedia Learning [M]. Cambridge: Cambridge University Press, 2014.

[4] 任友群, 等. 追寻常态：从生态视角看信息技术与教育教学的融合 [J]. 中国电化教育, 2015 (1): 97~103.

[5] 何克抗, 吴娟. 信息技术与课程整合的教学模式研究之一——教学模式的内涵及分类 [J]. 现代教育技术, 2008, 18 (7): 5~8.

[6] Bruce Joyce, Marsha Weil, Emily Calhoun. Models of Teaching [M]. Boston: Allyn and Bacon, 1999.

[7] 叶澜. 新编教育学教程 [M]. 上海：华东师范大学出版社, 1993.

[8] 朱小蔓. 小学素质教育实践：模式建构与理论反思 [M]. 南京：南京师范大学出版社, 1999.

[9] 张武升. 关于教学模式的探讨 [J]. 教育研究, 1988 (7): 60~63.

[10] 施良方. 课程理论——课程的基础、原理与问题 [M]. 北京：教育科学出版社, 1996.

[11] 袁振国, 等. 当代教育学（试用本）[M]. 北京：教育科学出版社, 1998.

[12] 和学新. 教学策略的概念、结构及其运用 [J]. 教育研究, 2000 (12): 54~58.

[13] 李云生. 信息技术条件下教育教学方式优化研究与实践 [D]. 济南：山东大学, 2016.

[14] 热依木·努尔麦麦提. 信息技术视野下课堂教学方式的重构 [D]. 西安：陕西师范大学, 2015.

[15] 周宏仁. 信息化概论 [M]. 北京：电子工业出版社, 2009.

[16] 孙传远. 新课程背景下有效的课堂教学研究 [D]. 上海：上海师范大学, 2007.

[17] 王巧霞. 中西方课堂教学差异的文化探源 [D]. 上海：华东师范大学, 2005.

[18] 何克抗, 李文光. 教育技术学 [M]. 北京：北京师范大学出版社, 2002.

[19] 李克东. 新编现代教育技术基础 [M]. 上海：华东师范大学出版社, 2002.

[20] 范坤. 对教育信息化本质的分析 [J]. 电化教育研究, 2006 (9): 21.

[21] 张建伟. 从传统教学观到建构性教学观——兼论现代教育技术的使命 [J]. 教育理论与实践, 2001 (9): 32~36.

[22] 庞晓红. 信息技术与高中地理课程整合的教学模式研究 [D]. 西安：陕西师范大学, 2015.

[23] 霍塑, 钟晓燕. 教育信息化概论 [M]. 重庆：西南师范大学出版社, 2012: 4.

[24] 李尚明. PPT 在大学课堂教学中的合理使用 [J]. 电脑知识与技术, 2013, 9 (19): 4463~4464.

[25] 李瑞萍, 王小梅, 李名. 交互式电子白板在课堂教学中的应用 [J]. 软件导刊（教育

技术），2008（12）．
[26] 李晓，孙晓阳．交互式电子白板课堂在应用中存在的问题及对策［J］．信息技术与教学，2016，10（10）：182~183.
[27] 刘繁华，于会娟，谭芳．电子书包及其教育应用研究［J］．电化教育研究，2013（1）：73~76.
[28] 凌霄．电子书包的现状与未来［D］．成都：四川师范大学，2012.
[29] 贺平，郑娟，王济军．电子书包应用现状与未来研究趋势［J］．中国电化教育，2013（12）：52~56.
[30] 范云芝．"互联网+"时代的教学新技术慕课与微课研究［J］．产业与科技论坛，2017，16（6）：167~168.
[31] 王丽娟，宋晓峰．试析慕课的特点及其平台建设［J］．现代交际：学术版，2017（1）：176~177.
[32] 郝志勇．微课到底是什么［J］．科技视界，2015（4）：303~304.
[33] 张金磊，王颖，张宝辉．翻转课堂教学模式研究［J］．远程教育杂志，2012（4）：46~51.
[34] 张跃国，张渝江．透视"翻转课堂"［J］．中小学信息技术教育，2012（3）：8~10.
[35] 王忠政．信息技术与地方财政类院校本科教学深度融合的研究［D］．武汉：华中师范大学，2015.
[36] 南国农．电化教育学［M］．北京：高等教育出版社，2004：14.
[37] 孙亚玲．课堂教学的变革与创新［M］．广州：广东教育出版社，2006：244.
[38] 张建琼．课堂教学行为优化研究［D］．西安：西北师范大学，2005.
[39] 谭兆亮．信息技术和小学数学课程整合的案例研究［D］．宁波：宁波大学，2010.
[40] 刘晨旭．运用信息技术优化小学数学课堂教学［D］．天津：天津师范大学，2013.
[41] 李睿．信息技术与课程整合的新趋向［D］．上海：华东师范大学，2013.
[42] 陈迪．互动媒体支撑下的课堂教育研究［D］．武汉：华中师范大学，2012.
[43] 周宗建．让信息技术不再委屈［J］．中国信息技术教育，2009（4）：106~107.
[44] 厉小军．信息技术基础［M］．北京：教育科学出版社，2004.
[45] 何克抗．现代教育技术［M］．北京：北京师范大学出版社，1998.
[46] 桑新民．区域教育信息化的战略思考［J］．电化教育研究，2005（3）：8~11.
[47] 郭岚峰．教育信息化在职业教育中的应用［J］．中国现代教育装备，2006（3）：56~57.
[48] 陆李松．现代信息环境下教研工作创新实践与探索［J］．信息技术教育，2005（5）：18~20.
[49] 徐磊，林国曼．对中美教育信息化的比较和反思［J］．牡丹江教育学院学报，2005（4）：39~40.
[50] 南国农．信息化教育概论［M］．北京：高等教育出版社，2010：21.
[51] 中华人民共和国教育部．中小学教师教育技术能力标准（试行）http://www.pep.com.cn/xgjy/jiaoshi/jydt/201008/t20100827_803018.htm.
[52] 何克抗．信息技术与课程整合理论［M］．北京：北京师范大学出版社，2008：34.

[53] 李克东．数字化学习（上）——信息技术与课程整合的核心［J］．电化教育研究，2001（8）：35.
[54] 王紫薇，董玉芝．近十年来我国信息技术与地理课程整合的文献综述［J］．教育教学论坛，2014（22）：259~260.
[55] 皮连生．学与教的心理学［M］．上海：华东师范大学出版，2005.
[56] 张亚娟．信息技术环境下问题探究式教学模式的应用与研究［D］．北京：首都师范大学，2006.
[57] 沈壮海．教与学导论［M］．武汉：武汉大学出版社，2005.
[58] 单文孝．信息技术与课程整合之我见［J］．教书育人，2005（z2）：51~52.
[59] 刘宏武．新课程的教学模式构建［M］．北京：中央民族大学出版社，2004：45.
[60] 方林．国内外教学模式理论研究现状及其发展趋势［J］．软件导刊（教育技术），2010（12）：25.
[61] 李晴．中学地理教育学［M］．北京：科学出版社，2012：111.
[62] 常刚．地理教学模式的选择与应用［D］．武汉：华中师范大学，2005：3.
[63] CEO forumon Education and Technology［EB/OL］. http：//www. ceoforum. org.
[64] 丁杰，王太昌．美国教育信息化发展现状分析与评价［J］．教育技术研究，2004（3）：27.
[65] 魏先龙，王运武．日本教育信息化发展战略概览及其启示［J］．中国电化教育，2013（9）：33.
[66] 张文兰．信息技术与课程整合［M］．西安：陕西师范大学出版社，2012：10~11.
[67] 何克抗．信息技术与课程深层次整合的理论与方法［J］．电化教育研究，2005（1）：23.
[68] 黄德群．十年来我国信息技术与课程整合研究的回顾与反思［J］．电化教育研究，2009（8）：43.
[69] 马宁，余胜泉．信息技术与课程整合的层次［J］．湖北教育，2002（16）：51~56.
[70] 祝智庭．教育信息化：教育技术的新高地［J］．中国电化教育，2001（2）：5~8.
[71] 余胜泉，何克抗．基于 Internet 的教学模式［J］．中国电化教育，1998（4）：58~61.
[72] 彭丽娟．论信息技术与“传递—接受”教学模式改革——以信息技术与课程整合理论为视角［J］. 2016，34（3）：159~162.
[73] 张艳秋．国外媒介教育发展探析［J］．国际新闻界，2005（2）：11~16.
[74] 孙洪涛．和大师面对面——我给 Bernie Dodge 做翻译［J］．信息技术教育，2005（9）：46~48.
[75] Bailey T, Forbes J. Just-in-Time Teaching for CSO.［EB/OL］. www. cs. duke. edu/~forbes/papers/sigcse2005. pdf.
[76] 田莉．及时教学的特点及对我国高校本科教学改革的启示［J］．外国教育研究，2005（11）：39~43.
[77] Gregor M Novak. Just-in-Time Teaching［EB/OL］. http：//134. 68. 135. 1/jitt/.
[78] Novak G M, Gavrin A D, Christian W, and et al. Just-in-time Teaching: Blending Active Learning with Web Technology［M］. New Jersey: Prentice Hall, 1999.

[79] 刘粤湘，夏玉秀，杨德凤. 及时教学法：一种现代教学方式及高校教学改革示范［J］. 中国地质教育，2006（3）：109~112.

[80] Polya G. How to Solve it：A New Aspect of Mathematical Method［J］. New Jersey：Princeton University Press，1957.

[81] 马健生，孙珂. 美国教育公平的当代追求及其启示比较［J］. 教育研究，2010（10）：16~21.

[82] 刘军艳. 英国农村信息化的实施及与我国农村的比较［J］. 农业考古，2010（6）：283~285.

[83] 张天明. 农村中小学教育信息化建设与效果研究——湖北省利川市小河初级中学个案研究［D］. 武汉：华中师范大学，2013.

[84] 王珠珠，刘雍潜，黄荣怀，等.《中小学教育信息化建设与应用状况的调查研究》报告［J］. 中国电化教育，2005（11）：19~30.

[85] 王艳丽，赵呈领，程云. 浅谈农村中小学现代远程教育的几种教学应用模式［J］. 现代远距离教育，2007（3）：37~39.

[86] 蒋笃运. 教育信息化若干重大问题研究［M］. 北京：科学出版社，2008：42，67.

[87] 解月光，李伯玲. 农村中小学教育信息化的有关问题与建议［J］. 中国电化教育，2004（8）：25~27.

[88] 曾水兵，解月光，孙艳. 农村中小学教育信息化有效性：问题、归因与对策［J］. 教育发展研究，2007（9）：56~59.

[89] 徐全学. 拉萨市中小学教师现代教育技术能力培训现状与对策［J］. 现代教育技术，2008（13）：55~58.

[90] 缪高勇. 农村中小学现代远程教育的教学模式研究［D］. 长沙：湖南师范大学，2011.

[91] 谢文斌. 农远工程教学光盘模式应用初探［J］. 中小学信息技术教育，2007（10）：50~51.

[92] 杨丽，郭绍青，何长福. 西部农村远程教育三种模式的特点及教学功能［J］. 现代远距离教育，2005（4）：68~70.

[93] 徐林. 农村基础教育信息化建设的回顾与展望——以河南省为例［J］. 教学与管理，2013（9）：10~11.